新时代〈营销〉新理念

［美］ 亚伦·罗斯（Aaron Ross）
杰森·莱姆金（Jason LemKin） 著
周世坤 郑成雯 译

增长必然

SaaS及科创公司的7步行动模板

FROM IMPOSSIBLE TO INEVITABLE

How SaaS and Other Hyper-Growth
Companies Create Predictable Revenue

清华大学出版社
北京

北京市版权局著作权合同登记号 图字：01-2024-3397

Aaron Ross, Jason Lemkin
From Impossible to Inevitable: How SaaS and Other Hyper-Growth Companies Create Predictable Revenue
EISBN: 978-1119531692

Copyright © 2019 by PebbleStorm, Inc. All Rights reserved.

Original language published by John Wiley & Sons, Inc. All Rights reserved.
本书原版由 John Wiley & Sons, Inc.出版。版权所有，盗印必究。

Tsinghua University Press is authorized by John Wiley & Sons, Inc. to publish and distribute exclusively this Simplified Chinese edition. This edition is authorized for sale in the People's Republic of China only (excluding Hong Kong, Macao SAR and Taiwan). Unauthorized export of this edition is a violation of the Copyright Act. No part of this publication may be reproduced or distributed by any means, or stored in a database or retrieval system, without the prior written permission of the publisher.

本中文简体字翻译版由 John Wiley & Sons, Inc.授权清华大学出版社独家出版发行。此版本仅限在中华人民共和国境内（不包括中国香港、澳门特别行政区及中国台湾地区）销售。未经授权的本书出口将被视为违反版权法的行为。未经出版者预先书面许可，不得以任何方式复制或发行本书的任何部分。

本书封面贴有 Wiley 公司防伪标签，无标签者不得销售。
版权所有，侵权必究。举报：010-62782989，beiqinquan@tup.tsinghua.edu.cn。

图书在版编目（CIP）数据

增长必然：SaaS 及科创公司的 7 步行动模板 / (美) 亚伦·罗斯 (Aaron Ross), (美) 杰森·莱姆金 (Jason LemKin) 著；周世坤，郑成雯译. -- 北京：清华大学出版社，2025.6.
（新时代·营销新理念）. --ISBN 978-7-302-69253-9
Ⅰ. F272
中国国家版本馆 CIP 数据核字第 20258368NX 号

责任编辑：刘　洋
封面设计：方加青
版式设计：张　姿
责任校对：王荣静
责任印制：宋　林

出版发行：清华大学出版社
网　　址：https://www.tup.com.cn，https://www.wqxuetang.com
地　　址：北京清华大学学研大厦 A 座　　邮　编：100084
社 总 机：010-83470000　　邮　购：010-62786544
投稿与读者服务：010-62776969，c-service@tup.tsinghua.edu.cn
质 量 反 馈：010-62772015，zhiliang@tup.tsinghua.edu.cn
印 装 者：大厂回族自治县彩虹印刷有限公司
经　　销：全国新华书店
开　　本：170mm×240mm　　印　张：18　　字　数：300 千字
版　　次：2025 年 8 月第 1 版　　印　次：2025 年 8 月第 1 次印刷
定　　价：88.00 元

产品编号：104161-01

内容简介

本书以"如何实现超高速增长"为核心,详细解析了让你的交易规模翻倍的七要素:锚定一个细分市场、创建可预测的销售渠道、建立可扩展的销售团队、实现交易规模翻倍、做好准备熬过"炼狱"、发挥员工的主观能动性和自己的命运要自己去定义。同时介绍了多家知名公司的超高速增长策略和成功经验,并总结归纳成为可复制的模板,旨在帮助 SaaS 公司或科技创新公司打破收入增长的纪录。

书中围绕锚定细分市场、推销策略、发掘潜在客户、市场营销、出站拓客、渠道创建率、销售专业化、销售招聘最佳实践、灵活薪酬等议题,从数据分析、案例解析、方案制定、落地挑战等多个维度进行解读,形成销售规模可预测、销售目标可超越的完整闭环。

本书笔法生动简洁,案例丰富翔实,内容涵盖全面,是可学习、可复制、可实际操作的指导手册。本书十分适合 SaaS 及 to B 行业从业者、创业者、产品总监、产品经理、IT 技术管理者、营销人、销售经理等对 SaaS 行业感兴趣的人群阅读。

对《增长必然：SaaS 及科创公司的 7 步行动模板》的赞誉

这是我读过的最好的书。

——安德鲁·加兹德茨基（Andrew Gazdeck），Bizness Apps 首席执行官

这简直是有史以来关于成功创建初创企业的必读书。作为一家成长中的 SaaS 企业的首席执行官，我可以用亲身经历告诉你，这是一本成长圣经。

——SP·诺威尔（SP Norwell）

无论对小公司还是大企业来说，这本书都是伟大的商业书。

——罗宾·麦凯（Robin McKay）

过去 8 年，我决定让自己成为真正擅长销售和具备领导力的人。我阅读并研究了几乎所有能读到的东西，并实践了几种不同的方法来创造流量和销售额，但读完这本书让我觉得自己是个傻瓜。哇，太神奇了！真的太精彩了！亚伦和杰森概括出简单的解决方案和具体的方法，让人觉得不可能失败。他们会告诉你为什么会失败、何以失败以及哪些地方会出错。他们引用的案例清楚地说明了企业发展中常见的挑战以及应该如何成功地应对它们。这本书改变了我全部的工作方法。

——施曼·莫里森（Schiffman Morrison），弗雷泽·莫里森亚洲公司（Fraser Morrison Asia）首席执行官

亚伦和杰森的"10×练习"帮助我们的投资组合公司敏复科技（Agility Recovery）在不到 6 个月的时间内将规模扩大了 4.8 倍。我们实践的措施包括提升产品、优化业务流程、根据价值定价等。

——拉里·科布尔（Larry Coble），LLR 私募股权公司（LLR Partners）

I

这本书令我大为惊奇。对于任何在 SaaS 领域工作的人来说，亚伦和杰森都是不可多得的样板。他们不仅是亲力亲为过的专业人士，还是这个职业人群中富有思想的领导者。他们关于销售模式的数学思维颠覆我们的业务和定价策略。举个例子，书中"让你的交易规模翻倍"那部分为我们指明了方向：我们无法通过小交易达成大业务，只有实践之后才会感到这个道理显而易见。这本书对于所有从事 B2B 业务的企业家来说都是必读书目。

——利奥·法里亚（Leo Faria），经纪人／创始人

大多数商业书籍枯燥乏味。亚伦和杰森的方法不那么正式，让人耳目一新，而且更有趣，也更有用。一些细节和案例研究（如"HTML 与个性化电子邮件营销活动对比"那部分），让我很容易在工作中立即实践这些想法。我认为任何希望成功的人都能像我一样在这本书中得到重要的启发。

——萨布丽娜·比安奇（Sabrina Bianchi），营销和社交媒体策略师

我读这本书的原本目的是想看看这些人是如何实现 10 倍增长的，我也确实读到了。但真正令人惊叹的是，即使是很小的企业也可以应用书中的很多内容，比如我自己的企业，也可以应用和调整。这本书不是站在高达 3 万英尺的视角，而是直截了当、贴近实际，非常实用。正因为如此，这本书的确令人兴奋。

——拉里·希科克（Larry Hicock），斯帕克特公司（Sparketers）首席执行官

《增长必然：SaaS 及科创公司的 7 步行动模板》中的各个主题将我的职业生涯推到了令人激动的新高度。这本书满足了我对有用的创收策略和更敏锐的商业触觉的渴望。它还帮助我在事业和生活的各个方面成为更好的领导者。如果你在日常生活而不仅仅是工作中运用这些原则，你会看到比你的想象发生得更快的良性变化。《增长必然：SaaS 及科创公司的 7 步行动模板》不应该仅是一本商业书，它应该成为高中课本！

——瑞安·多诺霍（Ryan Donohue），敏复科技公司（Agility Recovery）总监

自从我读了《可预测的收入》（Predictable Revenue）并发现了 SaaStr 年会，我就成了亚伦和杰森的超级粉丝。他们二人在这本书中达到了新的高度。他们对当前科技领域的人才和文化生态系统（尤其是关于销售）理解的深度是非凡的。我认为

我现在明白了我的老板和执行团队如何看待我的表现,以及我应该如何在我不断成长的职业生涯中取得进步。以前,我的工作完全是"租"来的,就像亚伦和杰森所说的那样,但现在我意识到,如果真的想取得进步,我必须成为我工作角色的"所有者"。

——埃里克·泰勒(Eric Taylor),黑客达人公司(HackerRank)销售

我关注亚伦和杰森的作品已经有一段时间了。例如,《可预测的收入》一书问世时,我在飞往伦敦的途中就读完了它。飞机一落地,我立即给我的团队写电子邮件,让他们安排采访亚伦并在我们的博客中发文。这篇采访的流量、黏性和页面停留时间明显高于博客上其他文章。同时,我个人也是 SaaStr 社区的忠实读者。他们的新书更棒——风格平易近人,包含有任何公司都能采取的易于识别的行动。这本书已经成为我送给我遇到的任何新高管的首选礼物。作为一个在销售和营销领域工作了 20 年的人,这本书中我最喜欢的一句话是:"你们的销售副总裁有指标,为什么你们的营销副总裁没有?"

——埃里克·查尔斯(Erik W. Charles),埃里克·查尔斯网站(ErikCharles.com)激励专家

《增长必然:SaaS 及科创公司的 7 步行动模板》帮助我明确了我该如何专注于我最擅长的领域。销售专业化部分启发并告诉我如何重新设计自己的销售系统。这与我遇到的任何其他销售方法都不同。大多数培训师都在帮助你改进电话或电子邮件技巧,但如果基础系统不高效,这些都是浪费时间。我已经在向我所有的销售和营销朋友推荐这本书了。

——麦克·史密斯(Mike Smith),触点公司(Touchpoint)合作总监

我之前的工作是经营我的第一份订阅业务。我深刻地认识到,在新经济时代,你不能卖给一个客户后就一走了之。亚伦和杰森在本书第二部分中阐述了成功地投资于客户的最佳案例。他们揭示了为什么客户成功与营收增长息息相关,而不仅是影响客户满意度。他们还详细介绍了如何组建团队,包括分级服务的实例。我为我的整个团队买了这本书,还额外买了很多本送给客户。

——尼克·梅塔(Nick Mehta),Gainsight 首席执行官

如果你曾与亚伦聊过他的个人生活,你就会知道他是一个简单的人,专注于

真正重要的事情。在他就如何在商界取得成功而进行写作时也是如此。"不要让激动人心的愿景妨碍每天必要的小步骤来获得今天的客户。"这是一条简单而重要的真理。

——特里什·贝尔图齐（Trish Bertuzzi），大桥集团（The Bridge Group）首席执行官、《销售开发手册》（*The Sales Development Playbook*）作者

亚伦和杰森是不可多得的专家，他们将现实世界（而非理论）的专业知识与巧妙的讲授技巧相结合，向人们讲述了在繁忙的世界中实现大收入目标的复杂性。

——巴雷特·科尔德罗（Barrett Cordero），宏言公司（BigSpeak）总裁

我曾以为这本书也是我听过多次的陈词滥调（投资于人、拥抱失败等），但仔细阅读后，我发现这本书里有很多新的思想，一些已经存在的思想也重新焕发了生机。同时，书里还有一些很实用的详细描述以阐释如何落实这些想法。

——凯尔·罗曼纽克（Kyle Romaniuk），CHR 集团合伙人

我们使用细分矩阵（见本书第一部分）分析了关键垂直领域，我们的团队学习到如何真正地销售我们服务的价值以解决客户的痛点，这真是令人惊叹。在这个过程中，我们的交易额明显提高了。关于员工所有权那部分也非常有用。通过询问"谁拥有升级的权限"以及如何实现，我们的客户管理负责人掌握了基础业务升级销售的主导权。他承诺团队每月实现升级服务销售翻番（作为强迫机制），并与团队共同确定能带来成果的关键活动。两个月内，这个团队让我们的月度升级业务收入翻了一番。

——拉里·科布尔（Larry Coble），LLR 私募股权公司合伙人（LLR Partners）

前言 PREFACE

‖‖ 让成功系统化

在美国，企业发展从未有过像如今这般容易的时候。但令人感到讽刺的是，似乎周围的人都在不断达成自己的目标，可你自己却感觉举步维艰？

如果要你在一年或三年内将收入增长三倍之多，你知道自己具体该做些什么吗？

增长三倍并非神话，它与你就读的学校、你的运气或工作努力程度没什么关系。世界上那些增长最快的公司，都有一个行动模板，可以帮助公司实现并保持超高速的增长。

无论你想让收入增加100万美元还是增加1亿美元，基本原理都是一样的。你可以用一种让自己与员工、客户都感觉良好的方式，体面地将公司的业务增长速度提高2到10倍（实际上就是采用一种最佳的销售和营销形式）。

这本书将告诉你该如何打破增长瓶颈，以摆脱过山车般上下起伏的收入状态，以及该如何回答下面的问题：

（1）你为什么没有实现更快的增长？
（2）怎样才能实现超高速增长？
（3）如何保持住超高速增长？

来自全球发展最快公司的经验教训

互联网上充斥着各种关于如何发展公司的建议。这些建议里有些很好，有些则是误导，有些算得上已经过时，还有些建议听听罢了也无关痛痒。如何才能从这些杂乱无章的信息中，找出那几个能真正帮助你的公司提高增长速度并使增长维持下去的重要建议呢？

无论你的业务是什么，我们都希望你可以通过向下面几家公司学习，来找到实现200%～1000%增长的方法，而不是仅仅将销售额提高2%或20%。

· 赛富时（Salesforce.com），价值数十亿美元，是增长最快的大型软件公司。

· 回声签（EchoSign，也就是现在的 Adobe Document Services），七年内从 0 增长到 1.44 亿美元。

· 还有阿基亚软件公司（Acquia，增长最快的私营软件公司）、HubSpot、Marketo、Twilio、祖睿科技（Zuora）等超高速增长的公司，它们的收入和估值都创纪录地突破了 1 亿美元。

那么，你是否也和我们一样，想知道这些公司到底是怎么做到的？

它们增长的原因并不是发布了某段病毒式传播的视频，也不是所谓的"只是运气好"。相反，任何公司都可以从这些公司的成长历程中学到可复制的经验。

成功不是偶然的，而是可以系统化的。而收入和大部分的增长都是可以预测的。只有这样，那些看起来不可能实现的目标才能转化为必然的成功，而那种成功，远超你现阶段的想象。

超高速增长的七个要素：

（1）直到你**锚定一个细分市场**之前，你都还没准备好增长。

（2）一夜暴富只是童话。你不会突然间就神奇地声名鹊起，你需要一个可持续的系统来**创造可预测的销售渠道**。

（3）加速发展带来的问题比它所解决的问题还多。增长会暴露你的弱点。在你**实现销售规模化**之前，事情甚至会每况愈下。

（4）小交易很难成就大事业，所以要想办法让**交易规模翻倍**。

（5）实现超高速增长所花费的时间比你想象的要长，不要太早放弃，经历了"地狱般的年景"也不要气馁。要**做好准备熬过"炼狱"**。

（6）你的员工只是在租用他们的工作，而非拥有他们的工作。我们要推行**"员工所有权"**，培养一种超越岗位职责的主动性文化。

（7）如果你是一名员工，而挫折使你感受到阻碍而不是激励，那就别再等着别人来解决这个问题了——**把你遇到的挫折转化为优势，自己的命运要自己去定义**。

遵循这些看起来"不可能"的秘诀吧，向你的增长巅峰进发，**让成功变成"不可避免"**。

亚伦·罗斯（Aaron Ross），杰森·莱姆金（Jason Lemkin）

目录 CONTENTS

第一部分 锚定细分市场

第一章 "细分"不等同于"小" …………………… 2
你确定已准备好加速发展了吗？ …………………… 2
如何知道你已经锚定了细分市场 …………………… 4
一次一个细分市场，直到称霸世界 …………………… 5
注意力曲线 …………………… 7

第二章 艰难跋涉的迹象 …………………… 11
你的存在只是"锦上添花"吗？ …………………… 11
案例研究：ACME 在出站营销线索生成方面的失败教训 …………………… 12
大公司也深受其害 …………………… 13
案例研究：亚伦出错的地方 …………………… 14
你现在的优势可能是你未来的劣势 …………………… 19

第三章 如何锚定细分 …………………… 21
在哪里可以成为小池塘里的大鱼？ …………………… 21
通过细分矩阵开展工作 …………………… 23
案例研究：Twilio 是如何通过站在客户角度思考问题，
　　最终锁定了价值数十亿美元的细分市场 …………………… 28
20 次访谈法则 …………………… 32

VII

第四章 你的推销 ·················· 35

如果你做一个电台，会有人收听吗？ ·················· 35

做减法，简化一切 ·················· 35

电梯推销总是令人沮丧 ·················· 37

他们并不关心"你"：三个简单的问题 ·················· 38

第二部分 创建可预测的渠道

引言：销售线索生成可免除许多原罪 ·················· 42

第五章 种子——客户成功 ·················· 45

如何可预测地种植种子 ·················· 46

案例研究：吉尔德（Gild）是如何把客户月流失率从 4% 降至 1% 的 ·················· 50

案例研究：拓普康（Topcon）卓越的客户服务 ·················· 52

第六章 网——市场营销 ·················· 55

第一部分：当入站营销和出站营销携手合作时 ·················· 57

第二部分：告别销售与营销的分割——创建营收团队 ·················· 60

第三部分：你该如何衡量营销？ ·················· 61

你的市场营销负责人需要的强迫机制：SQL（合格销售线索）承诺 ·················· 63

企业营销与需求生成 ·················· 64

在 Marketo 的规模扩大到 1 亿美元的 10 年里，入站营销发生的变化 + 英加卓软件公司（ENGAGIO）的创立 ·················· 65

英雄主义的营销：当你既没钱也没什么时间 ·················· 69

第七章 矛——出站客户拓展 ·················· 73

什么情况下出站营销能取得最佳效果，什么情况下会遭遇失败 ·················· 75

自《可预测的收入》出版以来，出站营销方面的经验教训 ·················· 77

案例研究：出站营销在阿基亚软件公司（Acquia）1 亿美元营收历程中的作用 ·················· 78

案例研究：塞奇蒙特公司（Sagemount）如何在 3 年内将一家公司
　　　　的价值提升 3 倍 ·· 80
　　案例研究：即使培育付费客户需要很多年，祖睿（Zuora）科技如何
　　　　通过出站营销实现 60% 以上的增长 ···························· 87
　　第一次就建立正确的出站计划 ······································ 93
　　你的入站营销是否过于成功？ ······································ 99

第八章　高管忽略的问题·· 103
　　销售漏斗转化率（PCR）才是你的首要指标 ························ 103
　　15/85 规则：早期采用者和主流买家 ······························· 105

第三部分　使销售具有可扩展性

第九章　从我们的错误中反省·· 110
　　增长带来的问题比它能解决的更多——但前者更好 ················ 110
　　组建销售团队的 12 大错误 ·· 111
　　来自领英和回声签销售副总裁的建议 ······························ 113
　　优秀销售主管的五大待办事项 ······································ 114

第十章　专业化：你的头号销售倍增器·································· 116
　　为什么销售人员不应该去寻觅客户 ·································· 116
　　案例研究：科里奥（CLIO）公司如何在三个月内重组销售 ········ 118
　　规模太小或太大，无法实现专业化？ ······························ 120
　　关于专业化：两种常见的反对意见 ·································· 122
　　阿基亚的专业化 ·· 123

第十一章　销售领导者·· 125
　　第一大"用人不当"往往是销售副总裁/销售负责人 ················ 125
　　适合你所处阶段的销售副总裁 ······································ 126
　　我最喜欢的面试问题 ·· 129

第十二章　销售招聘最佳实践指南……131

如果你是一家初创公司：招聘第一支销售团队分为四个阶段……131

简单的招聘技巧……134

做新工作时，从两个人开始……135

价值1亿美元的Hubspot公司销售机器：招聘和辅导要点……136

案例研究：如何减少面试浪费……138

第十三章　扩大销售团队……141

如果你的销售人员流失率超过10%，那问题肯定不在他们身上……141

扩大规模时降低销售人员流失率并提高他们销售积极性的三种方法……144

给首席执行官的建议：让非销售部门的负责人也参与灵活薪酬方案……147

你的企业交易是否需要很长时间？……149

五个关键销售指标……151

第十四章　写给初创公司……154

每家科技公司都应提供服务……154

杰森投资了什么，你需要筹集资金来扩大规模吗？……156

一家100人左右的SaaS公司是什么样子？……159

第四部分　让你的交易规模翻倍

第十五章　关于交易规模的数学问题……164

你需要5000万用户才能让免费服务奏效……164

小交易助你起步，大交易推动增长……166

第十六章　不要太大，也不要太小……170

当你无法将小交易变成大交易时……170

如果你有各种规模的客户……171

第十七章　走向高端市场……175

如果你不想要销售人员……175

增加另一个最高定价层⋯⋯⋯⋯⋯⋯⋯⋯⋯⋯⋯⋯⋯⋯⋯⋯⋯⋯ 177
　　定价总是件麻烦事⋯⋯⋯⋯⋯⋯⋯⋯⋯⋯⋯⋯⋯⋯⋯⋯⋯⋯⋯⋯ 180
　　进军财富 1000 强⋯⋯⋯⋯⋯⋯⋯⋯⋯⋯⋯⋯⋯⋯⋯⋯⋯⋯⋯⋯ 182

第五部分　坚守足够长的时间

第十八章　拥抱挫折⋯⋯⋯⋯⋯⋯⋯⋯⋯⋯⋯⋯⋯⋯⋯⋯⋯⋯⋯188
　　你确定你准备好了吗？⋯⋯⋯⋯⋯⋯⋯⋯⋯⋯⋯⋯⋯⋯⋯⋯⋯ 188
　　每个人都有地狱般的一年⋯⋯⋯⋯⋯⋯⋯⋯⋯⋯⋯⋯⋯⋯⋯⋯ 194
　　舒适是增长的敌人⋯⋯⋯⋯⋯⋯⋯⋯⋯⋯⋯⋯⋯⋯⋯⋯⋯⋯⋯ 195
　　动机：亚伦如何实现突破，达到"逃逸速度"⋯⋯⋯⋯⋯⋯⋯⋯ 197

第十九章　成功并非一条直线⋯⋯⋯⋯⋯⋯⋯⋯⋯⋯⋯⋯⋯⋯⋯198
　　焦虑经济与创业者的抑郁情绪⋯⋯⋯⋯⋯⋯⋯⋯⋯⋯⋯⋯⋯⋯ 198
　　马克·萨斯特的问题："一个人应该学习还是赚钱？"⋯⋯⋯⋯⋯ 201
　　当直线不是通往成功的最短路径时⋯⋯⋯⋯⋯⋯⋯⋯⋯⋯⋯⋯ 204
　　改变你的世界，而不是这个世界⋯⋯⋯⋯⋯⋯⋯⋯⋯⋯⋯⋯⋯ 207

第六部分　拥抱员工所有制

第二十章　审视现实⋯⋯⋯⋯⋯⋯⋯⋯⋯⋯⋯⋯⋯⋯⋯⋯⋯⋯⋯210
　　亲爱的高管（来自一名员工）⋯⋯⋯⋯⋯⋯⋯⋯⋯⋯⋯⋯⋯⋯ 210
　　亲爱的员工（来自高管）⋯⋯⋯⋯⋯⋯⋯⋯⋯⋯⋯⋯⋯⋯⋯⋯ 211
　　附注："亲爱的高管们，请不要落在后面"（来自首席执行官和
　　　　　董事会）⋯⋯⋯⋯⋯⋯⋯⋯⋯⋯⋯⋯⋯⋯⋯⋯⋯⋯⋯⋯ 212
　　你的员工是在租借工作，还是拥有工作？⋯⋯⋯⋯⋯⋯⋯⋯⋯ 214

第二十一章　针对高管：创建岗位所有制⋯⋯⋯⋯⋯⋯⋯⋯⋯⋯218
　　简单调查⋯⋯⋯⋯⋯⋯⋯⋯⋯⋯⋯⋯⋯⋯⋯⋯⋯⋯⋯⋯⋯⋯⋯ 218
　　"零意外"的文化⋯⋯⋯⋯⋯⋯⋯⋯⋯⋯⋯⋯⋯⋯⋯⋯⋯⋯⋯⋯ 220
　　岗位所有制⋯⋯⋯⋯⋯⋯⋯⋯⋯⋯⋯⋯⋯⋯⋯⋯⋯⋯⋯⋯⋯⋯ 222

案例研究：一个苦苦挣扎的团队如何实现成功的自我管理 ⋯⋯ 229

扭转局面的举措 ⋯⋯⋯⋯⋯⋯⋯⋯⋯⋯⋯⋯⋯⋯⋯⋯⋯⋯⋯⋯ 229

第二十二章　让所有权更上一层楼⋯⋯⋯⋯⋯⋯⋯⋯⋯⋯⋯⋯232

财务所有制 ⋯⋯⋯⋯⋯⋯⋯⋯⋯⋯⋯⋯⋯⋯⋯⋯⋯⋯⋯⋯⋯ 232

让员工换换岗 ⋯⋯⋯⋯⋯⋯⋯⋯⋯⋯⋯⋯⋯⋯⋯⋯⋯⋯⋯⋯ 233

四种类型的员工 ⋯⋯⋯⋯⋯⋯⋯⋯⋯⋯⋯⋯⋯⋯⋯⋯⋯⋯⋯ 234

第七部分　定义你的命运

第二十三章　你在放弃机会吗？⋯⋯⋯⋯⋯⋯⋯⋯⋯⋯⋯⋯⋯⋯240

你的机会比你意识到的更大 ⋯⋯⋯⋯⋯⋯⋯⋯⋯⋯⋯⋯⋯⋯ 240

如何在工作中拓展个人机遇 ⋯⋯⋯⋯⋯⋯⋯⋯⋯⋯⋯⋯⋯⋯ 242

你需要一些看似"乏味"的激情 ⋯⋯⋯⋯⋯⋯⋯⋯⋯⋯⋯⋯ 244

你的公司不是你的妈妈或爸爸 ⋯⋯⋯⋯⋯⋯⋯⋯⋯⋯⋯⋯⋯ 247

强迫机制：如何激励自己做不想做的事情 ⋯⋯⋯⋯⋯⋯⋯⋯ 248

不要假设动力会找到你：你必须找到它 ⋯⋯⋯⋯⋯⋯⋯⋯⋯ 250

销售是一种生活技能 ⋯⋯⋯⋯⋯⋯⋯⋯⋯⋯⋯⋯⋯⋯⋯⋯⋯ 252

销售是一个多步骤的过程 ⋯⋯⋯⋯⋯⋯⋯⋯⋯⋯⋯⋯⋯⋯⋯ 255

第二十四章　金钱与意义的结合⋯⋯⋯⋯⋯⋯⋯⋯⋯⋯⋯⋯⋯⋯258

意义错位 ⋯⋯⋯⋯⋯⋯⋯⋯⋯⋯⋯⋯⋯⋯⋯⋯⋯⋯⋯⋯⋯⋯ 258

你的独特天赋是什么？ ⋯⋯⋯⋯⋯⋯⋯⋯⋯⋯⋯⋯⋯⋯⋯⋯ 260

忽视现实生活并不能让它消失 ⋯⋯⋯⋯⋯⋯⋯⋯⋯⋯⋯⋯⋯ 263

亚伦，你到底是如何兼顾 10 个孩子和工作的？ ⋯⋯⋯⋯⋯ 265

致谢 ⋯⋯⋯⋯⋯⋯⋯⋯⋯⋯⋯⋯⋯⋯⋯⋯⋯⋯⋯⋯⋯⋯⋯⋯⋯⋯⋯⋯270

关于作者 ⋯⋯⋯⋯⋯⋯⋯⋯⋯⋯⋯⋯⋯⋯⋯⋯⋯⋯⋯⋯⋯⋯⋯⋯⋯271

01 第一部分
CHAPTER
锚定细分市场

令人痛苦的真相：你之所以一直认为增长举步维艰，是因为你还没有为增长做好准备。

第一章
"细分"不等同于"小"

如何知道自己是否已经准备好了增长？不要被过于宏大的愿景或服务太多种类客户的想法拖入模糊与混乱的坑。

你确定已准备好加速发展了吗？

你可能是个初创企业主或者咨询顾问，也可能是个百强品牌的管理者。你正对自己的生意（思路、产品、服务）感到兴奋，并且准备加速发展。

你很清楚，增加销售线索是拉动营收并实现超高速增长的第一杠杆，也一直在努力增加销售线索并实现交易。但这件事一直比你预想的更加困难，甚至困难了不止一点点。

你确定已经准备好加速发展了吗？

如果你每天都感觉需要逆流而上才能找到销售线索或与潜在客户签下新订单，那么问题通常比表面上看起来的更严重。如果没有锚定的细分市场，所有投入在增加销售线索和达成交易上的时间、精力和金钱，就都好像被扔进了无底的黑洞一样。

你可能是一家《财富》世界 500 强企业的管理者，也可能是最出色的组织设计专家，或者是拥有一款极出色的 SaaS（软件即服务）订阅模式应用程序用于管理员工。但是，如果你不能富有预见性地走出去，在需要你的地方创造销售线索和业务机会并成交获利，你就会陷入挣扎的困境，那是极其令人沮丧的。企业和个人都没有捷径可走，这种挣扎的状态就意味着"细分"存在问题，无论问题是出在公司层面还是营销部门或销售人员层面。

提示"你还没准备好"的迹象有哪些（无论 CEO 或董事会的期望如何）

- 你主要是通过推荐、口碑、增购和交叉销售来实现增长。

第一章 "细分"不等同于"小"

- 入站营销或出站营销所生成的销售线索,其结果常令人失望甚至惨不忍睹。
- 你反思后意识到,即使你的产品或服务非常出色,你仍然需要依靠已有的关系或公认的品牌影响力才能打入市场。
- 你擅长的事情太多,很难集中精力抓住那个最好的机会重复进行销售和交付。
- 即使你与潜在客户进行了高质量的面谈,向你付费的人也非常少。

> 如果你不能预见性地在需要你的地方制造销售线索和机会,并成交获利,你就会陷入挣扎的困境。

这些迹象最常出现于以下时间点:
- 你的营收在100万~1000万美元间停滞不前,于是开始尝试新的项目以增加流量。
- 你推出新产品、新服务或进入新的市场。
- 正在服务第10~50个客户,或正在寻找产品的市场定位或探索最小可行性产品。
- 你从事的是咨询或专业服务。
- 你的公司提供非常广泛的产品和服务。

人人都不愿承认自己还没做好"增长"的准备

"我们还没准备好增长"——这是一个令人难以接受的现实,特别是如果董事会或CEO一直紧盯着你,或者员工正等着你发工资,或者你正背负着沉重的家庭开支。

没人愿意承认,自己的存在只是锦上添花而不是必不可少;也没人会坦言,CEO提出的"电梯路演"不但完全脱离实际,还会让潜在客户无所适从;同样,也没人愿意承认自己还无法衡量或记录其他的客户成效。

拥有大量产品组合的公司也面临同样的问题。你的销售人员或客户是不是已经被太多的产品搞得晕头转向?他们不知道自己该先卖什么或是先买什么。因此,他们会纠结地试着每种产品都卖一点或买一点。迷惘会阻碍增长。这种缺乏重点会分散你的注意力,让你无法在一件事上做到登峰造极。

如何知道你已经锚定了细分市场

如果你的公司是一家初创企业，正在努力实现第一个百万目标，或是正在推出新产品、开启新的客户吸引计划、进军新的市场，有一个迹象可以表明你已经锚定了一个细分市场：那就是你能够找到并签下"无关联客户"。这里的关键词是："无关联""付费""客户群"。

> 你已锚定细分市场的证据之一是你能够持续找到并签下"无关联客户"。

这里所指的客户既非你的投资方的朋友，亦非你曾经的老板或同事；既不是过去的客户和合作伙伴，也不是你通过领英（LinkedIn）结识的好友。他们不是被介绍给你的，也没有从某个团体中听说过你。他们和你的关系一开始是疏远的，没有熟人介绍的优势。

无论是这些客户通过网络找到了你，还是你通过外出拜访或在网上搜寻主动找到了他们，这些客户现在都在给你付钱，并为你带来利润。

为什么说这是个重要的迹象？如果有 10 个这样的客户，那么即使看起来数量并不多，也是意义重大。在回声签公司成立的早期，这些客户被称为"啤酒钱"。这样的 10 个客户一个月支付了 200 美元，根本不足以养活 4 个工程师和另外 2 个职员，连喝啤酒的钱都不够。但事实上，有这样 10 个客户已经很了不起了。当然，你还是可能会因为现金流出现问题而遭遇失败。尽管在你逐步弄清哪些客户是可以成功成交的过程中，可能会流失掉不止一个客户，但让无关联客户达到"10"这个数字仍是成功前的第一个信号。因为这意味着三件事：

1. 既然你能获得 10 个无关联客户，就一定能有 20 个，然后是 100 个。如果你能让 10 个无关联客户付钱给你（不要认为 10 个客户不值一提），我保证，你也一定能让 20 个无关联客户付钱给你。如果你坚持下去，往少了说你也能得到 100 个无关联客户，然后是 200 个。你可以让这个数字不断地翻倍。我并不是说这是件很容易的事，但至少这是有可能的。

2. 而更重要的是，获得这 10 个无关联客户是件很了不起的事。"10"可并不是一个很小的数字。你要想想：他们凭什么信任你并且为你的产品付费？不依赖现有的关系而与你成交，这是对你的一种极大的信任。你可能在科技博客 TC

（Tech-Crunch，TC，美国知名科技类博客网）、热提网（Reddit，有媒体译作"红迪网"）、鲍勃保险新闻简报（Bob's Insurance Newsletter）或其他博客上发过声，这很好，但现实世界中的主流买家并没有听说过你。你的产品并不是他们身边所有的朋友都在买的东西，也不会有人觉得没买你的产品就落伍了。

3. 这意味着你打造出了一些真实而有价值的产品或服务。最重要的是，他们是你赖以发展的基础。如果认真倾听这10个客户，他们将为你提供重要的反馈意见和发展路线图，又或者可以为你指明途径，帮你获得1000个甚至更多的客户。当然，也并不是所有建议都要听，但请记住，这前10个客户的反馈，是来自于对你产品或服务的亲身体验。我可以向你保证，这是一次变革。

因为第1000个客户在思想理念、业务类别以及想要解决的核心问题等方面，很可能与你的第10个客户是一样的。

回声签的第一位非关联客户是一位电话销售团队的渠道销售经理。他所处的行业比较特殊——债务整合。但只要深入挖掘就会发现，即使工作流程不同，他使用产品的理念也与后来80%甚至更多的客户是完全相同的。脸书（Facebook）、推特（Twitter）、高朋网（Groupon）、谷歌（Google）、威讯（Verizon）、英国电信（BT）、甲骨文（Oracle）等大客户其实也都和他一样。

是同一种核心优点吸引了这些公司。当然，你还有很多事要做，比如打造更多特别之处，推动产品快速成熟等，但是，前10个客户所得到的美好体验应该是你所有工作围绕的核心。

相信我们，10个客户可能无法让你支付所有账单，但是，如果这些客户是从零开始得到的，那么你就已经开启了一个自动的销售线索流，或者说是开启了一个可复制的销售线索生成过程。这真的是非常特别的收获，因为你可以在此基础上继续发展。

所以，虽然此时看起来离你的目标和愿景还很远，但从获得了10个客户之时开始，你第一次加倍努力的良机已经到来。忘掉第1000个客户吧，让我们先翻倍到20个，然后是40个，以此类推。先让飞轮运转起来，月复一月，年复一年，不断让"10个"客户翻倍，你一定能实现你的远大理想。

一次一个细分市场，直到称霸世界

现在，我们来谈一谈对"细分"一词的错误认识。当你瞄准某个细分时，你并不是目光短浅。锚定细分既不是在限制自己的梦想，也不是在永久性地缩小可瞄向的市场。

"细分"在这里只是意味着专注——无论你能帮助多少种类型的客户，也不管你能解决他们多少问题，你都要专注于有特定痛点的特定目标客户。

不要让你那些激动人心的愿景或宏伟大胆的目标妨碍你每天迈出获得客户所必需的一小步。

超高速增长并不是通过面面俱到地向许多市场销售许多东西来实现的。因为面面俱到会分散你的精力。超高速增长源于专注，即在最有机会赢得客户的领域帮助客户获得成功。在明确的结果上建立起实在的声誉，然后以此为基础不断发展壮大。比如：

- 赛富时以"销售自动化软件"起家。
- 脸书从常春藤盟校起步。
- 贝宝（PayPal）在易贝网（eBay）用户中一炮而红。
- 亚马逊从图书起家。
- 扎波斯（Zappos，鞋类 B2C 网站）专注于鞋类。

现在，你最容易建功立业的领域是哪个？对你来说，赚钱阻力最小的途径是什么？

关注特定的行业或客户类型，如银行、软件公司或大型企业，但不要去全部追求。也就是说，将你的独特优势（而不是所有优势）集中到能够创造最大价值（而不是任何能创造价值）的地方，然后：

- 用一种可预测的方法**找到**这些客户，并**让他们对你感兴趣**，
- 用**可靠**和**可重复**的方式，
- 解决**理想**目标客户的
- 某个特别的**痛点**。

任何能够帮助你突破重围、脱颖而出、赢得胜利或独树一帜的专长都是有价值的。

举例来说：假如你的公司可以为每一个客户都提供量身定制的解决方案，但每一次你都得从零开始"重造轮子"，那么你常会遭遇双重打击。

首先，自我推销会非常难，因为说真的——如果每一次都是全新的定制，那你到底能解决什么问题？

其次，除非你有某种可重复的解决方案框架，否则你将很难实现系统性的增

第一章　"细分"不等同于"小"

长。你得是个"非常固执的家伙",才可能将这样的公司发展起来。或者你足够幸运也行,但运气可并不能创造持续的成功。

如果你能集中精力解决好某一个问题,并能随着市场的发展而不断进行调整,那么你的发展前景将不可限量。

> 如果你能集中精力解决好某一个问题,并能随着市场的发展而不断进行调整,那么你的发展前景将不可限量。

注意力曲线

为什么细分市场是首要问题?这与人脑以及注意力的运行方式有关。"注意力曲线"和"信任鸿沟"这两个概念对于理解为什么会出现这个问题以及如何解决这个问题至关重要。

当你开始创业时,大多数人都会从"早期采用者"开始推广。确实也应该如此。"早期采用者"包括人际关系网、朋友、朋友的朋友以及一些很自然地就能理解你的人。然后,通常当你的收入达到100万～1000万美元时,你就会开始碰壁了,因为口碑和转介绍的数量陷入了停滞。或者当你经营的是一家大公司,新的先导项目、产品发布或市场推广不顺利时,也会陷入停滞。也就是说,总有一天,你要跨过"早期采用者"阶段,要想办法去联系那些既不了解你,也不像早期采用者那样凭直觉就能理解你的主流买家。

从向信任你的"早期采用者"销售,转变为向不信任你的主流购买者销售,两者之间差异之大令人非常痛苦。杰弗里·摩尔称之为"跨越鸿沟"。我们也可称之为"弥合信任鸿沟"。不管如何表述,只有当你理解为什么会有这种鸿沟存在时,才能知道如何跨越它。

> 从向信任你的"早期采用者"销售,转变为向不信任你的主流购买者销售,两者之间差异之大令人非常痛苦。

让我们进入有关注意力曲线的内容(见图1.1)。

7

图 1.1　注意力曲线

鸿沟右侧——高度信任

鸿沟右侧是"妈妈/爸爸/挚友"等这些人。他们对你的个人或者你的公司、你的品牌很了解也很信任。因此，只要你提出要求，他们就愿意给予你极大的关注。如果你打电话给好朋友，请他们和你一起花两个小时当面讨论小样、产品、博文或者仅仅是交谈，他们一定会答应，即使这件事对他们来说毫无意义。

曲线同一侧还包括一小部分陌生人，他们会莫名其妙地接触到你的产品。即使你的网站很烂或很晦涩，也不会妨碍他们理解你。你不需要解释什么，他们仅凭直觉就清楚你能做什么、你的产品或服务的意义何在，以及应该如何使用它们。所有这些"早期采用者"都愿意投入精力去搞清楚你在做什么，以及他们如何能从中受益。他们给了你很大的回旋余地，这对于新公司、新产品或新项目的启动来说是非常宝贵的。

但如果你开始期望每个人都能给你同样的回旋余地，你就会感觉处处受阻，而这些阻碍也通常会让你幡然醒悟。

鸿沟左侧——不信任

曲线另一侧的人从未听说过你或你的公司。当人们不了解你时，他们就只会分给你一小部分注意力。如果在一个短暂的窗口期内没能与你一拍即合，他们的注意力就会转移。

在短时间内，你与他们建立的联系越多，他们能给你的机会就越多。联系越少，失去他们的速度就越快。下面是一些窗口期的样本（未经过严谨的科学验证）：

· 陌生邮件或在线广告：对方会给出 0.3～3 秒的窗口期来决定是进一步了解还是离开。

· 陌生电话：对方会给出 3～30 秒的窗口期。

· 陌生拜访：对方会给出 3～60 秒的窗口期。

与上面的时长相比：

第一章 "细分"不等同于"小"

· 通过转介绍：对方能给出 15 分钟～1 小时。

· 对方是最好的朋友或父母：对方会给出无限时间。（事实上，你可能才是那个想要限制时长的人！）

一种是已经了解我们或我们品牌的人，另一种是不了解我们或不愿意投入任何精力来了解我们的人，对他们进行营销，区别就是信任鸿沟，而这也是向早期采用者（占市场的15%）与向主流买家（占市场的85%）进行营销的区别。**信任鸿沟会影响与营销和销售有关的一切。**

早期采用者和主流买家之间的差距非常巨大且很容易被低估。你可能会认为自己可以跳过这个鸿沟，就像从河的一边过到另外一边一样。但实际上，这个鸿沟可能宽得像亚利桑那州的大峡谷。而如果你的业务完全依赖于各种关系，那这个鸿沟的宽度就能有从地球到月球那么远。

锚定某个细分市场的全部意义就在于帮助你跨越信任鸿沟，从依赖右边的买家（信任者）转变为能够更好地向左边的买家（不信任者）进行营销和销售。

你要么想办法把你的信息融入他们的注意力中，要么想办法增加他们愿意分给你的注意力。

我们在本书"细分"部分所谈论的一切都是为了帮助你跨越这个鸿沟。

假设你的营销对象是小学四年级学生

那些"冷淡"的人愿意给你的那点注意力，就类似于小学三、四年级学生能给出的注意力投入水平。所以你的信息必须足够简单明了，以便让"理解"和"采取行动"这两个动作都变得相对容易，否则对方在给你机会之前就会转移注意力。

> 你的信息必须足够简单明了，以便让"理解"和"采取行动"这两个动作都变得相对容易，否则对方在给你机会之前就会转移注意力。

所以，短小精悍的电子邮件和视频往往比长篇内容更适合用作与新客户的第一次接触。面对陌生人发来的长篇电子邮件或视频，人们并不愿意投入精力去阅读或观看。

如果你是文案天才，也许你可以用天赋来打破这个规律。但对于我们普通人来说，文案的确是越短越好，至少在第一次接触时是这样。你的信息越简单易懂、越容易回应，就越能吸引潜在客户的注意力，效果也就越好。

你可以在自己身上进行验证：即使是你认识的人，给你发来长篇大论的信息，你会怎么想？而如果信息很短呢？你是否意识到，你愿意付出多少努力，会因为信息的来源与简单程度以及需要你做的事而产生很大不同？

这也是为什么我们要打动他们的"恐龙脑"，而不是纯粹的逻辑脑。

与恐龙脑对话

爬行动物用眼睛而不是用大脑来思考，我们人类也是一样！恐龙脑（和爬行动物一样，但恐龙的思考更多的是依据本能反应）做决定不是依据有意识的思考或逻辑，他们的"思考"更多的是"反应"。

在我们的意识还没来得及处理之前，一些东西在恐龙脑的层面上就已经吸引了我们。我们被吸引的原因有很多种，比如：

・新奇。

・强烈的对比，比如看到一支橙色的笔插在一桶蓝色的笔上。

・移动和速度。

・出人意料。

・细节。

・视觉效果。

网页上的横幅广告采用与背景不同的颜色并配有动态图片，就是为了将视觉效果、对比度和移动等吸引眼球的元素结合在一起。这也是为什么视频分享网站上那么多标题为"他恨了老板两年，直到发生这件事"的视频都配了张图片，上面结合了视觉效果、预期惊喜和具体细节。点击观看了一些这种视频之后，你就会发现它们的内容很少真的像标题一样有趣，于是你才开始学会忽略它们，但至少在此之前，这种视频吸引眼球的方法对你还是很奏效的。

因此，我们既要引人入胜，又要避免引发过度的期望（至少不要太频繁）。

当你开始意识到能获得的注意力窗口是如此之小时，学习如何重构你的点子来吸引人们的恐龙脑就显得意义非凡了。即使刚开始的时候，你会觉得这困难得令人沮丧，会感觉自己像是在强行推销。但是，"注意力曲线是无法对抗的"，哪怕你坚信："我的东西是如此神奇和必要，它不应该需要推销。另外，我们是为了捐钱拯救树木，没人有理由不买它！"

在线资源：www.fromimpossible.com/resources。

第二章

艰难跋涉的迹象

如果增长比在泥泞中跋涉还难，那很可能是由于以下原因。

你的存在只是"锦上添花"吗？

你确信你的目标买家需要你提供的产品吗？还是说你的产品只是锦上添花，其实"可有可无"？一个很明显的迹象可以证明你的产品不是必需品，那就是当你展示它们时，每个人都会说"酷毙了！"但就是没人买。

消费者并不会购买他们"需要的"东西，而是会去买那些他们"想要的"东西。想一想，与蔬菜西兰花和心理治疗相比，消费者们在保时捷和冰激凌上花了多少钱？

但企业可不会买那些非必需的"好"东西：

- 市场营销人员想要一个漂亮的网站，但他们需要的是一个能将访问者转化成潜在客户或促成购买的网站。
- 首席执行官想要开心的员工，但其实他们需要的是员工能按时出现并完成工作，产品能按时发布，现金流能得到改善。
- 销售副总裁希望提高销售产出率，他们需要并购买有助于提高销售产出率的东西，如销售线索、准确的报告工具和培训。
- 风险资本家希望投资那些值得尊敬的创始人，但他们需要获得高于平均水平的回报，可这些回报却不一定会来自这些创始人的公司。

购买和使用新东西需要花费大量的精力，因此，如果你的产品只是锦上添花，它们就不会持久。锦上添花的事情只会被排到那些必做之事的最后。

如果客户不是真的**需要**你的解决方案，他们就不会有动力去说服员工，去证明购买方案的合理性，去推动方案实施并真正地使用它。

- 什么问题会让人痛苦到愿意花费金钱和时间去解决？
- 如果你能解决某个需求，你该如何把你能做的事描述得与众不同，并让潜在客户也能看到这种与众不同？

　　·是什么让一些客户需要你，而另一些则不需要你？

　　·你能在哪些方面创造最大的经济价值？

　　·你在哪里可以获许进行案例研究或获得客户推荐？（对于某些类型的市场或客户来说，这几乎是不可能的）

　　·你如何"卖钱"？

　　·你如何卖"东西"？

"卖钱"是指通过向客户证明你的产品可以帮助他们赚更多的钱、减少开支、降低亏损风险或保持合规（避免罚款和法律风险），也就是向客户展示为何在你这里花钱可以让他们赚更多的钱。

> 通过向客户证明你的产品可以帮助他们赚更多的钱、减少开支、降低亏损风险或保持合规。

如果你说你的产品或服务可以帮助客户"增加收入"或"降低成本"，这就听起来和其他人说的没什么区别。在客户心目中，什么等同于金钱？是销售线索？是成交率？是社交活动？还是收藏品？

你说你能帮他们提高员工参与度或成就感？虽然我们知道员工的参与度与执行力至关重要，但你如何向客户证明，你可以通过改善员工关系或为员工提供更好的资源和工具来帮助他们赚钱？你如何证明你的产品是被需要的？

案例研究：ACME 在出站营销线索生成方面的失败教训

　　一家价值 1500 万美元的 SaaS 公司（我们姑且称其为 ACME）找到我们，表示："我们需要发展，我们需要更多的销售线索！"

　　ACME 是赛富时的合作伙伴，他们通过从赛富时获得转介绍客户实现了发展起步。这些客户的成交率高、成交速度快，很明显，这是因为有人推荐。在发展的过程中，他们希望获得更快的增长，愿意采取诸如付费服务等形式生成销售线索，以期将增长率翻一番。ACME 很清楚，仅靠推荐和自然增长是不够的，如果销售线索能翻番，他们就能以两倍的速度实现增长。

　　·遭遇的问题 1：过去 3 年里，他们不断尝试各种形式的线上和线下营销活动，这些活动的效果要么毫无起色，要么惨不忍睹。

・遭遇的问题 2：他们在亚伦的帮助下启动了一项出站营销计划，这个在此前 3 年营销活动的基础上又持续了 4 个月的计划彻底失败了，收获为零。

最关键的教训是，**ACME 并没有为加速增长做好准备。**

这家公司还没有找到细分市场。迹象一直存在，但他们不愿意接受这个事实，直到他们尝试出站营销终于碰壁。任何一种付费或非自然的销售线索生成（如市场营销或销售线索生成）都可以成为一种强迫机制，强制你直面现实：自己是否已经锁定了一个细分市场。如果销售线索生成未能奏效，你就需要重新思考你的目标客户甚至是你的解决方案。

ACME 处在一个嘈杂的商品化市场中，他们所有的目标客户都已经有了"足够好"的产品，而他们可以解决的那部分问题并不是这些客户的关键痛点。对潜在客户而言，ACME 提供的服务可能会比他们现在使用的服务稍好一些，但这些好处只是锦上添花，并不值得让他们痛苦地更换系统。无论 ACME 团队对自己的产品多么兴奋，潜在客户都不买账，因为他们并不需要这样的解决方案。

目标、痛点和解决方案

确定细分市场不仅是选择一个垂直行业或目标，尽管选择目标对象也很重要。确定细分还在于客户的痛点与你的解决方案之间的交叉点（见图 2.1）。

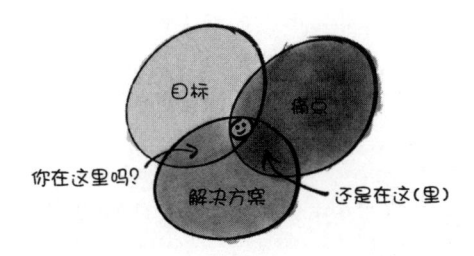

图 2.1　你的目标、痛点和解决方案的最佳位置在哪里？

现在，如果你也遇到了同样的情况，你会责怪潜在客户没有理解你的想法，还是承认自己还有很多功课没有做？

大公司也深受其害

一家排名全球前五的软件公司聘请我们帮助某个部门的销售人员改进潜在

客户的挖掘工作。销售人员的时间是有限的，但他们把太多的时间花在了寻找上，而不是营销上。他们给客户打电话或发电子邮件时很少收到回复。销售人员和管理人员一样感到沮丧："我们想开发客户，但我们现在所做的只是在浪费时间。"

理想情况下，他们应该让初级客户开发人员组成的一个专门的销售团队，负责大部分出站营销工作，但这是不切实际的。他们现在就必须有所作为。

这个销售团队的目标客户是像美国银行这样的市值超过 10 亿美元的公司，而这些公司往往有很多部门。这家软件公司有一份产品清单，上面列出了至少 10 种备受推崇的技术解决方案，他们可以向几乎所有类型的高管推销：IT、销售、市场、财务、人力资源……基本上囊括了所有岗位。

他们的电子邮件、电话和时间管理等技巧并不是主要问题。他们的问题在于向太多的目标推销了太多的东西，然后四处碰壁，无法集中精力。

他们会向银行首席执行官推销市场营销方案，然后向首席技术官推销数据库软件，还向人力资源部门推销人员管理软件，如此这般。这与我们讨论过的"锚定细分"问题如出一辙，只是形式不同而已。

不是初创企业和小企业才面临图 2.2 指出的"锚定细分"的问题。这个问题也并非一下子就能解决。随着销售线索生成计划、地域、团队和产品组合的扩大，它将成为一个反复出现的问题。你们的首席营销官、营销部门或个别销售人员可能需要反复去确定目标客户是谁，谁最需要（而不是想要）你，他们为什么要购买，他们要花多少钱。并且，要以帮助客户为目的，而不仅仅是让自己完成另一笔交易。

> 如何做到以客户为中心，而不是以你自己为中心？

你很难克制自己滔滔不绝地向买家介绍所有你能帮助到他们的好方法。但是，如果你一直这样做，而不是专注于体现某个领域的专业知识，那么你不但无法激起买家们的兴趣，还更有可能让他们感到迷惑。

案例研究：亚伦出错的地方

4 年内，我的收入从 6.7 万美元增长到 72 万美元，增加了 10 倍，而我每周工作的时间通常只有 20 至 30 个小时。这期间，我家里的孩子从 0 变成了 10 个。如果没有锁定我的细分市场，没有 100% 专注于我最容易赚钱的机会，也就是那些最容易为他人创造切实成果的机会，我就不会得到那些让生活变得更舒适、更愉悦的非必需品。

图 2.2　锚定细分是将奋斗变为成功的第一步

我在赛富时工作了 4 年，其中大部分时间都在创建和打造内部销售团队，负责开拓所有的外部潜在客户。2006 年底，我离开了赛富时。我一直告诉自己，我不想做销售咨询，但朋友介绍的一些项目听起来很有趣，而且我也需要这笔收入，因为我虽然在赛富时仅有 150 名员工的时候就加入了公司，但那个时机并没有早到让我在那里赚到很多钱，不过公司不菲的奖金可以除外，毕竟帮我还清了离婚债务。

上面提到的为我介绍销售咨询项目的朋友是我的第一批客户，也就是我的"早期采用者"。他们雇用我是因为他们了解我，而不是因为我当时有一个清晰的项目和价值主张，事实上我当时也确实没有。

之后，我在风险投资公司合金风投（Alloy Ventures）工作了一段时间，研究 B2B 线索生成的各种创意。这段经历，让我产生了许多想法并拥有探索它们的机会，但结果却是我遭遇了选择困难。我有很多令人兴奋的想法，但我却不想只选其中一个。当我觉得自己无所不能时，我想要做什么呢？我自己当时也不知道。

于是我花了几个星期去中国，借看望一个朋友的机会去散散心，同时反思一下。旅途中的某个时刻，我尽管仍然不知道自己下一步到底想做什么，但我意识到：

- 我不想再开一家软件公司了。
- 我不想为创办公司去筹集资金。
- 我想在自己想工作的时候工作，与我想合作的人一起共事，做我想做的事。
- 我只想赚我想要的那么多钱，做自己喜欢做的事。我不知道那是什么，也不知道该如何去做，但我会想办法去实现。

- 我想做的事情是与我信任的人合作。换句话说，我觉得与"做什么"相比，"和谁一起做"更重要。

> 我觉得与"做什么"相比，"和谁一起做"更重要。

因此，在接下来的 3 年里（2007—2010 年），我尝试了不同的细分市场。就像我见过的许多做软件或服务的公司一样，到处跳来跳去，尝试不同的组合，寻找不同的客户，提供不同的服务，但似乎没有发生什么"一击即中"，没有取得我所期望的突破性成功。那时，我希望人们对我提供的产品会感到兴奋，会排队购买，然后爱上它。我尝试过很多产品。

- "卖钱"：我与合伙人埃里森·马丁（Erythean Martin）创办了黑箱收入公司（BlackBox Revenues），为正在打造出站客户开发团队的公司提供咨询。回复系统公司（Responsys）（2014 年出售给甲骨文）是我的第一个客户，我们的服务帮助他们在 5 年内收入增长了 10 倍，从 2000 万美元增至 2 亿美元。

我一度认为销售咨询只是一份用来支付账单的日常工作（事实证明这是错误的），而更热衷于开发自己的另外两个想法。因此，我没有直截了当地在这份工作中找到自己的模式。相反，我把更多的精力放在了其他方面……

- 贩卖"满足感"：我尝试在唯一天才网站（UniqueGenius.com）上做个人教练，帮助人们寻找人生目标并从中赚钱，将"意义"和"金钱"结合起来。

- 贩卖"自由"：我的第一本书《CEO 浪潮：把你的员工变成小 CEO》（CEOFlow: Turn Your Employees into Mini-CEOs）中，我尝试了组织设计和 CEO 教练及团队辅导。

需求和非必需品

虽然当时我对"唯一天才"和"CEO 浪潮"背后的理念有着与生俱来的热情，但这两者都比我的销售咨询更难进行推广和销售。我花了几年时间兼职研究这两样东西，慢慢地从发表博客到组织一些活动，继而拍成一系列"唯一天才"视频，出版一本关于"CEO 浪潮"的书。

一路走来，我记得曾与很多人交谈过，我认为他们显然很需要这些想法和指导，并能从中受益，但他们并不买账。我一次又一次地重复着上面的过程，迭代着新的方案、信息和建议，同时每个月赚到 5000～7000 美元，这令我感到非常沮丧。当然，似乎这钱赚得还不错，但与我认为可以实现的目标，或者与我在网上看到的其他人所做的相比，实在是差得太远了。那个时期，"比较"和"绝望"一直与我紧密相伴。

我相信着"只要你鼓起勇气，他们就会来"的童话。我对发展好基于专业知识的业务所需要的投入抱有错误的预期，我大大低估了让任何一个品牌起步所需要的专注、精力和时间。

尽管我相信它们都是非常棒的品牌和创意，但这两个企业都没有像我预期或希望的那样走向腾飞。在另一个平行宇宙中，即使我只选择了这两个创意中的一个，并倾情投入，它也可能会更快起飞，但仍然会比我想的更加艰难。

现在回想起来，我最大的错误就是没有锁定一个细分市场。我那时并没有做好增长的准备。

我从中学到的一个显而易见的教训是，虽然人们对目标和自由感兴趣，但他们想买的（至少从我这里想买的）是钱，在我这里就是出站营销咨询。这个才是需求，其他只是"锦上添花的好东西"。

当人们感觉自己没有足够的钱（收入）的时候，他们就无法专注于其他事情。金钱是第一、第二和第三，然后才是自由或目标。当你还在为支付账单而挣扎时，就很难去考虑其他的事情。

> 当你还在为支付账单而挣扎时，就很难去考虑其他的事情。

然后是驱动因素

2011 年我再婚了，一切都发生了改变。我从一个开销不大的单身汉变成了有妻子和两个孩子的人。没过几周，我们又有了一个新的宝宝，我们需要一套更大的公寓。

我们可以选择带着孩子离开一直生活的地方，从相对昂贵的圣莫尼卡搬到更便宜的地方。要不然，我就得发展我的事业。我选择了后者。我们的家庭年复一年地增加孩子，不得不搬到越来越大的房子里，我因此也一直在选择实现增长。

为了实现增长，我必须选择最容易赚钱的细分市场。我必须痛苦地面对这样一个事实，即我最热衷于创造的东西，对别人来说是非必需品。如果有更多的时间，我应该能搞清楚"谁来做""怎么做""在哪里"能让它们成为必需品。但是我没那个时间。

通过"可预测的收入"网站（PredictableRevenue.com），我帮助其他公司通过出站营销来提高销售额，这是我赚钱最轻松的方式。最终，我出版了《可预测的收入》（Predictable Revenue）一书，并毅然决然地开始专门帮助其他公司建立出站客户拓展计划。我放弃了对一些事情百分之百的投入，不是在时间上，而是在付出的心力和专注力方面。我把所有其他的生意或有趣的想法，那些我心目中所有锦上添花的东西，都无限期地推后了。

> 当人们问我写作和出版《可预测的收入》花了多少心血时，我没有一个简单的答案。我花费了：
> - 6年间一点点积累起来的博客生涯。
> - 2天时间写出了完整的草稿。
> - 3个月时间完成了编辑、设计并出版。

我曾一直在否认或忽视自己最具市场竞争力的技能。我非常擅长那些技能，可以帮助客户创造成果，但之前我只想去做一些比从事了多年的销售或开发潜在客户更新潮、更有趣的事。家庭的压力迫使我将对销售的看法从"销售很无聊"转变为"销售的结果很诱人"。

> 我曾一直在否认或忽视自己最具市场竞争力的技能。

后来，我专注于为收入100万美元以上的B2B公司提供服务，生意就好起来了。这些公司需要增长，需要可预测的销售线索，但还没有实施出站营销（瞧，我对客户的描述多么具体）。专注于此之后，我的资费也提高了10倍。我想说的是，全科医生和神经外科医生，你觉得谁赚得更多？

令人觉得讽刺的是，除了我的亲身经历，我还与许多产品和服务公司交谈或共事过，他们认为自己已经准备好了增长，但其实并没有。我在与他们的交谈和共事中吸取了这些教训，我看到了这个问题的普遍性，也明白了为什么如果不首先解决这个问题，把钱花在销售线索生成和销售上就会像是在推绳子[1]。

---

[1] 出自金融学理论，最初用来形容货币政策的失效：在绳子一头推这条绳子，由于绳子是软的，无论怎么推，另外一头绳子都是不会动的。（译者注）

PS：如果你是一位同时兼顾事业和家庭的父母，请参阅本书最后一节："亚伦，你到底是如何兼顾照料 10 个孩子和工作的？"

你现在的优势可能是你未来的劣势

服务型企业（尤其是定制商店、咨询公司、设计机构或任何从事大量定制工作的人），以及在任何方面都很出色的"全能型"员工，在确定细分方面都有特殊的困难。迄今为止，在许多方面都很出色一直是你的优势，因为你可以接受任何挑战并取得成果。

但现在，你的优势变成了你的弱点。

因为"害怕错过"让你无法选择一件事来专攻并做到最好。"我该选择什么？我可以在 x、y、z 等很多方面成为世界一流"（这一件事必须是明确的，而不能是"我们是世界上最好的定制软件开发公司"，这样的表述太模糊）。

"但是，如果我要成为世界上最擅长培训公众演讲的人，就会错过成为世界级艺术家的机会。又或者我们会错过进军金融服务市场，又或者错过开发那个移动应用程序，或者错过其他的事……"

选择"一件事"比选择"最好的事"更好是有原因的：你无法预测你的伟大机遇或价值 1 亿美元的退出机会将来自哪里。所以，选择"一件事"，然后搞清楚如何在这件事上成为赢家。在哪里你能成为小池塘里的大鱼？你要先在这个小池塘里获得成功、获得动力，然后扩展到下一个更大的池塘，以此类推。如果你学会了如何在"一件事"上成为赢家，你就会知道如何在下一件事上成为赢家。

如果你的"一件事"举步维艰，那就去不断学习、不断调整，直到你学会要怎样或在哪里能成为赢家。不需要提前知道答案是什么，只管去做下一步就好，然后重新评估，然后重复这一过程。不过可以肯定的是，如果你把自己分散到多件事情上，那只会稀释你自己。

没错，说起来容易做起来难。这就是为什么你需要有能力忽略任何急功近利的期望，只管像小宝宝一样不断迈出小小的一步，不断地前进。

如果你从事的是服务行业，这个问题就更为棘手，因为需要你彻底改变心态。为了实现增长，你得将整个销售态度转变 180°。

过去你总是说："你有什么问题？我们能解决它。无论你有什么问题，我们都有很多能耐。只要我们足够努力，我们一定能为你做些什么。"最终你用不同的方式解决了不同的问题，但这也让你几乎不可能扩大规模。

你需要转变成："这是我们最擅长解决的问题……我们的可复制解决方案已经交付了100次，你有这样的方案吗？还没有吗？你知道还有谁会对此感兴趣吗？"

我们并不是说你不用搞清楚客户的具体处境和痛点，但是，清楚理解你的解决方案能如何帮助你的客户与从头创建一个适合客户的精准方案，这两者是不同的。**这是配置和定制之间的区别。**

要有针对性

你越有针对性，对别人来说"点击"你的服务就越容易，他们可以立即分辨出你的业务（a）是否与他们自己有关；或者（b）与他们认识的人有关：

嗨，我是亚伦。我从事金融服务。

你好，我是亚伦。我是注册会计师，为洛杉矶收入1000万美元以上的媒体公司服务。

特制橙色独角兽笔

让我们用卖笔来举个例子。比如卖橙色的笔，想象一下，你原来生产各种颜色的笔，根据客户的要求进行定制。后来，你决定抓住发展机遇，进行专业化生产。"我们将停止销售其他所有颜色的钢笔，包括定制颜色，因为市场上已经有很多钢笔制造商了。我们要选一样东西做到最好，让它闻名于世。今后，我们只卖橙色的、画着独角兽的这种很特别的笔。我们只将笔卖给那些需要在销售方案上画上橙色独角兽以达成大交易的公司。我们已经看到了这个增长趋势，而且我们将成为能利用好这个机会的最棒的公司。"

你将对失去以前的客户感到失落。在见到效果之前，你很难感受到只专注于销售特殊橙色独角兽笔的成功。

心甘情愿地放开那些想要各种颜色笔的客户吧，因为最终，你会以更高的价格卖出更多的笔，卖给合适的人——那些看重特殊橙色笔价值的人。

第三章

如何锚定细分

也许你已经知道了自己的最佳目标，但你还在为各种选择而头疼。让我们一步步缩小范围，不断接近你的最佳选择，并学着从中收获更多。

在哪里可以成为小池塘里的大鱼？

与其定义一个过于宽泛以至于会迷失在其中的目标市场，不如选择聚焦在一个看起来"太小"但你却能找到销售线索并赢得交易的市场。为什么呢？

·把池塘变小比把鱼变大更容易：重新定位、重新聚焦、重新规划比改变产品和服务更容易。

·要想超越口碑营销，就必须脱颖而出。在更小的池塘里更容易脱颖而出和赢得交易。

·当你分享了太多你擅长的东西（太多池塘）时，你的潜在客户更有可能感到迷惘，而不是留下了深刻印象。

确定最佳细分市场的五要素

让我们来看看，哪些因素有助于确定一个细分市场对你来说是否成熟。

1. 普遍的痛点：如果你从事的是"定制应用开发、分析、移动赋能或销售培训"，要注意上述这些都不是痛点，而是解决方案。你能解决哪些主要的痛点？是能避免错过产品发布的最后期限，还是能解决预测不准确、客户流失率高、销售线索生成困难等问题，还是能改变从演示到报价的转化率偏低的问题？这些问题才是痛点。

痛点必须足够常见：专注于你所解决一个特定的痛点，但不要过于狭隘，以免找不到有这种痛点的人。在你瞄准的细分市场中，你能解决什么痛点，而这个痛点又足够普遍，让你有机会找到客户？

当你看到人们愿意反复花钱来解决某个痛点时，你就知道这个痛点是普遍的。

> 专注于你所解决的特定痛点，但不要过于狭隘，以免找不到有这种痛点的人。

2. 可量化的成果：你可以在哪里展示具体或详细的成果？你如何回答"我能得到什么"这样的问题？举例来说，如果答案是"心灵的平静或更好的睡眠"，你该如何让这个答案更加具体化？与之相比，"将销售额提高217%"或"将月底的结算时间缩短至12个小时"才是更具体的提议。如果你在给出硬性数字方面有困难，那么你可以使用直观的例子、具体的客户故事或引用其他人的见证。

3. 可信的解决方案：声称"增加收入、降低成本等"很容易，买家每天都能听到这样的话。但他们为什么要相信你和你所说的话呢？这里有两个方面的原因：①他们必须相信你能做到；②他们必须相信这对他们有用，并相信他们自己拥有达到目标的能力。类似公司的案例详解会很有说服力——它们能让你的解决方案高度可信。无论是你个人还是你代表的企业，诚实、专业、自信、简单、真实——这些品质都会很有帮助。

4. 可识别的目标：如果你无法建立潜在客户和渠道合作伙伴的清单以及营销方案列表，你就不可能很好地去接触他们或落实一个方案。你该如何建立这种清单呢？比如一份"每季度至少发作一次严重抑郁的首席技术执行官"的名单或一份"需要更换网站运行软件的公司"的清单？

5. 独一无二的天赋：比如擅长找到客户或被客户找到，比如擅长达成交易，比如擅长跳出俗套。你必须有与众不同或独一无二的地方。无论他们是否意识到这一点，每个企业和个人都有其独特的优势、弱点及超能力，比如赚钱的天赋、专注、创意写作、艺术、服务、工程、人际关系、创新、热情的社区、名人雇员、有趣的个人故事或历史，等等。

有时这种天赋很明显，比如扎波斯（Zappos）的客户服务和企业文化。有时这种天赋很难用手触摸到，或者仍然需要开发。但它始终存在。是什么让你脱颖而出？你的独特优势是什么？如果你什么都想不出，那你就可以讲讲创始人和员工的个人故事。我曾挣扎过，我想帮助别人避免同样的挣扎，所以我做了"X、Y、Z等"，这样的个人故事本身就很有说服力。

> 或者擅长找到客户或被客户找到，或者擅长达成交易，或者擅长跳出俗套——你必须有与众不同或独一无二的地方。

通过细分矩阵开展工作

接下来的步骤将帮助你列出主要细分和次要细分，以便对它们进行排序、挖掘、选择及采取行动。建议花上半天的时间与你的团队一起做这件事，解决这个问题。请记住，无需担心：颠覆本身就是进展中的一个部分。（你还可以在 www.fromimpossible.com 网站上下载工作手册）

第一步：列出工作清单

根据交易规模或成果影响力，列出排名前 5 或前 10 的客户、项目类型、类别。最成功的历史是预测未来成功的最佳指标，至少是最好的起点。

1. 客户想要解决的痛点或问题是什么？
2. 客户为什么决定要解决这个问题——是什么促使他们决定购买？
3. 客户想要的具体结果是什么？
4. 客户想要的解决方案是什么？
5. 交易规模或财务结果怎么样？（赚了多少钱？）
6. 从 1 到 10 打分，你有多希望获得更多类似的项目？

继续列出其他可能的机会清单，以便确定：ⓐ 最容易销售、需求最大的来源；ⓑ 最多的收入来自于哪里；ⓒ 最有激情或最令人兴奋的点在哪里：

- 比如你希望获得更多有趣、古怪、引人注目、令人兴奋的特立独行的客户。
- 你希望得到其他令人兴奋的新机遇。
- 哪个市场或哪类项目最成功？
- 你最擅长什么？
- 迄今为止，你最容易赚到钱的方法是什么？
- 如果人们只因为一件事而雇用你，那是哪件事或将会是哪件事？
- 回想一下其他客户模型：
  - ◇ 有哪些机会你本可以成功，但却因为没有足够投入而失之交臂？
  - ◇ 将你实施过的项目按照体量、类型、解决的问题、收益/成果进行分类。

- ❖ 你过去能证明自己的最好的案例是什么？
- ❖ 你的哪些项目为客户创造了最大的经济效益？
- ❖ 哪些信息可以成为你能公开的详细业绩证明？
- 你的最佳竞争定位在哪里？你能获胜的最佳机会在哪里？
- 思考未来的最佳机会：人们有什么需求？有上升的趋势吗？
- 在哪里、通过什么样的项目可以获得可衡量的结果？
- 你的底层驱动在哪里？（还是"成功"就是你的底层驱动？）

列出"停止行动"清单

- 哪些项目失败了？为什么？
- 哪些市场、客户或项目需要停止？
- 哪些客户是不可能或不值得帮助的？

第二步：工作矩阵

列出一个宽泛的清单后，从 5 个方面对它们进行评分或排序（普遍的痛点、明确的结果、可信的解决方案、可识别的目标、独一无二的天赋）。先不要过度分析，我们希望你能缩小范围，选出几个最佳选项（2 到 5 个），以便下一步进行深入研究。做这些有时很容易，有时令人沮丧，你可能会兜兜转转。但其实，这个清单不用非得完美——你又不是要结婚。

接下来，我们将把它们分解成一个更详细的矩阵。这能帮助你找到盲点，尤其是对"痛点—解决方案—成果"的详细分析，见表 3.1。

表 3.1 "痛点—解决方案—成果"矩阵

细分/用途	普遍痛点	权力人物	独特的痛点	解决方案	成果	证明	验证
零售连锁	门店数量年增长率缓慢	零售业务主管	销售数据报告不友好，数据缺失	为买家和销售团队提供流动性的实时报告	提高效率，加快周转，减少破损	尚无	采访两位行业内买家

从 www.fromimpossible.com 网站下载《锚定细分工作手册》

每个人都会根据自己的独特情况调整使用这种方法，但基本上就是这种模式。

细分：我们讨论的是之前列表中的哪个机会或例子？是现金流管理、人力资源金融服务、通用电气，还是移动广告？

普遍痛点：是客户需要解决的问题的通用标签，包括"内容营销报告""销售团队流失、成本""执行报告不准确""员工成本高",等等。后面我们会进行详细探讨。

关键人物：谁是你应该想办法帮助的关键人？谁对决定购买你的产品最有影响力？典型的决策者和影响者/帮助者分别能发挥什么作用？为了简单起见，你可以先从一两个角色开始。

> 谁是你应该想办法帮助的关键人？谁对决定购买你的产品最有影响力？

生意上或个人生活中的痛点：那个关键人每天都具体要解决什么问题？不是说整个公司，而是那个关键人。这就是痛点的细节所在。"因为预测偏差而在董事会面前感到尴尬""因为没有办法及早筛选候选人，而花费超负荷的时间进行面试""业务目标在提高，销售线索的数量却保持不变"。先从主要决策者的1～3个具体痛点入手，然后针对其团队中另一位有影响力的人再分析一次。

解决方案：为了解决这个问题，他们需要什么？想要什么？客户想要购买的是解决方案，而不是产品或服务。如何帮他们定位你的解决方案？你目前提供的方案与他们想要购买的可能还有差异，或者还不能满足他们的需求。你非常了解自己的解决方案，做这个分析应该很容易。

成果：客户可以获得哪些可识别的成果？你可以测量、跟踪或衡量什么？"每个人都感觉很好"这种描述可不够具体，不如"员工满意度从X提高到Y"。你该如何证明经济效益？（赚钱、省钱、降低亏损的风险）

证明：如果想要根据价值收费，或向主流买家进行营销和销售，你的销售线索生成和销售团队都需要一些可证明公司能力的证据。虽然没有证据也可以向人们销售，但这样的销售或是需要与潜在买家建立起更多的链接，或是只有面向早期采用者时才有效。以下是一些可以用作证明的东西：

・免费试用。
・包含细节的案例分析。
・用户见证，尤其是视频见证。
・合作客户的商标或品牌名称列表。
・故事。
・现场演示。

"展现"总是比"讲述"更好（不要再滔滔不绝地讲述了，去想办法证明自己)。

> "展现"总是比"讲述"更好(不要再滔滔不绝地讲述了,去想办法证明自己)。

人们需要练习如何把痛点、解决方案与成果区分开来。尝试把这三项分别说清楚本身就是个自我教育的过程,因为人们经常会把痛点与解决方案混淆在一起。"他们的痛点是没有自动化薪资系统"或"薪资系统是手动的",这些都不是痛点。自动化薪资系统是一种解决方案,手动做薪资只是对当前工作方式的描述。

拆解分析:为什么区分上述三者很重要?区分了又能怎样呢?"人工制作薪资每月都会出错,这意味着员工会感到沮丧,导致去做销售的时间减少(痛点1),而财务团队每个月还得多花费10个小时来纠正这些愚蠢的错误(痛点2)"。

通常,"解决方案"一栏很快就会填满,因为这很简单。

· 但你的员工是不是一直想在"独特的痛点"一栏里填满解决方案?
· 你的"成果"一栏是不是一片空白、令人沮丧?

花点时间把痛点、解决方案、成果都明确下来,哪怕会花掉比你想象中要长10倍的时间。因为这有助于为你的团队开辟一种全新的思维方式,让他们在遇到以下情况,如忽略挖掘客户痛点、过快地提出解决方案或不确定他们可以承诺的成果时,能够及时停下来予以纠正。

第三步:选择机会

现在请选择一个最主要的机会。如果你有不止一个好机会,你可以选择次要的那个去进行测试,并与排名第一的机会比较一下。

如果你有两个以上让你心动的机会,请记住,一定要确定一个深入挖掘的细分,你一定会有很多收获。在未来,你还可以随时回去评估和测试其他细分,不用担心由于搁置其他想法而错过任何机会。

第四步:确认

· 如果你已经准备好投入:到了这一步,你可能已经准备好去追逐你的第一选择了,比如开展营销活动以生成销售线索。但你仍然应该对这一细分市场中的几个潜在客户进行访谈,不断更新关于这个市场的详细信息,尤其是"痛点"和

"成果"。要去找找那些不太了解你的人，或者不怕给你残酷却诚实答案的客户。之后，你就可以进入第五步了。

· 如果你还没准备好：你可能意识到，虽然你的首要细分显现出巨大的可能性，但是还缺少一些重要的东西，比如仍需要不同的产品、法规调研、各类许可、研究或其他类型的验证。在继续之前，请跳至第 32 页的"20 次访谈法则"。

第五步：现在学习，以后成长

如果你认为自己已经准备好瞄准某个细分市场，那么你应该已经足够清楚该如何围绕这个细分市场去启动销售线索生成计划。花费精力去开展某种形式（无论何种形式）的销售线索生成活动，会迫使你投入其中，去反复推敲你的目标客户是谁，他们为什么应该关注你，以及他们对什么感兴趣。

在这里，重要的不是获得的销售线索（至少目前还不是），而是学习。你学会产生销售线索的时间越短，你为增长做好准备的速度就越快。给自己 90 天时间作为学习或测试期，然后再考虑增长的问题。从根本上说，此时你要做的事有以下四件。

1. 确定一个目标列表，通常是潜在客户、合作伙伴或营销渠道的清单。

2. 确定将以何种方式进行联系，如陌生邮件、电话、请人推荐、社交活动、信函、博客等；决定好你想说什么、想要求对方做什么。记住要从读者的角度来写这对他们有什么好处。

3. 在开始宣传之前，你至少需要做好哪些准备工作呢？不要在这个阶段过度追求完整的营销或出站拓展方案，否则你会发现白白构建了大量内容，实际上都不管用。如果你正在开发新客户，最好能有一个案例分析或简短的介绍视频可供你使用。如果你还没有，那也不必就此放弃，你可以借此机会学习或创建其他的工具或内容，这样会更有效率。

4. 最后，不要再拖延了，直接开始第一个动作吧！哪怕只是一个电话、一封信、一条推特或一封电子邮件。多发些，然后衡量结果，调整调整，然后再试一次。行动、学习、然后调整。先开火，再准备和瞄准。测试越多，学得越快。学习的速度决定增长的速度。

> 学习的速度决定增长的速度。

在这一步中，学习比成果更重要。如果你很快就完成了 10 笔销售，但你却不知道为什么，那么你就无法重复同样的销售动作。如果你只达成了两笔销售，但知道如何复制，那非常好，你可以把事情做得更大。

一旦你找到了能够奏效的办法，你就可以退后一步更清晰地思考一下，下一次增长会在什么时间、会是什么速度以及依靠哪个细分市场和哪类销售线索。或许你会意识到，你需要重新审视一下你的矩阵（回到第三步）。

案例研究：Twilio 是如何通过站在客户角度思考问题，最终锁定了价值数十亿美元的细分市场

Twilio 是一家位于旧金山的云通信 SaaS 公司，估值数十亿美元。Twilio 成立于 2008 年，2014 年的年收入为 1 亿美元，2018 年增长到 6 亿多美元！通过使用其网络服务 API（应用编程接口），Twilio 让软件开发人员可以程序化地拨打 / 接听电话、发送和接收信息，以及执行其他通信功能（如视频）。

例如，无论何时你收到来自优步（Uber）的短信或与优步司机通话，你都在使用 Twilio。你在美国点评网站 Yelp 或美国餐厅线上预定网站 OpenTable 上进行预订后会收到确认短信，这也是通过 Twilio 实现的。

平台型初创企业往往很难抓住细分市场，因为客户可以用这个平台做太多事情。如果你问平台创始人："我们可以用你们的平台做什么？"他们会回答："什么都可以！"但首席执行官杰夫·劳森（Jeff Lawson）和 Twilio 团队都是钻进客户脑袋且完全站在客户角度思考的专家，他们用自己的方式锁定了细分市场，创造了一家价值数十亿美元的平台公司。

> 平台型初创企业往往很难抓住细分市场，因为客户可以用这个平台做太多事情。

第一，倾听客户（最好是亲自倾听）

在 Twilio 发展早期，投资人戴夫·麦克卢尔（Dave McClure）给杰夫打了个电话，告诉他："嘿，在拉斯维加斯有一个叫 LeadsCon（最大的关于销售线索生成流程交流）的活动，你应该去参加一下，去见见活动的组织者杰伊（Jay）。"

杰夫说，他根本不懂什么是销售线索生成，但他还是去了。

杰夫见到了杰伊，告诉他："我根本不知道这个活动到底是怎么回事，也不知道这些人都是谁！"

杰伊回答他："别担心，活动第二天，我会让你和其他初创公司的创始人一起上台，上去讲 5 分钟关于 Twilio 的故事，你就会明白的。"事实也正是如此。

第一天，杰夫就去参加了每一项活动并聆听。他意识到，所谓销售线索生成，就是营销人员为某个生意去开发潜在客户并出售开发到的销售线索。而潜在客户可能会填写表格，甚至拨打深夜广告中的电话号码。

当晚，他就准备好了演讲稿。

第二天，杰夫站在台上对大家说："昨天，我还不知道什么是销售线索生成，但我听说，你们最有价值的销售线索都是通过打电话得到的，而我的平台就是为打电话服务的。

我给你们演示一下，用我的平台对电话进行录音、转接以及分析有多容易，如果你们感兴趣，请联系我。"

这就是杰夫天真直白的推销。大量的事实证明，Twilio 在销售线索生成方面有许多应用案例，并在这个行业里创造了很多业务。

杰夫并没有把他的演讲重点放在平台及其所有功能上；相反，他倾听了客户的需求并据此量身定制了他的演讲（不要把会见客户和倾听客户混为一谈）。

听起来很简单，但很少有人或销售人员能做到这一点。

第二，"穿上客户的鞋子"

"倾听客户的心声"说起来容易，但如何真正做到并从中获得有用的见解呢？如何练就同理心这一重要技能呢？

"只有穿上别人的鞋子走一英里的路，你才能理解别人。"Twilio 直接将这句话的字面意思作为指导原则："穿客户的鞋子。"

Twilio 有一项长期政策：那就是客户可以用自己的鞋子换一双印有 Twilio 标志的红色匡威帆布鞋。现在，客户的鞋子挂满了办公室的各个角落，每双鞋子上面都标有客户的姓名和公司。

> 每个员工都必须开发一个 Twilio 应用程序……甚至律师也不例外。

那具体实践中又是什么样子呢？首先，每个员工都必须开发一个 Twilio 应用程序（后面会详述）……甚至律师也不例外。另一种方法是不断地询问，通过不断问"为什么"，了解客户的根本问题和动机：他们为什么要这样做？他们为什么需要它？不断进行挖掘。当你通过很多个客户总结出很多"为什么"时，你就对业务需求有了一些初步的认识。

访谈技巧

- 在线问卷调查可能很好操作，但现场访谈可以让你更深入地了解细节。要做好调查，你首先要知道应该问哪些问题，而访谈正好可以帮助你了解哪些问题应该问。

- 你不需要做太多的访谈：哪怕只做了一个，总比没有强。除非你要创造一个全新的产品并进行推广，否则访谈数很少需要超过三个或五个。

- 不要因为早期访问没有结果而气馁。访谈是一种技能，通过不断练习，你会做得更好。

- 大家都愿意向真诚的人敞开心扉。如果你希望客户能与你分享真实的故事，那么就一定要真诚地对待他们。

- 你的访谈不应该像一场采访，而应该像一场对话。

- 只要认真倾听，你就能发现客户使用你的产品或服务的方式多么令人惊讶，还有他们拒绝购买时那些有意识和无意识的原因，以及对销售和营销文案有用的关键词和关键短语。

> 通过不断练习，你的访谈会做得更好。

在与销售人员复盘时，也要问他们："客户为什么要这样做？"如果他们不知道，或者只是提出假设，那就一定要让他们去询问客户。

倾听（而不仅仅是推销）的客户越多，你就越能像客户一样去思考，与他们产生共鸣。

第三，让你的律师开发应用程序

想让你的员工"获得客户"？你的员工不能只是通过阅读来了解你的产品，要让每个员工都去使用它。

Twilio 要求每位新员工都创建一个 Twilio 应用程序。通过这个任务，包括助理、招聘官、律师在内的所有员工都学会了如何站在客户的立场上思考。Twilio的程序员中会有人自愿帮助其他不是程序员的员工去编程。

这些新员工需要将自己编写的应用程序向全公司展示。没有什么能比害怕公开出丑更能激励人们去认真对待一件事！这是一个很聪明的"强迫机制"。

第四，在构建产品之前获取客户对产品的反馈

Twilio 有堆积如山的 API 资料，它们是对产品功能的绝佳描述。事实上，如果你有某个 API 的准确资料，它就能完美地描述这个 API 的功能。

当 Twilio 考虑推出新的 API 产品时，在开始进行编程之前，他们会先编写资料，并把资料分享给客户，去了解："这个 API 能解决问题吗？你会去使用它吗？"

> 如何在构建产品之前获得产品反馈？

客户可能会回答："是的，它很完美！"或者："不……"或者："我想做（某件事），我应该用哪个 API？"

产品和服务公司也是这样做的——在构建产品之前，先发布一个设想中的产品登录页面或销售页面，看看是否有人想要它。用这种方式预先推广产品有助于及早发现产品或信息传递方面的问题。在产品问世之前纠正错误的成本更低，也更容易。

第五，将研究和向前一步的尝试结合起来

成功之路是不可能靠研究得出来的。在某种程度上，你会需要向前一步的勇气。

Twilio 的产品以 API 为基础，其用户是那些编写与 Twilio 程序进行交互的程序的开发人员。API 产品通常起步较慢，因为在你把 API 分享给开发人员后，他们会（1）使用 API 进行实验，来确定他们想要构建什么，然后（2）发布一项功能或产品，最后（3）不断改进，直到用户满意为止。在这个过程中，使用 Twilio 应用程序接口进行实验的开发人员可能只会花上 50 美分的使用费。这种新产品的收入周期很长，经常要等到重要的应用案例确认之后。

开发者用户开始使用产品时，Twilio 对初期很少的数据也非常关注，通过这

些数据来研究产品是否具有一定吸引力。

> 成功之路是不可能靠研究得出来的。

Twilio 开发出了第一款视频 API 产品，让企业用户可以轻松地将视频通信添加到他们的系统中。Twilio 以为客户大多会它来构建屏幕共享应用，但客户的想法可不一样。

Twilio 发现自己的产品被用在了远程协助这个领域：人们只需要与客户经理远程通话，就可以开立银行账户；患者在几分钟内就能获得医生的远程评估结果，而不再需要提前几天或数周的预约就诊。他们的产品被主要用在让人们摆脱时间和地域的限制，在线获得专家的帮助方面。

于是，Twilio 开始寻找更多需要这种服务的公司，无论是医疗保健、金融还是零售业。杰夫说："就像销售线索生成一样，在我们将产品投入市场后，我们意外地发现了视频领域的巨大商机。"

站在客户的角度思考问题，学会将心比心，再去研究你的机会。你不可能只通过研究或白板演示就取得成功。你要把你的产品送到客户的手里，看看会发生什么。即使什么都没有发生，也算不上失败，这个结果本身也是一种有用的信息。

> 即使什么都没有发生，也算不上失败，这个结果本身也是一种有用的信息。

20 次访谈法则

我们知道，任何新兴公司都不可能事事按计划进行，无论我们当中哪个人都是如此。但如果还在创业初期，这里有一个建议：如果你计划向任何一家有规模的企业销售，一定要牢记"20 次访谈法则"。

"20 次访谈法则"很简单：在你写下第一行代码、确定你的细分市场或采取其他重要行动之前，先去访谈 20 位真正的潜在客户。

不是要你去访谈你的朋友或你认识的人。受访者必须是真正的潜在买家；也就是说，如果你希望向销售经理推销产品，你就不能去访谈销售代表。你必须去访谈副总裁、销售总监或销售运营总监。而且你必须要做 20 次这样的访谈。我们知道 20 次很难达到，但这是个合理的数字：

· 通过前 5 次访谈，可以真正地理解空白领域和当前的机会。是的，你可能认为自己已经了解了，但你是供应商，而不是购买者。你需要从购买者的角度去真正了解你未来的应用程序。

· 接下来的 5 次访谈，你要从中确认你的模式类别。你要从前 5 次的访谈中进行学习，在接下来的 5 次访谈中予以确认。

· 在第 11 ~ 20 次访谈中，你要逐渐拟定自己的销售话术，不断完善论题。一旦你从买家的角度了解了市场的空白领域，搞清楚了其中的细微差别和挑战，你就应该确定销售话术了。在拟定销售话术的同时，你也会不断打磨自己的论题和策略。第 11 ~ 20 次访谈的目的是：过滤你的话术，留下"必需的"元素，去掉那些非必需的元素，并且挖掘出什么才是真正的"十倍好"的东西，而不是那些仅仅两倍或五倍好的。

不要期望 20 次访谈都能得到正面反馈，很多访谈可能会（也应该）满是批评。反应冷淡才是更糟的情况，是因为这意味着："是的，这有点意思，但我不可能买。"甚至隐含的意思是："你的想法是在浪费时间。"与冷淡的反应相比，我宁愿获得负面反馈。

我们都明白史蒂夫·乔布斯的意思——你只需要把产品做出来就行。你也确实必须这么做。但是，当你要解决的是商业问题而不是消费者问题时，研究就显得格外重要。消费者并不知道该如何解决问题，也不知道你应该为他们打造什么，但他们很擅长表达自己的困扰，并且非常敏锐且深思熟虑。所以，针对你的产品和想法，他们的反馈可能牛头不对马嘴，但对真正需要解决的痛点，他们的理解总是能切中要害。

让我们以两家相似的 SaaS 初创公司为例。他们的年收入都在 100 万美元左右，并且正在逐步增长。两家公司的创始人兼首席执行官都非常优秀，也都拥有非常棒的产品和满意而热情的客户。不过，尽管他们现在收入相当，但其中一家定位更好也更容易获得成功，年营收能迅速达到 500 万 ~ 1000 万美元。至少在本案例研究中，两家公司之间的差异是显而易见的：定位更好的那家公司从第一天起就了解自己的客户；而另外一家对客户的了解都是匆匆忙忙临时摸索出来的，而且直到现在还在摸索之中。

他们或多或少都在同一时间到达了同一个位置，那么区别在哪里呢？区别在于核心客户架构。不仅仅是软件的问题，更是整个公司的问题。不知道核心客户是谁的初创公司在团队、市场占有率、如何向核心客户营销和销售以及面向潜在客户的曝光度方面都落在了后面；而明确知道目标客户的初创公司则在潜在客户/市场层面都有更为适合的团队帮助他们定位客户需求和提高知名度。

因此，尽管不需要与人交谈就建立线框并开始编码也很有趣，但如果你还没有开始创建产品，一定要先去做 20 次访谈。我是认真的，不要跳过这一步，要多去倾听。如果没有其他阻碍，要强迫自己根据访谈的收获对自己曾经的假设做出关键性的改变，这么做一定会有回报。

第四章

你的推销

我们已经确定出你的最佳目标,也许还有一个后备目标,你也知道了客户的痛点,那么,当你在会议上遇到潜在客户或要给他们发邮件时,你该怎么说或怎么写?应该如何调整你的推销话术和信息传递方式?

如果你做一个电台,会有人收听吗?

想象一下,你正在广播上选台,有爵士乐、古典音乐、经典摇滚乐和轻音乐等多种选择,然后你选到了一个叫 KALL 的电台——"我们播放爵士、嘻哈、摇滚、古典、老歌、舞曲、节日音乐和其他任何你想要的音乐——你来决定我们放什么!"这乱糟糟的曲风是多让人迷糊。千万不要混成一团!

缩小范围,抓住人们真正需要你的那个点。想想什么样的人在需要你?人们在什么时候最需要你?去掉杂乱无章的东西,才能让客户更容易明白他们为什么需要你。当然说起来容易做起来难,因为如果很容易,那所有人都这么去做了。

做减法,简化一切

在你的电台里,是不是有太多的好机会摆在面前?你必须做减法,让人们更容易调到你的频率。这样你可以大大简化许多难题,比如你要去找哪些人,你要对他们说什么去吸引他们的注意。

随着世界变得越来越繁忙,人们脑子里的收件箱也塞得越来越满,在人群中脱颖而出并与客户建立联系的做法也要随之改变。

最简单的方法就是做减法,即进一步地专业化和简化。这个原则适用于某个公司、某个产品、某个项目、某场营销活动,甚至适用于个人,它能帮助推进你的事业。

比方说，你是一名兼职首席财务官，在你撰写的电梯推销话术中，你可以写成"兼职首席财务官"，也可以写成"住在洛杉矶的兼职首席财务官，为营收为100万～1000万美元的媒体公司工作"，哪一种会让你的推销更容易一些？

当然，你也可以同时为或大或小的医疗保健机构、金融公司和技术公司提供服务，但你大部分的收入是从哪里来的？要针对所有类型的企业写营销电邮或博文，可比只瞄准大型金融服务公司一个类别去写要困难许多。

也许你可以用这个思路去调整一下整个业务的重点，也可以重新聚焦个案研究、博客文章、网页内容以及外宣活动。那具体来说该如何去缩小范围？

你可以根据目标客户的类型，或者根据你的工作地点、你所能提供的服务、你正在解决的问题或你能创造的成果等去确定更小的业务范围，也就是可以根据任何能让潜在客户更容易搞清楚为什么需要你的东西，去确定自己的业务焦点应该在哪里。举几个例子：

· 不要笼统地说"北美"，你在哪个州或哪些城市最有实力？旧金山、洛杉矶还是芝加哥和纽约？说具体点。

· 不要宽泛地说"业务渠道管理"，你的业务板块中最突出的有哪些？"转换提案""精通演示""可在15分钟内执行业务线审查"。

· 与其说是"写作辅导"，不如说是"商业写作辅导"或"电子书写作营销指导"，会不会更好？

· 与其说是"员工学习"，不如说是"销售人员入职培训"，怎么样？

· 与其笼统地说"众包"，不如说是"支持票据翻译"，会不会显得更清楚？

当然，宽泛的分类也能奏效。我们只是说，如果分类宽不起作用，那就试着从更窄的角度去思考，然后测试它能否引起客户注意。因为一个性感、花哨、冠冕堂皇的信息如果不能吸引客户，那就毫无用处。

> 一个性感、花哨、冠冕堂皇的信息如果不能吸引客户，那就毫无用处。

无论是你的目标、愿望还是你传达的信息，特异性并不会限制住你，反而可以让客户更容易理解你。

为什么服务业和超级明星更难？

美国数据公司（American Data Company）是在赛富时的帮助下建立的，也是赛富时的合作伙伴。这家公司曾经也是"不挑客户什么都做",之后才慢慢成长了起来。他们希望继续增长,启动了出站营销计划,试图寻找那些需要帮助来改善营销、销售或服务效果的公司,但没有取得任何进展。

后来,他们为西田(Westfield)购物中心创建了一个手机应用,供其租赁代理使用。此后,他们开始专注于向购物中心管理公司开展出站营销,并很快就开始获得预约。

更窄的业务范围帮他们懂得了该如何让潜在客户更容易明白他们能提供的意义。

电梯推销总是令人沮丧

电梯推销并不是为了让你马上就能把东西卖给人们,也不是要让倾听对象兴奋得上蹿下跳。做电梯推销,你只需要让他们能快速地想清楚是否愿意向你了解更多信息就可以了。

大多数人的电梯演讲都过于冗长,也花了过多的时间介绍自己,诸如:我们是可扩展网络社交媒体的领先平台等一大堆。

一次紧凑的电梯推销可以迅速知道对方是不是你的潜在客户。你不需要吸引所有人,只需要吸引与你相关的人就够了。以下是一些提醒:

- 避免使用行业术语。
- 用语浅显。
- 表达简明比准确更有效。
- 有件事是一直令人沮丧的:你永远不会感到100%满意,所以结果只要"足够好"就行。

毫无疑问,你可以在互联网上找到无数种电梯推销话术的格式和模板。这里有一个比较适合我们的版本:

开场我们可以说:"你知道有些人有(**问题)吗?我们有(解决方案)和/或(可以带来的好处)。例如(此处用一句话讲述一个案例)。"

例如:"你知道零售连锁店想让手机用户兑换优惠券有多费力吗?而我们有办法让兑换率提高50%。例如,鲍勃玉米饼店(Bob's Tacos)的兑换率在30天内就翻了一番。"

又如:"你知道为什么有些连锁零售店的员工流失速度和招聘速度一样快吗?我们可以把排名前5的原因都告诉你,还可以告诉你如何解决。就像沃尔玛

（Walmart）一样，我们帮它把零售店的员工流失率降低了一半，这样他们的员工每两年才会全换一遍，而不是每年换一遍。"

请注意，这与你将用什么办法帮助他们无关，而是与他们迫切想要的结果有关。如果他们感兴趣，自然会问你更多问题去了解如何做到这些。

一种摩尔格式

杰夫·摩尔（《跨越鸿沟》一书的作者）还有另一种格式，你也可以试试：

对于那些对（目前市场上的产品）不满意的（目标客户），

我的想法／产品是一个（新想法或产品类别）。

它能提供（关键问题／解决方案的特征）。

与（竞品）不同，我的创意／产品具有（描述关键特征）。

如果觉得以上格式和模板都不合适，你还可以轻松地在网上找到更多其他格式和模板。

专业提示：说话时要注意添加停顿

在手机上打开地图类应用程序时，有时需要按一下重新定位到你的位置，这样才能启动导航。但是，你事先输入的任何内容都必须重新输入。

人的思维也是如此。大多数人在做自我介绍时，都会把过多的信息过快地倾倒给听众。在你向他们抛出更多"方向"之前，他们的思维需要先确认定位。

要做到这一点，你只需要在讲话中加上一个简单的停顿，无论是在会议上、电话里还是在视频中。你可以在说完第一句话后停一下，或者在说了大约 10 个字后停一下。你可以在陌生人而不是同事面前进行尝试，不断改善你使用停顿的技巧。给他们一秒钟的时间进行思维定位，然后再接着讲。

这样可以让他们的思维有机会准备好处理你接下来说的话，就像在地图应用上点击"回到当前位置"一样。如果你讲话没有停顿，他们的思维就无法为接受更多内容做好准备，你为推广所说的大部分内容就会从他们的耳朵里溜走。

他们并不关心"你"：三个简单的问题

当人们第一次见到你，他们并不关心你是做什么的，也不关心你卖什么——无论你是做软件及服务、服务业、拍卖网站、卖手机还是其他什么行业，他们只关心你能为**他们**做些什么。

如果你在推销解决方案时陷入困境，不妨试试问自己这三个问题，看看人们关心什么。针对你正在创作的任何一句话、任何一张幻灯片或任何要点，你都可以提这三个问题，它们会自动帮你从"为客户带来哪些成果"的角度重新构思：

- 你如何帮助客户？
- 这有什么了不起的？
- 如果客户满不在乎，问你"那又怎样"，你该如何回答？

例如：

我是洛杉矶的一名会计。

"你如何帮助客户？"

我帮助企业保持合规。

"这有什么了不起的？"或"那又怎样？"

在（某某）方面不合规的企业可能面临15万美元的罚款。我帮助企业保持合规，以免被处以巨额罚款。

无论你是否准备好了华丽的推销词藻，下次有人在聚会上问你是做什么的时候，请假装他们问的是"你在如何帮助别人"。

人们喜欢买"具体的东西"：细节决定成败

你正在摸索如何描述你的产品才能让顾客一见倾心。你认为自己的产品是"必需品"，但别人却不这么认为。那也许是因为你说得太含糊了。

我们举几个例子，看看以下表达方式中，是前面还是后面的说法更能引起共鸣：

- "交通工具"/"宝马3系轿车"。
- "销售流程咨询"/"八步销售流程"。
- "自由"/"自我管理的团队"/"能够享受两周不受打扰的假期"。
- "最高级支持"/"可以通过电子邮件、电话或聊天7天24小时访问我们的支持中心"。

人们喜欢买"具体的东西"。他们会问："我的投资能得到什么？"

无论要买10美元还是10000美元的东西，他们都想知道自己到底能得到什么。所以请尽量用"某样东西"来进行说明，并描述具体细节。

"应该"是个恶毒的词

把重点放在那些急需你解决问题的客户身上，而不是那些认为你"很酷"或只是"应该"或"可能"需要你的客户身上。

重新聚焦你的细分市场，可能比重建你的产品 / 服务更容易一些。与其思考："怎样才能使我们的产品引人注目"，不如试着思考："什么样的人 / 公司最需要你提供的产品"。

> 什么样的人 / 公司最需要你提供的产品？

如果你决定大幅度改变方向，那下一步不是建立一个全新的网站或重新制作所有的营销和销售资料，而是应该回到"20 次访谈法则"，与真正的潜在客户（而不是朋友或合作伙伴）交谈，去找出你的哪些论断是错误的。

大多数人都害怕得到关于自己产品的残酷而诚实的反馈，但是请不要回避这样一个事实：你可能还没有达到自己的预期目标，可能需要付出比预期或想要的更多的努力和时间才能实现增长。

02 第二部分
CHAPTER
创建可预测的渠道

> 令人痛苦的真相：一夜成名只是童话故事。你不会因为一个像病毒一样传播的视频、一篇推文或一个产品就被所有人"发现"，你因销售线索生成所面临的全部问题也不会因此神奇地消失。

引言：销售线索生成可免除许多原罪

你可能拥有最好的产品、投资者或销售流程，但如果没有可预测的方法来填补收入或销售漏斗，你将举步维艰。可预测的销售线索生成是创造超高速增长的杠杆。这不仅仅是在网上或通过广告牌开展营销活动，也不仅仅是打陌生电话，或免费发放赠品。

许多有抱负的初创者都有这样的想法："只要我们创造出一个了不起的东西（应用程序、视频、电子书、博文……），它就会在网上火起来，就会有好多人兴奋地追随我们或向我们购买。"这种想法经常会给人创造一夜暴富童话，就像买彩票一样。

> 如果没有可预测的方式来填补收入或销售漏斗，你将举步维艰。

假设你不是风险投资家，那么你个人认识的人中，有多少人能真的一夜成名？或者能将这种病毒式传播一直保持下去？我们处在一个"现实扭曲场"——社交媒体上充斥着各种"立竿见影、立马见效"的故事——而现实中这样的故事并不常见。只是这种故事最容易在社交媒体上大肆传播，毕竟循规蹈矩、一步一个脚印的工作要乏味得多，而"令人兴奋"比"可持续"更容易获得关注。

所以，你可以追求"被人发现"，但请不要把你或你的公司全押在这种童话故事上。因为 99% 的可能性是，无论你推出什么，人们都不知道也不关心。你必须先拼命想办法让他们过来，然后再想办法帮助合适的人买到有意义的产品。

是的，你确实要有一个好的产品或服务，以及一些满意的客户，但这还不够。你能否从新的潜在客户或现有客户那里获得可预测的销售渠道和销售线索？

我们应用这些技术在一年内实现了超过 500% 的增长，从 36 万美元增长至 200 万美元。

——从电话到行动（Phone 2 Action）首席执行官杰布·奥里（Jeb Ory）

你是否遇到过以下这些问题？

· 销售线索生成和销售总是无法预测。

· 销售人员对销售线索的数量或质量颇有微词。

· 收入增长如过山车般忽上忽下（无论是公司、团队还是个人）。

· 你完成了销售线索数量目标，但未能实现销售额目标。

- 超过 30% 的销售人员没有完成指标。
- 意外低的成交率。
- 销售人员缺乏动力。

与其尝试修改演示流程、改进招聘方法或优化赛富时网站的设置（尽管这些都很重要）这些零敲碎打的解决方案，可持续、可预测的销售线索生成往往能解决很多销售问题。

如果你很难为销售人员创造足够多像样的销售线索，那其他一切就都得很完美：

- 你需要完美的产品。
- 你需要完美的销售人员。
- 你需要一个完美的销售流程。

因为你没有缓冲余地去出错。但是，当你拥有一台可预测的销售线索生成机器时，就算其他所有东西都出了问题，整体销售情况也仍然可以非常好。

实现新增销售额涨到三倍的最佳方法不是把销售人员增加到三倍（这是销售驱动型公司的传统方法），而是应该想办法增加合格的销售线索。就算你开的是法拉利跑车，没有汽油也是寸步难行。销售线索的产生就是公司发展的汽油。

是的，你确实需要好的产品或服务，和（一些）满意的客户，但这还不够。如果不能积极主动地发现新的潜在客户，增长就无法维持。

即使你的 YouTube 搞笑视频或者应用程序下载获得了病毒式传播，但在这最初的成功迸发之后，该如何让派对继续下去？ 如果做不到这一点，你就会昙花一现。

三种重要的销售线索生成方式

1. "种子"是指多对多的销售线索，由口碑、网络和人际关系产生。这些种子通常通过创造满意的客户得到成长，这些客户会和你保持多年的交易关系，还会把你推荐给其他人。赛富时、谷歌、脸书和美国钉钉（Slack）最初都是通过"种子"实现超高速增长的。

2. "网"是指一对多的营销活动，包括现在流行的内容营销和入站/出站营销。

3. "矛"是指有针对性地开展出站拓展客户活动或业务开发活动。通常由专人负责，通过目标名单、电话、电子邮件或其他任何有助于联系和预约的方式开展工作。

花生酱和巧克力

有太多的公司沉迷于单一的销售线索生成方式，而忽视另外两种线。这往往出于一种哲学信念。你会看到自以为是的营销专家常说"我们不想打扰潜在客户，我们只想让他们找到我们"，以及"入站的好，出站的差"；自以为是的产品专家常说"如果你还得推销售卖你的产品，那就说明产品还不够好"；还有自以为是的销售专家常说"市场营销就是浪费金钱，直接销售才有意义"。

这样的想法会让你错失更多的机会。举例来说，就像花生酱和巧克力一样，入站营销和出站营销是绝妙的搭配，尤其是当它们与绝妙的产品搭配在一起时。

> 有太多的公司沉迷于单一的销售线索生成方式，而忽视了另外两种方式。

盖房子需要多种工具：锤子、锯子、螺丝刀等。同样，"种子""网"和"矛"也是相辅相成的，要懂得为什么、要怎样以及何时去使用每一种工具。每种工具都有不同的漏斗、转化率、期望值、销售周期、平均交易规模、理想目标客户以及增加目标客户的方法。重要的是要知道哪种类型最适合你的业务，应该以什么样的组合或比例使用它们，以及每种类型的增长需要投入多少时间、金钱或资源。

那么合作伙伴呢？

合作伙伴不是第四种线索，他们是不同类型的客户。

无论他们是渠道合作伙伴、转售商、营销合作伙伴还是其他什么，都应该把他们当作客户来争取和支持。

可以通过"种子"（口碑/合作伙伴获得的成功）、"网"（针对合作伙伴的大规模营销）和"矛"（针对理想合作伙伴的目标列表）来获得合作伙伴。

第五章
种子——客户成功

种子是"多对多"的营销活动，它们的基础是口碑和人际关系。DropBox、Box以及美国钉钉（Slack）等公司就是通过产品的口口相传实现了腾飞。但对于大多数公司来说，种子大多来自于系统化地保持客户满意度并让客户持续从你的服务中获得价值，从而降低客户流失率并产生更多的转介绍。

在建立人际关系和社交网的同时，你为帮助他人成功所做的所有出色工作都是在"播种"——无论是对员工、合作伙伴、投资者还是对客户（见图5.1）。

图5.1 客户成功是实现增长的最佳途径

通过帮助客户获得他们想要的东西，从而获得自己想要的东西。这样，你就能在成功的同时感觉良好。这样能取得的成果包括：

· 满意的客户向他人介绍你的服务。
· 通过自己的朋友、社交网和人际关系获得客户或合作伙伴。
· 推出可以病毒式传播的产品、帖子或视频，创造出不仅限于浏览量的效果，比如活跃用户或销售额的增长。

种子模式在很多方面都是最好的销售线索类型，但它并不完美。

- 优点：高回报——口碑线索成交最快，成功率最高。
- 缺点：你对其成长速度的控制力较弱。

如何可预测地种植种子

有条不紊培育种子的最佳方法是用可复制的计划或系统来确保客户获得成功。这一领域现在通常被称为"客户成功管理"（Customer Success Management）或"客户成功"（Customer Success）。这意味着要系统性地减少客户流失、增加追加销售、增加转介绍，并从中获取更多、更好的案例和见证。

非常重要的一点是：客户成功不是为了提高客户的满意度，而是为了创造收入增长。

> 客户成功不是为了提高客户的满意度，而是为了创造收入增长。

改变对客户成功的误解

客户成功既不是免费帮助，也不是"客户支持"的升级版。它应该是与销售一样的收入驱动因素，而不是一个成本部门。通过对这一分工的投资，你应该赚到钱，或者减少亏损。不过，最重要的是，客户成功是需要从首席执行官层面就开始执行的一种心态——瞄准需要你产品的各类客户，为他们创造产品，提供服务。

我们相信，未来所有高管团队的标准配置都将包括一名与销售、营销和需求生成部门负责人同级别的客户成功负责人。

将销售和市场营销漏斗变成收入沙漏

与市场营销和销售一样，客户成功也是一项增长投资。不要把它想象成一个三角形的漏斗，而要把它想象成一个沙漏（见图5.2）。

图5.2　通过跟踪客户成功对收入的影响，将收入漏斗变成沙漏

通过投资于客户成功，你应该看到：

·更低的客户流失率：最轻松的收入都来自于留住已有客户。

·更多的收入：更多的新客户引荐；更愿意尝试和购买你的其他产品（追加销售和交叉销售）。

·更好的营销：通过详细的案例分析（成功故事）和满意的、获得成功的客户的推荐信，你可以改善销售线索生成和销售的每个环节。

客户成功的六大关键

你是否每月都能留住95%的客户？这听起来很值得骄傲，直到有一天你认真地计算了一下：每月流失5%的客户，每年流失就是60%。换句话说，你每年都必须找到60%的新客户，才能实现收支平衡。

如果你每月的客户留存率为98%，流失率为2%，那会怎样？客户流失率仍然高达每年25%，也就是四分之一的收入会消失。

运营最好的SaaS公司每月的客户流失率可达-2%（按收入计算）。是的，就是负2%，这意味着他们每个月都能赚到更多的钱。这是怎么做到的呢？因为留下来的客户购买和消费的金额越来越高，高于因其他客户离开而给公司带来的损失。

> **SaaS公司的目标流失率指标**
>
> 1. 客户流失率（或"logo流失率"）每年不能超过15%，或者说控制在每个月略高于1%（基于离开的客户数量）。
>
> 2. 每年的营收流失率为0或更低，以离开的客户数量为基础，由购买更多产品的客户带来的收入抵消。
>
> 3. 每200万美元收入配备一名客户成功经理，这个标准可以帮助设计所需的团队规模。

如果你是首席执行官，你需要像重视市场营销、销售或产品开发一样重视客户成功的管理。

规则1：客户成功是你的核心增长动力

所有优秀公司的客户都有一个主要来源——口碑，无论是通过直接推荐获得的销售线索，还是通过案例分析、参考资料或客户见证成交的新客户。在经常性收入模式中，这一点更容易衡量，因为我们可以跟踪续约率、追加销售额和转介绍的情况。这一原则适用于所有企业，当然你必须创造性地运用它们。

规则 2：客户成功比销售重要 5 倍

是的，销售是你的首要任务。但销售是长期关系的开始。销售部需要客户成功资源，如较高的客户留存率、参考资料、项目故事和案例分析等，才能更好地发挥销售作用。

一般来说，创始人很擅长达成一笔大交易，但后面的工作往往做得很差，因为他们总是得去帮忙处理下一个交易，可能是场灾难，可能是出戏剧，也可能还是一个大交易。给首席执行官和创始人的忠告：不要只顾着争取新客户而忽略了现有客户。

规则 3：早开始，早成功

在 SaaS 领域，客户成功人员是"个位数招聘"，即公司最早应该招聘的 10 名员工之一。另一条来自 SaaS 公司的经验法则是，每 200 万美元的营收配备一名客户成功经理，且要在获得营收之前聘用，而不是在产生营收之后。拥有足够资金的硅谷公司通常会在一开始就投入巨资，立即在团队中配备 2～4 名员工负责客户成功。

请记住，客户成功人员就像销售人员或营销预算一样，是一项应该赚钱（赚大钱）的投资，而不是可以拖延的成本。

规则 4：亲自拜访客户

通常情况下，心存不满的客户并不会在离开前抱怨。亲自拜访可以发现他们遇到的问题并改变他们的态度。在这一点上，每个联合创始人、首席执行官以及每个客户成功经理都要遵守"5+2"的规则：

· 每月必须与 5 位客户进行现场会面（即每年 60 次）。

· 每年争取获得 2 枚客户公司的门卡作为褒奖（也就是说，你拜访的次数多了，他们就会给你自己的 ID 门卡）。

电话不能等同于拜访。通过定期的亲自拜访，你的公司能够更多地了解自己的服务哪些做得好、哪些做得不够好，并能赢得更多信任，而且这些客户几乎永远不会流失。毕竟开口告诉朋友你要离开他们，比跟某个从没露过面的公司说"拜拜"要难得多。如果你无话可说该怎么办？你只需向他们展示你的工作计划，并征求他们的意见，或谈谈他们目前遇到的问题，这样就能让会面很充实。

规则 5：客户成功需要明确的响应和衡量标准

如果你的客户成功部门没有财务目标，它的价值就会被混淆。有一种假设是"好的产品会自动创造出满意的客户"，即不需要雇人积极地与客户打交道。这是错误的。无论你的产品多么简单或不可思议，你都需要有人与特定类别的客户进行交流。

> "好的产品会自动创造出满意的客户"，这是一个错误的假设。

客户成功部门的全部意义在于提高客户的留存率，这个部门的工作成效、团队成员的表现也需要工具和流程来衡量与改进。为了证明在客户成功员工数量或者工具方面投资的合理性，激发客户成功负责人和团队的斗志，创造可衡量的业绩，客户成功部门需要有一些财务考核目标，通常情况下至少要把客户留存率或追加销售收入列入考核［参见下一节有关吉尔德公司（Gild）的案例研究］。

规则 6：随着公司发展不断调整客户成功的目标和指标

一般来说，SaaS 公司与客户之间会经历以下几个阶段（感谢 Gainsight 免费提供资料）：

1. 吸引（对应公司营收阶段为 0～100 万美元）：客户想要什么，他们用我们的产品做了什么？

2. 采用（对应公司营收阶段为 100 万～500 万美元）：客户为什么以及如何将我们的产品纳入他们的日常业务？

3. 保留（对应公司营收阶段为 500 万～2000 万美元）：蜜月期过后，客户为什么需要继续使用我们的产品？

4. 扩展（对应公司营收阶段为 2000 万～1 亿美元）：客户为什么要扩展许可证数量以及使用更多功能？

5. 优化（对应公司营收阶段为 1 亿美元以上）：由数据驱动的自动化和改进。

你所处的阶段可能有所不同。但重点是，永远不要认为客户成功已经"完成"了，下一年就不再需要额外投资或高管的关注了。

客户成功的指标

大多数客户成功工作需要大量的猜测和手动报告。但是，将数据整合起来，就能判断出哪些客户有离开的风险，哪些客户也许还可以从你这里购买其他产品。初期的数据整合工作可以采取手工操作，后期也可以利用客户成功增长类的功能性软件。

举几个例子看看有哪些值得关注的数据。

·合同数据：客户的合同数量停滞不前，或有即将续约或即将到达某关键日期的客户。

·客户支持互动方面：服务台或客户支持系统中用于记录和追踪客户问题的单据大量都是低优先级的，或者客户基本停止致电。

·账单/付款记录方面：发票付款延迟，可能是因为客户对服务不满。

·产品和功能使用情况：哪些功能具有黏性，谁在使用这些功能。

·市场营销方面：客户取消订阅新闻简报。

·调查反馈：客户方关键人物有负面意见。

·发起人变更：客户方的执行联系人离职，如新换了首席营销官。

数据无法提醒你关注到所有的问题，你始终需要通过人与人的对话来发现和解决问题：

◇ 设置一个警戒线以便在坏事发生前主动干预。显然，在客户向你发送取消通知之前挽救客户会更容易。最初，团队会根据直觉来做这件事。随着时间和数据的积累，就越来越能够依靠历史数据自动触发警报。

◇ 规范干预措施，让每位客户成功经理都用同一套最佳的干预措施；有了这种一致性，你就可以更好地衡量每种干预措施或是问题/解决方案类型的有效性。

案例研究：吉尔德（Gild）是如何把客户月流失率从 4% 降至 1% 的

吉尔德（Gild）公司利用网络上的数据（包括开发人员当前编写的代码）来衡量工程师的能力，从而帮助其他公司更有效地招聘工程师。布拉德·沃尔加（Brad Warga）是公司的客户成功高级副总裁，他加入公司时团队只有 5 个人——首席执行官、首席技术官、首席战略官、销售负责人和市场负责人，现在公司已经发展到 50 多人。布拉德曾在人力资源和招聘领域工作了 20 年，近几年还担任过赛富时的招聘副总裁，组织和执行过数千次招聘。

团队在聘用布拉德的时候并不确定他能做什么，但认为他能让公司变得非常可靠，而他也确实做到了。首先，他帮助公司引入了新客户。

在第一个营销年度之后

在开始销售的第一年里，布拉德的大部分时间在帮公司引入新客户，直到有了大约 50 位客户为止。在人为干预下，客户流失率非常低，因为每个客户签的都是一年的合同。

但是，当开始续签合同时，客户流失率一下子跃升至每月 3%～4%，也就是年流失率达到了 30% 以上。这是他们预期的 2～3 倍。通常，SaaS 公司希望：（a）每年客户总数流失低于 15%；（b）营收流失为 0 或负数。

吉尔德公司开始测算和分析用户流失率，并意识到最初的许多假设都是错误的。例如，客户的登录频率并不能说明谁会留下、谁会离开。吉尔德公司实际上需要研究公司产品的哪些部分正在被使用，以及被如何使用。用户有多精明？他们的招聘需求和方法是什么？通过挖掘这些导致客户流失的根本原因，布拉德和吉尔德公司的同事们实现了客户成功系统化，将客户流失率降低到每月 1% 以下。这一系统化也帮助吉尔德公司从销售线索生成之时就能明智地锁定正确类型的客户。

吉尔德公司降低客户流失率的三种方法

1. 90 天内使用：客户成功团队与客户的关系始于客户购买产品并开始使用。该团队培训新用户如何使用产品，告诉他们最佳的招聘实践是怎样的，同时向用户再次销售产品或宣传公司，保持客户活跃。

吉尔德公司发现，如果客户在前 90 天内成功使用了产品，那么在接下来的一年中，产品的使用率将比没有机会快速使用产品的客户高出三倍。

2. 季度业务回顾：这种业务回顾是非常正式的，有助于让客户对他们签署的协议保持清晰的理解。理想情况下，他们会与客户进行现场交流。

3. 使用预测工具：吉尔德公司使用的客户成功应用程序主要是 Gainsight，此外还有 Zendesk（捕获故障单和功能请求）、赛富时和 Olark（用于聊天）。

> 吉尔德公司发现，如果客户在前 90 天内成功使用了产品，那么在接下来的一年中，产品的使用率将比没有机会快速使用产品的客户高出三倍。

团队结构

吉尔德公司有 50 多名员工，其中客户成功（CS）团队约有 10 人，分为 3 种角色：

· 内部客户成功代表，负责培训、监控软件使用情况和进行数据分析；每名内部客户成功代表负责 70 名用户。

· 外部客户成功代表，负责处理和评估续订情况；在相关的客户群中，每 30 个用户配备一名外部客户成功代表。

· 执行客户成功代表，负责追加或升级销售，主要与大型和快速增长的客户群打交道。

这些团队使用数据仪表盘[1]以辅助尽早识别有风险的客户和可能购买更多产品的客户，从而为客户服务代表提供与客户沟通的理由。

将客户成功纳入公司高层

很多公司把客户成功视为一种"马后炮"，或是一种优化的"客户支持"。其实，公司需要像重视销售或营销一样重视客户成功。在吉尔德公司，客户成功的职能包括：

· 保证 90 天内客户开始使用公司的产品。

· 将使用数据和客户的反馈纳入产品路线图。

· 推动客户续订。

· 向客户追加销售。

通过清晰地阐述及实践这些功能，吉尔德公司的董事会很容易认识到客户成功部门的价值。

案例研究：拓普康（Topcon）卓越的客户服务

> 沮丧的客户经理和销售人员会让客户也变得沮丧。

---

[1] 数据仪表盘是指将数据以视觉形式来呈现，如图表或地图，以帮助需要的人了解这些数据的意义。数据仪表盘的展示大多有一个特定的主题或是分类。从战略的角度而言，大致归纳为三种：战略型仪表盘、分析型仪表盘和操作型仪表盘。

第五章　种子——客户成功

客户支持通常是为了解决已经发生的问题。而客户成功部的最佳工作方式是：从一开始就防止问题产生。在为客户提供支持的过程中，它们是一枚硬币的两面。

对大多数公司来说，客户支持是一项艰苦的工作：工作强度大，经常要面对恼怒的客户，工资低，甚至经常得不到尊重。这样很不幸，因为客户支持工作不是非得让人焦头烂额，好似把人丢在锅炉房里（销售或销售拓展工作也一样）。

作为与客户互动最多的两个团队，怎么能让销售团队与客户支持团队遭遇不公或轻视？这种情况必须改变，因为沮丧的客户经理和销售人员会让客户也变得沮丧。

拓普康定位系统公司（隶属于拥有10亿美元资产、4000名员工的拓普康全球公司）是世界上最大的定位系统开发商和制造商，它的客户遍及土木工程、测量和农业等行业。在这些行业中，测绘和定位至关重要。拓普康在世界各地都设有联络中心，安吉·托德（Angie Todd）负责管理公司在俄亥俄州哥伦布市和堪萨斯州奥拉特市的18家美国代理商。

安吉干了4年的客户支持专员和4年的客户支持主管。他的团队每年要处理25000个电话，所有电话都要进行录音和报告。安吉说，他们的目标是提供可预见的卓越服务。

安吉的专业建议——五个要点

1. 给客户支持专员离开电话的机会：每周与沮丧的客户通话40个小时，客户支持专员肯定会精疲力竭。定期让客户支持专员离开办公桌，去参加产品交叉培训或者当面拜访客户，这有助于保持他们对工作的兴趣、活力和参与度，从而让客户支持专员经验更丰富，更自信，态度更端正，帮助客户的能力也更娴熟，同时有助于提高首次呼叫的解决率。

近几年来，利用互联网的呼叫中心／电话应用程序将电话呼叫转接到客户支持专员的电话（手机、家庭电话等）上非常容易，现在他们不必被束缚在办公桌前，工作变得比以前更加友好和灵活。

> 每周与沮丧的客户通话40个小时，客户支持专员肯定会精疲力竭。

2. 利用技术帮助客户也帮助自己：不要忘记技术不仅仅可以改善客户体验，还可以降低成本。

你上次给银行打电话时，要输入多少次信用卡或账户号码才能找到正确的人？当客户致电拓普康时，他们的呼叫中心/电话系统新声媒体（NewVoiceMedia）会将电话号码与赛富时中的数据进行比较，并自动将客户转给正确的客户支持专员，而客户无须输入任何号码。例如，如果客户在赛富时中被标记为黄金级客户，享有最高级别的服务协议，呼叫者就会被自动转到排呼叫队列的最前面，无须等待。

3. 持续听取反馈：在大多数组织中，客户支持小组与客户的互动最多。不幸的是，有些组织忽视了客户支持团队及其宝贵的知识。要知道，客户支持团队才是最了解客户心声的人。

> 有些组织忽视了客户支持团队及其宝贵的知识。

4. 创建职业发展路径：你的优秀员工肯定不会希望一辈子都从事同一份工作，他们希望能够不断成长。在拓普康，客户支持专员们知道他们将在客户支持部门工作2～4年，这是他们职业道路上的第一步，他们将在这个部门学习有关拓普康及其产品的一切知识。如果招聘得当，你可以将客户支持部门作为一个很好的培训经历，用来培养产品专家，日后再调任或晋升至公司其他部门。

5. 让客户支持专员更加专业：拓普康有5名"一级"客户支持专员，他们对所有产品都有基本了解。另有13名客户支持专员专门负责特定的应用或行业。有了不同的支持专家，客户就能得到更好的服务，这也让客户支持部门为专员们创造了不同的发展机会。

第六章

网——市场营销

"网"是指一对多的营销活动,通过入站营销[1]、现场和在线活动以及在线广告等策略来产生销售线索(见图 6.1)。回声签、Hubspot 和 Marketo 都是主要通过此类营销活动获得了超过 1 亿美元的业务。

图 6.1 什么样的内容深受市场喜爱并能创造出可衡量的结果?

市场营销活动带来的销售线索数量大于质量,因为你是在"广撒网"。例如,如果口碑带来的销售线索(种子)能有 50% 转化为客户,那么市场营销产生的线索中可能只有 1%~3% 会转化为客户。因此,你需要**非常多**这类的销售线索。

在上万亿种的营销方式中,入站营销(或内容营销)是学校里最受欢迎的孩子。它行之有效,而且适用于每家公司——这一点跟出站营销不一样。入站营销的理念是创建客户会喜爱或进行学习的营销内容,激发他们对你的需求,最终购买你的产品。

但是,入站营销模式已经非常成熟,我们也都很清楚它不好的一面,那就是所谓的"入站线索依赖症"和被动文化。营销企业家米娜·桑杜[2](Meena Sandhu)会在下一节中深入探讨这一点,并在"首席营销官实现超高速增长的三

---

[1] inbound marketing 国内常见翻译表达是集客式营销,outbound marketing 国内常见表达是推播式营销。但放到销售场景入站、出站的表述更为合适。(译者注)
[2] 作者:米娜·桑杜(Meena Sandhu),知名营销企业家。

种不同寻常的做法"中介绍出站营销。

尽管如此，每个企业都能从创建内容中获益。除了创造销售线索，公开你的想法和客户故事还能让你更快获得客户信任。除了面对面交流和通电话，如果人们能够听到很多关于你、你的业务和你的客户的消息，他们就能更快、更好地了解你。

让我们来说说社交媒体，它显然正像黑帮一样不断发展壮大：它可能与营销有关，也可能无关，这取决于你如何使用它。我们将社交媒体视为另一种媒介，就像电子邮件或视频一样，可以用于任何方面，比如客户成功或出站营销。如果你对社交媒体充满热情，那就去做吧。如果没有，那就再等一等。入站营销公司摩兹（Moz）的创始人兼前首席执行官兰德·菲什金（Rand Fishkin）对其他公司的首席执行官们说："只有在有意义的时候才去做社交媒体，这个时机比做这件事本身更为重要。不要因为别人都在做，你就盲目跟风。"

> 如果你对社交媒体充满热情，那就去做吧。如果你做社交媒体是"因为你应该这样做"，那么也不必害怕把它放在次要位置。

营销活动生成销售线索的利与弊

· 优点：通常容易产生大量的销售线索；某些类型的营销计划具有可扩展性；在线发布的内容可以永久产生销售线索；可衡量度高。

· 缺点：营销活动产生的销售线索看起来是免费的，但并不是真的"免费"——产生线索的固定成本可能很高（主要是时间和工资）；转化率低，因为大多数线索都不合适；中小型商户产生可靠线索的效果通常要好于有规模的企业——至少在最初几年是这样。

首席营销官实现超高速增长的三种不同寻常的做法[1]

第一部分，把漏斗补全：将入站营销和出站营销的漏斗结合起来。

为什么说这一点不同寻常呢？因为如今的营销人员并没有意识到出站营销是多么有效，大家通常认为："入站营销是新兴的/很酷的，出站营销已经过时了/一点儿也不酷。"

---

[1] 作者：米娜·桑杜（Meena Sandhu），知名营销企业家。

第二部分，团队：建立一体化创收团队，而不是孤立的销售和市场团队。

这一点又为什么不同寻常呢？因为习惯上营销团队和销售团队总是分别工作的。

第三部分，衡量：市场营销需要以销售额和销售渠道作为衡量标准，这才是最重要的目标。

这一点不同寻常的地方在哪儿呢？因为在衡量市场营销部门业绩的时候，很少以合格的销售线索承诺或（销售）漏斗指标作为标准。

第一部分：当入站营销和出站营销携手合作时

入站营销的美妙之处在于，当它发挥作用时，会有各种各样的潜在客户涌入你的网站。但是，入站营销已经存在很久了，其缺点也很明显。

> 入站营销已经存在很久了，其缺点也很明显。

杰森·莱姆金警告大家要警惕"入站依赖症"，因为从本质上讲，入站情况是不可预测的。亚伦·罗斯时不时就会看到一些"入站营销过于成功"，但总有一天，他们通过入站营销得到的潜在客户流会趋于平稳，这时，他们的被动营销和销售文化就会难以适应这种新的形势。

如果只专注于做入站营销，你只能干等着大部分市场来发现你。有了出站营销，你就可以主动接触市场。然而，出站营销在很大程度上被忽视、误解或被贴上了错误的标签。

如果你仔细看看那些持续超高速增长的公司，你会发现他们都能充分发挥入站营销和出站营销的潜力，同时掌握两种营销方式的利弊。

让我们放慢脚步，认真思考一下每个术语的含义。

简单地说，入站营销是一种"拉动"性战略，出站营销则是"推动"性战略。

- 做入站营销，要等客户主动来找你。做出站营销，则需要你去主动找客户。
- 入站营销的漏斗范围广阔，出站营销的漏斗目标明确。
- 入站营销以现有资产、认知度和需求为基础；出站营销则会产生入站营销碰不到的全新认知和需求。

·是的，这其中还是有灰色地带的，喜欢争论的人请不要过度分析边缘地带而忽略了全局！

入站营销的挑战

在内容营销的早期，只需在博客中嵌入适当的关键词，就能在搜索引擎中获得较高的排名。付费在线渠道竞争并不激烈，谷歌的付费广告投放也很便宜。但如今，我们面临的挑战多样而严峻，包括各个细分市场中供应商爆炸式的增长、内容饱和以及如何在付费和免费渠道的排名中脱颖而出。你的入站营销战略需要随着时代的改变而改变。

> 你的入站营销战略需要随着时代的改变而改变。

如今，内容需要更长、更深入、更专业，还要增加新的价值点。我们看到越来越多详细的操作指南、白皮书、案例研究和电子书。与其制作数不清的短小内容，不如制作少量的长篇专家文章，靠独特的见解取得成功。同时，还要兼顾可以持续多年的常青内容和时下重要的即时一次性内容。

营销人员经常忽略的另一个关键因素是，入站营销线索注定会趋于稳定。大多数组织在其发展早期就会达到（非付费）入站线索的自然顶点。他们当时的营收也许是100万～200万美元，也许是1000万美元。但是，当"入站营销线索"数量达到顶峰时，他们通常准备不足，惊慌失措，犯下各种错误。他们要么招聘得太急太快，要么用不正确的方法建立或改变新的销售团队，要么把具备入站营销技能的人强行放到出站营销的岗位上。问题在于只有当他们进入停滞期后才会认真对待出站营销，而这已经晚了6个月。

出站营销的机会

有多少企业可以从你的服务中获益，但他们却不知道你的存在，甚至没有意识到去寻找你这样的服务？这就是营销人员通过新的出站营销渠道更加积极主动开展营销活动的机会。

然而，说到出站营销，营销人员的反应通常是不屑一顾：

"印刷品不是早就没人看了吗？"

"谁还看电视节目呀？"

"出站营销太打扰别人，又徒劳无功。"

入站营销被视为新潮的方式，而出站营销则被视为老旧的方式。营销人员没有意识到出站营销是多么有效，因为成功的来源很可能出人意料：比如向正确的潜在客户直接发送邮件、传达正确的信息可能会非常有效。无论是入站营销渠道还是出站营销渠道，确定哪种渠道能获得增长是每个首席营销官的职责。

警告：对于出站营销，你必须要有耐心。入站营销很快就能获得增长势头（尽管仍需要 6 个月或更长时间），但我们不是 Dropbox[1]，我们当中 99% 后来都会陷入增长停滞；出站营销需要更长的时间才能形成增长势头，但随着时间的推移会持续稳定地增长。

基于账户的营销是当今出站营销的一个常见的例子。你可以选择你的目标公司，并根据优先级（通常由交易规模决定）制定一对一、一对几或一对多的延伸服务策略。交易规模越大、个性化程度越高、周期越长，目标清单也就越短。

此外，有些营销人员已经在进行出站营销了，但自己还不清楚。点击付费（PPC）经常被视为入站营销，但确实如此吗？我认为只有对现有订阅用户/访客数据库进行再营销时，点击付费广告才算是"入站"功能。而所有其他形式的数字广告都属于出站营销。从谷歌在线广告（Google AdWords）到社交广告，你都可以创建促销活动，以主动接触尚未了解你的业务或产品的受众——这就是出站营销。

入站和出站相结合

当你火力全开，入站营销和出站营销并驾齐驱时，你会看到潜在客户在两个漏斗之间无缝移动。一方面，通过数字广告接触到的新客户群会开始关注你的内容并订阅，并最终通过你的入站营销漏斗成为你的客户。另一方面，如果老的入站潜在客户已经冷淡，你可以通过出站活动让他们再次活跃起来，并最终通过出站营销漏斗达成交易。这些就是推动与拉动协同工作的理想旅程。

有了入站和出站两种营销方式，你就能最大限度地减少低迷，避免停滞，并充分利用增长潜力。不用去选"哪一种"，而是让"两种"营销方式的潜力都得以发挥，从而避免单一漏斗依赖陷阱。入站营销一旦发挥作用，就会成为一个神奇的收入飞轮，而出站营销可以增加主动性和针对性。这样，我们将开始看到一种

---

[1] Dropbox在2008年到2010年间通过推荐计划实现了每3个月用户群增加一倍，即15个月内用户增长3900%。（译者注）

转变，那就是旧的东西正在焕发新的生命力。"未来 10 年，出站营销将成为增长的最大驱动力。"

> "未来 10 年，出站营销将成为增长的最大驱动力。"——米娜·桑杜

第二部分：告别销售与营销的分割——创建营收团队

每家成长型企业都希望扩大客户群和增加营收，对不对？那么，为什么销售和市场营销这两个推动客户和收入增长的关键职能部门总是相互争斗呢？

这两个团队的结构和考核标准各不相同，各自都有带有竞争性的目标，例如，市场营销以新线索数量为衡量标准，而销售则以营收为衡量标准。你可以建立一个统一的营收部门，让销售和营销成为同一个团队的职能。别再犯营销工作独立于销售工作的错误。

让我们告别销售团队和营销团队各自为政的传统做法，来迎接营收团队协同工作的新模式。与营销或销售的成功相比，我们更希望看到的是"营收"的成功。首席营销官（抛开自我）支持设立一个单一的营收部门负责人，这个领导者可以是营销部门负责人，也可以不是；他可以是首席营销官、首席营收官或首席执行官/首席运营官，只要他能亲力亲为地确保销售和营销协同工作。市场营销的衡量标准至少应该是合格的销售线索和销售渠道，或者是营收。合格的营销线索（MQL）是一个重要的考核指标，但不是主要目标。

整个营收团队变成了一条流水线。营销部门提供的 SQL（合格销售线索）越多，入站"SDR"[1] 就能找到更多的机会，销售人员就能完成更多的交易，他们之间无须相互指责。

接下来，让我们摒弃"营销和销售"的想法，转而从"入站"和"出站"的角度考虑，因为它们往往是不同的动作。想象一下这个场面，销售和营销携手合作，共同定义和运行协调的入站营销活动和出站营销活动（也称为"基于账户的营销"）：

· **出站示例** 我们有理想客户画像（ICP）或客户账户列表，我们的出站 SDR 和销售人员将其作为工作目标：

---

[1] 销售开发代表，即支持客户经理完成销售指标的初级销售人员。入站 SDR 负责回应入站营销带来的线索，出站SDR负责发掘潜在客户。

◇ 我们的需求生成团队针对有相同画像的客户开展广告活动；
◇ 同时我们构建一个与出站 SDR 传递的信息相呼应的登录页面。

· **入站示例** 当我们开展基于内容或带有社交属性的促销活动来增加入站线索时：

◇ 入站 SDR 知道这些促销活动，这样他们就可以与客户进行高质量的通话，谈论这些活动。
◇ 入站 SDR 会得到促销活动的所有相关的宣传材料和其他资料。
◇ 入站 SDR 定期向营销团队反馈线索的质量。如果质量差，我们就终止或改变促销活动；如果质量好，那就进一步扩大。

销售和市场营销团队都要参与每周的销售渠道会议，每个人都明白各自的努力可以如何相互支持（见图6.2）。

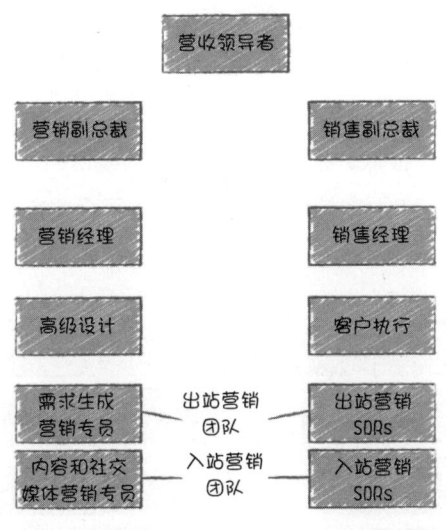

图 6.2 当每个人都齐心协力工作时，就会取得营收上的成功

第三部分：你该如何衡量营销？

你听过营销人员谈论关注度吗？在我职业生涯的早期，我对关注度（也称为"曝光度"）这一概念感到困惑。晚上睡觉的时候我不是在数羊，而是在数关注度。可作为一名营销人员，我的业绩怎么能用我在某次营销活动中获得了多少关注度/印象来衡量呢？这个数字似乎经常是凭空捏造出来的。"可能有 100 万人看过你的广告。"知道广告活动获得了某个数量的收看和关注固然很好，但这个数量真的应

该被当作关键绩效指标吗？同样的道理也适用于：

- 网站访问人数
- 社交媒体关注者数量
- 点击打开率
- 漏斗顶部线索数量
- 每条线索的成本等

这些指标本身都不宜孤立地作为衡量指标，而且它们与漏斗底部的客户数量也没有直接联系。不要错误地选择对销售和生意整体增长无关的市场营销目标。对于企业而言，最重要的是客户增长、收入增长、减少客户流失和提高客户忠诚度，并尽可能以最有效的方式实现这些目标。

- 你可能拥有大量的网站流量，但这些流量是否带来了新的机会？
- 你可能拥有大量的社交媒体粉丝，但他们是你的客户吗？
- 你可能拥有很高的电子邮件打开率，但回复率又如何？
- 你可能有大量的线索来源，但它们成交了吗？
- 你的线索成本可能很低，但它们是否正确的线索，每条线索又能带来多少收入（和利润）？（见图6.3）在销售人员接受销售机会之前，入站漏斗和出站漏斗是完全不同的。

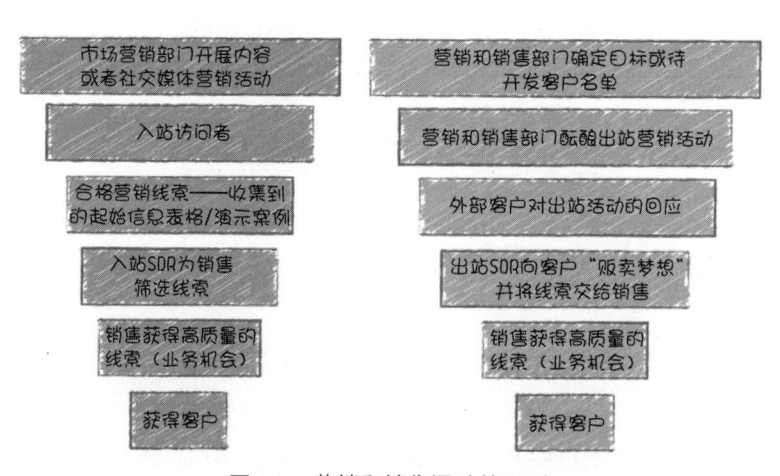

图6.3 营销和销售漏斗的区别

错误：过度关注每条线索成本而忽视了线索的质量

我们曾讨论过该如何让销售和营销职能"对齐"，其中一种方法就是制定对两者都有意义的目标和指标。营销的最大职能是为销售提供漏斗底部的 SQL（合格销售线索）。这是营销与收入和客户增长的直接联系。**当我们把关注点从销售线索的数量或成本转移到销售线索的质量上时，我们就能够提高客户转化率，将营销部门的表现与销售业绩紧密联系起来。**

通过关注流程各阶段之间的转化率，你就可以确定公司的瓶颈所在，然后围绕战略目标召集团队去突破这些瓶颈。举几个例子：

· 入站 SDR（回复入站线索）和出站 SDR（专门出站拓展潜在客户）所预订的业务机会中，客户执行人员成功实现与客户会面的比例是多少？

· 合格营销线索中，成功转化为客户的比例是多少？

· 合格营销线索中，被销售部门认可的占多大比例？

有很多方法都可以用来衡量营销计划是否成功，它们都与销售和生意的总体营收直接相关。统一的目标会带来团结一致的团队，而团结一致的团队会带来增长。

你的市场营销负责人需要的强迫机制：SQL（合格销售线索）承诺

首先，不要为创造入站销售线索的途径担忧。因为改进市场营销的第一要务就是为这个部门的负责人创建一个"强迫机制"（Forcing Function）。你的销售副总裁有业绩指标，为什么你的营销副总裁却没有？ 你的销售团队有业绩指标，你的营销团队和其负责人也必须有业绩指标，比如承诺提供一定数量的 SQL（合格销售线索）。

每家企业雇佣的市场营销人员的目标都很模糊。一半的初创企业和 90% 的其他企业都忽略了这一点，于是市场营销人员根本没有任何具体的责任。这是一种得过且过的做法。作为业绩指标，获得销售认可的销售线索数量将迫使营销人员专注于挖掘合格的潜在客户，而不是只努力提高销售线索的总数，而忽视这些线索是否能被转化进销售渠道。这并不容易，特别是你第一次实施这个强迫机制的时候。但这非常重要，否则这个职能部门可能会带来大量无用的销售线索。

给市场营销人员的话：如果你认为跟进和提高线索质量是销售人员的工作，这将难以为继。你需要一个入站 SDR 的角色，为销售部过滤掉低质量的销售线索，并把合适的线索交给销售确认。更多有关内容请参见第三部分：让销售可扩展。

只有销售人员（客户执行）才能对销售线索进行最终鉴定。如何定义合格的销售线索：客户经理至少已经进行了第一次电话联系或做了第一次演示，并已接受这个线索进入他们的线索管道，尽管还处在非常早期的阶段（来自出站营销的线索通常会这样）。客户经理认可这个线索并进行跟进。具体的标准会因公司而异，也因来自入站（较严格的标准）和出站（较宽松的标准）而异。还可以使用其他的表述方式，比如"销售人员接受的线索""合格的机会"或"销售认可的机会"等。选择其中一个表述方式，为你的团队描述它的定义并使用它。刚开始时，由于时间尚短，可参考的数据很少，所以只能从估计或猜测开始，但有猜测总比没有好。

理想情况下，你可以根据每月创建的 SQL（合格营销线索）和渠道相关指标来制定业绩指标，但如果这不现实，那就找一些你可以精确测量的东西作为起点。如果没有质量指标，"每月新线索总数"也是模糊的，因为这些线索可能大多是垃圾。不过还是那句话，有总比没有好。

一旦你开始行动，经过几个月的努力，你就会学会如何更有把握地设定未来的目标，就像设定销售任务指标一样。

企业营销与需求生成

许多公司会从另一家实力雄厚的公司挖来一位履历出色的营销负责人。但他们雇用的实际上是做企业市场宣传的人，而不是做需求生成的人。因此，招聘失败了，除了他定制的印有公司徽标的漂亮蓝色钢笔，再也没有什么可以让你记住他的了。

一直以来，企业营销都比需求生成听起来更有吸引力。包括品牌塑造、定位、徽标和新闻发布等在内的市场宣传活动都是大型企业的第一要务。而需求生成则一直不被重视，只有基层员工才会去做。正因为如此，你会发现头部企业都在大量培养高级别的市场宣传人员。

企业营销的核心是在企业做大之后保护和推广其品牌，比如奥多比（Adobe）、谷歌或赛富时这些公司。在那些名列《财富》500 强的企业中，做需求生成的通常是二等公民。但对于正在成长中的科技公司，这些人才是市场营销的王者。

需求创造者只关心数字：花费 X 美元，创造 Z 个潜在客户，这些客户应能带来 5 倍于投入的收入。优秀的需求生成人员也可以很好地处理那些"棘手的问题"

（徽标、品牌、新闻稿等），直到你准备好招聘那些专业的企宣人员。

你会从他们那里得到**销售线索**。对于需要销售线索的公司来说，品牌营销在初期成本非常高昂。而且令人沮丧的是，它能产生的销售线索数量是零。对于一家资金不足 5000 万美元的公司来说，市场宣传只是个锦上添花的选择，因为出色的需求生成者已经可以让你的公司快速成长。

你需要的是一个对入站／网络需求生成计划、潜在客户培育和衡量标准等领域充满热情的人，而这个人也能够与你的销售团队携手合作。这不是企业市场宣传。负责需求生成的员工可以搞定市场宣传，但负责市场宣传的是无法搞定需求生成的，永远都不能。

在 Marketo 的规模扩大到 1 亿美元的 10 年里，入站营销发生的变化 + 英加卓软件公司（ENGAGIO）的创立[1]

乔恩·米勒（Jon Miller）是客户导向型营销平台英加卓的联合创始人兼首席执行官。在此之前，他联合创办了营销自动化领域的领军企业 Marketo，并担任该公司的首席营销官，帮助公司从零美元成长到上市。2018 年，奥多比（Adobe）以 47.5 亿美元的价格收购了 Marketo。

2006 年，当乔恩与他人共同创立 Marketo 时，他的产品团队连一行代码还没写完，但他已经开始写博客了。乔恩出身于教师世家，他在博客里很自然地分享他关于营销、客户旅程和潜在客户培育的想法。他写的内容非常受欢迎，所以当 Marketo 推出营销自动化产品时，早就有人在等着它问世了。10 年前，内容营销对于购买者来说还没有像今天这样过度饱和，建立一个以内容为基础的品牌还比较简单。

> 10 年前，内容营销对于购买者来说还没有像今天这样过度饱和，建立一个以内容为基础的品牌还比较简单。

2006 年的时候，如果乔恩想占领某个关键词的排名，他只需要写一篇相关的博文。快进到 2018 年，他花了 4 年时间尝试提高自己在"客户导向型的营销"这

---

[1] 作者：科林·斯图尔特（Collin Stewart）。

个关键词上的排名，但却始终没能进入谷歌搜索的第一页。

随着内容营销环境的改变，他也改变了自己的营销策略。他逆流而上，转而采用化整为零的策略，即：①提供更有深度的核心内容；②采取更积极主动的"推"送方式，把内容主动推送给那些不主动找他的人。

> "如今的公司也需要注重推送信息，而不是只等着客户来找你。"——乔恩·米勒

为了脱颖而出，乔恩在核心内容上投入了大量精力。这些内容非常详细，包括你要了解的有关某个主题的所有信息。如果你读过《营销自动化权威指南》或《客户导向型营销的清晰完整指南》，那都是乔恩的作品。

乔恩希望每一件产品都能与众不同，因此他投入巨资打造优质产品。例如，他最初创立英加卓软件公司时，花费了5个月的时间（兼职）和4万美元（与一家代理公司合作），这对于一家初创公司来说可是一笔不小的投资。这笔投资也得到了回报，他们一举成名。他写了一本书，这本书有140页，网上就有免费版可以下载，但人们却都愿意花上20美元去买一本印刷好的。乔恩说："这本书帮助我们拨开云雾……每个人都写过有关客户导向型营销的博文，但我们是第一个把它写成书的人。"之后，他们把这本书里的指南内容做成各种不同形式，用在出站营销、社交媒体和营销渠道中，享受了好多年的红利。

什么已经变了，什么还没有变？

乔恩说："单纯依赖内容驱动的需求生成方式是有风险的。"在Marketo，乔恩看到："当营业额达到2000万～3000万美元时，我们开始发现入站营销的回报越来越少。我意识到，再写两倍数量的电子书也不能使销售线索的数量翻番。我需要一个新的增长引擎，向高端市场进军。这时，我开始尝试将我的营销经验与'矛'相结合，也就是亚伦·罗斯所说的出站拓展。"

常见的营销活动计划："我们建好，他们就会来"

常见的营销活动计划：
（1）决定公司想要分享的内容（"比如我们的新版本有多棒"）。
（2）计划如何发布这些内容（"我们来做一个网络研讨会"）。

（3）我们应该发给谁（"我们想邀请谁？"）。

英加卓将这些步骤整合为客户导向型的营销方法，将出站营销和向外开发潜在客户整合在一起：

（1）首先确定我们要与谁（哪些公司或人员）交流。

（2）然后根据我们的客户研究，规划出他们想听到和了解的内容。

（3）以及想出如何将我们的价值展现在他们面前：在线营销、网络研讨会、陌生推广、现场活动、直接发邮件……

正如乔恩所说，客户导向型的营销有四种类型（见图6.4）。

1. 方式1（战略考量）：为你最大的业务机会，比如那些超过100万美元的业务机会，全面定制内容和活动（就是要"贵"）。在这里容易犯的错误是：将太多的（如100个）机会列入此类，而不是只有"少数几个"。

a. 示例：为目标个人或公司专门定制的一本书。

b. 每个客户的平均投资额为6万美元（销售人员或SDR的工资不包含在内）。

c. 常见组合是84%新客户加上16%现有客户。

图6.4 基于客户账户的四种营销方式

2. 方式2（规模考量）：针对潜在交易额为10万美元至100万美元的客户。一家公司通常有50个目标客户，按照近似的业务划分为5～15个群组，营销计划高度聚焦，同时保持适度的个性化。

a. 示例：撰写一篇关注特定行业趋势的研究论文，并在论文中添加专为特定公司准备的个性化介绍。

b. 每个客户群组（5～15个）的平均投资额：5万美元。

c. 常见组合是49%新客户加上51%现有客户。

3. 方式3（程序化）：针对金额从5万～10万美元的业务机会。此类客户数量通常在几百到一千个之间。针对这些客户，可以采用电子邮件或直邮的方式进行广泛推广，内容轻度个性化即可。

a. 示例：准备一本标准的印刷书籍，但封面印有不同客户的徽标，内页贴有手写便条。

b. 常见组合是72%新客户加上28%现有客户。

4. 方式4（有针对性的需求生成）：适用于低于5万美元的交易，采用传统的

销售和营销方法。

举例说明

英加卓的主要客户交易金额都是 5 位数和 6 位数。他们的 SDR 被称为客户开发代表（以下简称"ADR"，他们向市场营销部门汇报工作，并执行整合的"市场营销—销售"策略。他们习惯开展直邮营销，并结合私人电子邮件和电话等人工互动。

1. 一位 ADR 通过社交媒体发现一位潜在客户喜欢巧克力和红酒，于是他给这位潜在客户邮寄了一些巧克力和红酒，并在留言中写道："吉百利巧克力和红酒，只想换您 5 分钟的时间。"这一尝试促成了一笔 6 位数的交易。

2. 在 5 位数的目标客户中，英加卓没有对每个客户都进行那么多的研究。他们寄明信片邀请客户来参加会议，并告诉他们参加者可以领取一副苹果耳机。

当英加卓使用完全的定制推广方式时，他们获得与目标客户见面机会的概率通常高达 80%；使用直邮和私人电子邮件结合的轻度个性化推广时，成功率为 20%。合计起来，他们每个月都能促成约 100 次会面，其中 40% 能成为业务机会。

没有转化为业务机会的会面最终会被放进他们的培育队列，直到情况发生变化。[1]

客户营销

在一些情况下，你从现有客户那里获得的扩展收入可能比从新客户那里获得的收入更多。但许多营销人员却没有发现这一点。目前，只有约 30% 的营销人员，他们对现有客户的销售业绩会被纳入业绩衡量标准。这种情况应该改变。

一直以来，我们对营销人员的刻板印象是，他们只会"开些派对、印些彩色小册子"。实际上，当业务机会被创造出来时，营销人员的任务还没有完成。市场营销应该转变为"客户营销"，其业绩应以增加全链条收入和帮助客户收入增长作为衡量标准，其目标是增加客户的"终生"价值。

营收团队中"对齐"的重要性

在前三种客户导向型的营销方式中，销售和营销在对外拓展中能够实现紧密

---

[1] 资料来源：2017年7月战略客户增长咨询公司ITSMA和客户导向型营销领导联盟（ABM Leadership Alliance）关于客户导向型营销的基准调查。

合作是非常重要的。从人的角度（ADR/SDR 或销售人员）建立这种联系是最佳的方式，可以摆脱外部众多声音的干扰。有了人员的参与，就意味着销售和营销要作为一个统一的营收团队来协同工作，而不再是"市场营销部门把销售线索隔墙扔给销售"的状态。

取而代之的是，销售和市场营销人员将共同为每种基于客户的营销方式建立机制：

a. 谁负责什么。

b. 每种方式需要哪些内容或特殊安排。

c. 双方共同设计一个工作计划，来确保团队在合作时不会相互掣肘。

而这一切都得依靠对英加卓的客户进行深入洞察，并对参与度最高的客户给予最高的优先度。只有当市场营销和销售共同关注客户时，才能实现这种一致性。

要创建这种客户导向型的营收团队，有一个"法宝"：销售与营销共享目标、指标和目标客户，然后朝着这些目标共同努力；同时保持定期沟通，发现并解决那些不可避免的问题。

英雄主义的营销：当你既没钱也没什么时间

如果你无法全职处理市场营销工作，或者你的团队小、预算少，那么本节内容就是为你准备的：如何用（非常）有限的时间和（甚至是没有）资金取得最大的成果。多年来，这个方法对我一直行之有效。要知道，除了市场营销工作，我还要兼顾所有的事情——写好几本书、创个业、养家糊口，每周还要保持工作 20～30 个小时。

每个人都觉得自己在营销方面做得不够，因为各种影响因素多得令人目不暇接：内容、市场、新业务、博文、视频、信息、网络研讨会、时事通讯、登录页面、社交媒体、转换率……尤其是当你觉得你发布的东西根本没人看，而销售的进展也异常缓慢的时候，你会觉得自己的脑袋快要爆炸了，直到你放弃做任何营销动作。

如果你正在苦苦挣扎，也没有太多可依靠的，这里有一个更简单的办法。但首先，我们要在这里讲到几个错误的营销观念：

· 只要我做了营销，他们就会来买（这只是个童话）。

· 来的人越多越好（不一定哟）。

69

- 入站线索是免费的（这也是个都市神话）。
- 营销很快就会产生效果（这是一种陷阱期望）。

如果你能放弃这些误解，你就能构建一个相对花费较少时间和金钱的营销策略，而且行之有效。

第一步：选择一个营销方式作为你的"蛋糕"

如果同时运营博客、新闻简报、网络研讨会、现场活动、Instagram、脸书、推特、美国大众点评（Yelp）等让你感到力不从心，那就不要这样做。选择其中一个作为你的"蛋糕"，其他的就当是"糖霜"好了。博客对你有用？那就先把重点放在它上面，其他的都是非必需的。你是视频达人？那就坚持在适合自己的频道上发布视频。社交媒体只是锦上添花，除非它是你的主要爱好。

杰森的"蛋糕"是问答平台（Quora）；他会将自己在问答平台上的一些回复写成博客，在社交媒体上分享（"糖霜"）。我的蛋糕是写书，书的一部分内容是在博客上创作的，而其中一部分博文会分享在新闻简报和社交上（"糖霜"）。

随着你的成长和系统的顺利运行，通过更多方式营销会变得越来越容易，到最后你会拥有一个有着10层彩虹糖霜的婚礼蛋糕。

第二步：强迫自己明确兴趣所在

成功永远都没有"唯一的秘诀"，但如果说我确实有一个，那就是举办线下沙龙或线上活动（线上更多）。不是因为这些活动产生了销售线索或客户，而是因为它们是一种能提升清晰度和推动进展的"强迫机制"。

举办活动可能需要做大量的工作，但没有什么比让人们聚在一起实时交流更有效。人们都希望在现场相互学习和交流，无论是只有几个人的小型聚会，还是像杰森的 SaaS 平台（SaaStr）的年会那样每年吸引数以千计 SaaS 公司高管和老板的大型活动。

这些活动可以在营收上获得成功，但如果它们没有顺利给你带来销售线索，那么这些活动对你的主要价值就是提升目标清晰度。

当你举办活动，尤其是线下活动时，看到人们出席并从中获取价值是一种直观的体验。如果活动效果不理想，你就不得不搞清楚为什么，就得重新审视你想要抓住的细分市场：

- 你希望哪些人来参加活动？

- 他们为什么肯来？他们能从活动中得到什么？
- 你想教会大家什么或提供什么？要如何提供？
- 你希望他们在会后采取什么行动？

> 当你举办活动，尤其是线下活动时，看到人们出席并从中获取价值是一种直观的体验。当然，活动效果也可能并不如意。

通过一次活动你可能会有突破，也可能没有。所以你应该坚持不懈地举办活动，面对面的活动最理想，但也可以是线上活动，比如网络研讨会或谷歌环聊（Google Hangout）。你可以举办活动展示他人内容，但要在其中加入一些你自己的内容，让大家也能了解你的想法。如果你还在苦于寻找细分市场，这可能是强迫你自己想出怎样"锚定细分"的最好的方法。

举办活动还有其他的"可爱"之处：
- 举办活动能创造可以重复使用的内容。
- 举办活动能培养你的受众。
- 举办活动能产生销售线索和收入。
- 举办活动可以让你的团队与真实的客户建立联系（哦，别觉得不可思议！）

专业提示

1. 首先，为活动选择一个日期。

2. 不必等到掌握所有细节，甚至在确定主题和地点之前就向认识的人宣布活动日期。

3. 活动日期发生变化也没关系。

4. 无论如何都不要退缩，即使没人来（这是有可能的）也要坚持到底。

5. 你从中学到的东西比结果（比如有多少人参加或响应了你的行动号召）更重要。

6. 再做一次，再做一次，再做一次……

第三步：找到合作伙伴能让营销更轻松

与合作伙伴一起做营销是让新受众了解你的品牌的最简单的方法。从零开始建立受众是很困难的，而与已经拥有用户群的拍档合作，可以让任何项目都能更有效率。

> 与合作伙伴一起做营销是让新受众了解你的品牌的最简单的方法。

此外，合作伙伴还能推你一把，给你勇气，让你更容易成功。

你是否正在思考他们为什么要与你合作？任何博主或拥有新闻简报的公司都希望与他们的人分享新东西。你可以给他们提供有用的点子或工具，帮助让他们与受众分享，而不用他们自己花心思去琢磨点子或工具。此外，与营销人员建立关系也是一件大事。如果哪个首席执行官或营销人员认识你、喜欢你，那他们公司肯定会更愿意与你合作。

那我们该从谁开始呢？就从那些你已经认识或关注的人开始。找出自己能为他们提供哪些帮助，然后就去提议你们一起举办一次活动。办成之后就可以尝试再转向体量更大或关系更冷淡的合作伙伴。

第四步：重复，再重复

每办完一次活动，停下来，反思一下，然后再办一次。把办活动当成你的"主业"，坚持做下去，你会越做越好。

例如，你举办了一次活动后，接下来该做什么？去为下一次活动选定日期。你要坚持下去，坚持至少几个月，甚至几年。

第七章

矛——出站客户拓展

"矛"指的是一种一对一的营销活动，比如针对潜在客户的出站开拓方案或业务开发计划，用于约见那些不主动找你的人——无论他们是客户还是合作伙伴（见图 7.1）。

除赛富时外，阿基亚（Acquia）、祖睿科技和回复系统公司（Responsys，已被甲骨文收购）也都是使用"矛"取得超过 1 亿美元营收的范例。

最初版《可预测的收入》一书曾概述了名为"陌生电话 2.0 版"的出站拓展潜在客户营销模式。

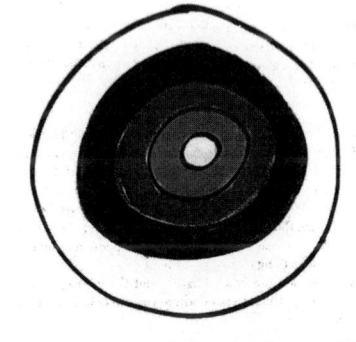

图 7.1 认真瞄准是出站营销的关键

· 这种模式主张"销售人员不应该去拓展客户"，而是应该创建一个出站拓客系统，避免出现"收入过山车"，并创造可预测的收入。公司要将销售角色专业化，拓客销售只负责拓客，成交销售（几乎）只负责成交。一个销售人员如果什么都做（开拓市场、跟进营销线索、达成交易和管理客户），最终肯定会搞砸很多事，不如只把一件事做好。

· 创造了一种更加友好的形式来替代拨打大量的陌生电话，即在获得他人引荐后发送电子邮件或拨打电话。

· 将整个流程系统化，形成一个循序渐进的漏斗，创造一种可预测的方式，从那些从未听说过你业务的公司那里获得基于对方需求的 SQL（合格销售线索）。只要创造出这种方式，你就能消除增长的天花板。

随着入站营销的兴起，出站营销被冷落了多年。现在，它又热了起来，因为各种公司都看到了出站营销如何通过高度可预测的方式实现超速增长——尤其是当公司规模壮大之后，入站市场营销的效果就没那么明显了。就连 Hubspot 和 Marketo 这两家掀起入站营销运动的公司，也同时拥有着庞大的出站营销团队，以加快增长速度，扩大市场覆盖，并向销售团队传授重要技能。你知不知道，一些世界上最著名的"入站"公司，其实也在做出站营销，包括谷歌、问卷猩（SurveyMonkey）和脸书。

可能你还没有出站营销计划，也许你的团队仍然表示"我不想打陌生电话"，或是觉得"这是一项让人头疼的工作"，或者认为"我们不想打扰不认识我们的人"。以上这些都是关于世界级出站营销工作方式的想法，很合理但是错误的。虽然你可以打陌生电话，但其实你并不需要这么做；如果方法得当，出站营销不应该是一项让人头疼的工作；与其说是去打扰不需要你的人，更像是以友好的方式去寻找需要你的人。

出战营销有哪些好处？（即使你已经拥有了大量的入站线索？）

> 当销售人员被训练成客户开拓者时，他们就会养成创业和创造的心态和技能，而不是坐等事情发生。

· 避免"入站依赖症"和团队被动：只获得入站销售线索的销售人员会对入站线索产生依赖。当入站线索增长放缓时（入站销售线索总量减少，或者销售团队的增长速度快于销售线索的增长速度），他们就会感到束手无策，不知该如何是好。然而，如果销售人员被训练成拓客销售，他们就会养成积极主动的心态，并掌握创业所需的心态和技能——去把事情做成，而不是坐等事情发生。

· 更容易翻倍：在你想好如何传递信息和有关的步骤之后，出站拓客就变得很容易复制，你增加一倍团队人员，就能实现双倍的业绩。

· 扩大交易规模：你的出站交易量可能会平均增加 3 到 10 倍，因为你可以专门针对更大的业务机会，而避开小额的交易机会。

· 扩大市场覆盖率：假设你的目标市场上有 10000 家公司，要等多久他们才会给你打电话呢？有了出站营销，你就可以填补入站营销留下的空白。

· 竞争更少：在 B2B 领域有一个经常被提及的销售线索生成统计数据："当他们找到你时，80% 的购买周期已经完成"。这通常是为了强调入站营销、社交媒体和其他工作的重要性。这话没错，但只适用于入站线索，而不是出站产生的业务机会。因此，虽然有人给你打电话是件好事，但他们也会同时给 5 个或更多你的竞争对手打电话。通过出站拓客，有时你会碰到正在进行中的项目。但更多时候，你得帮助潜在客户打造解决痛点的视野和方案。通常来说，后面这种情况下面临的竞争肯定比在一个已经开始的项目中与众多竞争者争夺一个靠前的排名要小得多。做出站营销，你也会有百分之七八十的投入时间不会取得成果。但与入站营销相比，没能达成的交易通常会被标记为"失去——客户未决定"，而不是"失去——其他竞争者中标"。

·小团队，大影响：你不必投入巨资雇佣庞大的团队；即使是少量的出站拓客代表，也能让销售额再增长10%。即使你的销售额经常性地每年增加10%，也会对你的利润和估值产生巨大影响。

什么情况下出站营销能取得最佳效果，什么情况下会遭遇失败

如果你想大力开展出站营销，最好具备以下四个条件。

1. 你的销售交易额足够大，足够获得盈利，通常来说这笔交易是终身价值能达到1万到2万美元，并且越大越好。是的，出站营销也能带来较小的交易，但会较难获利。

2. 你的价值主张对潜在客户来说要易于理解，客户可以很容易地回答"是"或"否"。如果你的提议或信息都是业内行话或信息含糊不清（"我们能帮你增加收入或减少开支"），你就会陷入困境。产品往往比服务更具体，因此更容易售卖。你的产品、价值和服务描述得越具体，潜在客户就越容易理解。

3. 你已经锚定了一个细分市场，非常清楚哪些公司需要你，知道他们关心什么，以及如何让自己从诸多竞争选择中脱颖而出。

4. 你售卖的东西只需要增添进他们的系统，而不必破坏或替换原有的系统：假设你想与Dropbox或其他某些财务管理系统竞争，你会发现要让一家公司放弃原有系统转而使用你的服务是很难的，你必须找到一个很好的理由——一个能证明你比他们要好上十倍的理由。而如果你的产品不需要买方更换或破坏使用已久也足够优秀的原有系统，那么开发业务机会就容易多了。无论你称之为白色空间、绿色领域、蓝色天空还是洋红色花朵，你要找的都是类似这样的市场，或用这样的方式来确定自己的定位。

有时候会更困难

出站拓客并不一定适合每家公司，有些很容易，有些则更难。下面的情况会让出站拓客更具挑战性或收益变得更低：

- 你没有什么特别之处，或者你的不同之处在于"我们有最优秀的服务/最丰富的经验"。这样的表述太过含糊，在出站营销中是行不通的。无论你在自己心目中是多么的与众不同，潜在客户会有这样的共鸣吗？可能并不会。100个竞争对手都在卖着类似的东西、说着类似的话，在这种情况下你不可能指望自己的出站营销可以轻易取得成功，因为"噪声"太多，而"噪声"就等同于混淆，导致潜在客户无法与你调频一致。如果是这样的情况，请回看"锚定细分"那一章和相关的练习部分。

- 拥挤的市场：像之前提到的一样，有些市场特别拥挤，有成千上万的参与者，如网页代管服务、云端托管服务、经销联盟、网站设计、创意/数字代理等。在这些市场里，出站营销会更难吗？是的。那出站营销还行得通吗？如果你能锁定你的出站营销计划并体现出你的差异性，答案就是肯定的。试着比较一下："销售培训""陌生拜访邮件培训"与"提高陌生拜访邮件回复率"。（提示：在这些市场中不要把出站营销外包，而应从内部招聘SDR开始。）

- 你的服务不是客户管理层的主要关切对象：为了你的服务，管理层雇了一个实习生来打打下手，然后就忘了这回事，或者因为太忙没时间管。又或者他们甚至不会为你需要的一些基本数据或应用程序而付费。（有趣的是，公司会每月花5000美元去支付某人的工资，却不愿意每月花50美元购买那个人需要的应用程序！）

- 不切实际的期望："嘿，伙计们，已经过去60天了，我们达成的交易在哪儿？"从零开始到销售渠道持续产生合格的销售线索需3到6个月的时间，而取得营收则需要更长的时间。这个时间与你的销售周期也有关系（出站营销周期会比入站更长）。你得坚持到底！本章末尾，我们将就如何"第一次就建立正确的出站计划"对时间框架进行细分。

> 从零开始到销售渠道持续产生合格的销售线索需要3到6个月的时间，而取得营收则需要更长的时间，你得坚持到底！

- 首席执行官认为，所有的潜在拓客工作都需要由销售人员来完成，他不信任安排专门的出站拓客人员这一份工。

- 这是"电话推销101"：你采取的出站战略就是每天告诉团队要"多打电话，多发邮件"，也不管这些电话和邮件是否有效。你要求的这些全都是动作，但与动作的结果无关。

不过，最重要的是，无论处于何种情况的公司，都有成功出站拓客的先例，但某些情况下，将其打造成为主要增长引擎要比其他选择容易。

自《可预测的收入》出版以来，出站营销方面的经验教训

2011年，《可预测的收入》问世，重新掀起了出站拓客的热潮，并使销售开发的职能和出站拓客团队得到普及。

自此之后，出站营销遇到的困难和问题也在不断演变（见图7.2）。

1. 人为错误不断增加。电子邮件和电话拨打的自动化增加了人为错误。开展的出站营销活动越多，在回复处理、跟进、更新销售系统以及区域/账户冲突方面的错误也就越多。这些错误虽无法完全避免，但可以减少（见图7.3）。

2. 遇到问题时，人们的自然反应变成了"要多发邮件"，而不是像以前总是说"打更多的电话"。但不起作用的事做得再多也不能解决问题。

3. 过度依赖单一技巧，无论是调查研究、陌生拜访、模板还是其他方式。出站拓客人员应该能灵活应用两到四种不同而互补的技巧，并了解每种技巧的利弊。没有哪种单一技巧能始终奏效。

4. 执着于电子邮件打开率和回复率等简单化的指标，而忽略了对整个漏斗的理解。

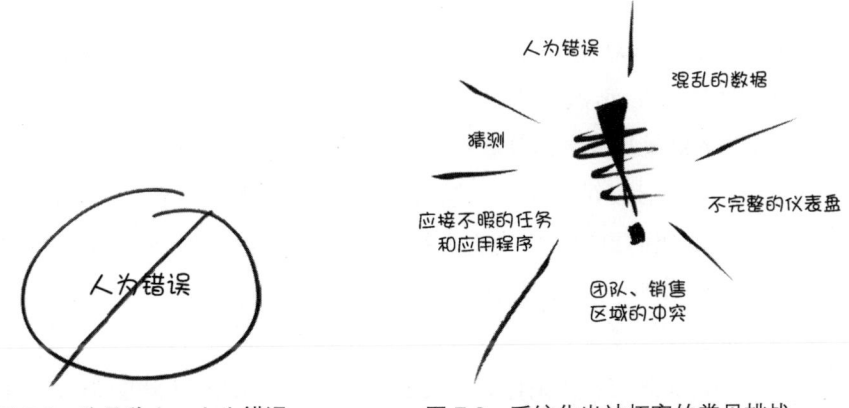

图7.2 头号敌人：人为错误　　　　图7.3 系统化出站拓客的常见挑战

5. 应接不暇的任务、工具和应用程序。大量的出站拓客意味着更多的待办事项、更多的后续任务和更多的应用程序，使出站拓客人员不堪重负。

6. 电话并没有过时：不要让销售代表们屈服于"电话恐惧"。拿起那该死的电

话！出站拓客人员每天都应该去进行实时对话。

7. 仪表盘问题：由于人为失误、对出站营销工作方式的误解以及常见的销售工具配置错误，企业高管很难获得准确、完整的出站营销漏斗指标。

8. 团队实施了错误的"销售专业化"。常见问题：让一名SDR同时负责入站销售线索响应和出站拓客——这两者不能混为一谈！将入站销售线索响应和出站拓客的指标、仪表盘及流程混为一谈，使两者的结果也都混淆不清。

案例研究：出站营销在阿基亚软件公司（Acquia）1亿美元营收历程中的作用

阿基亚是一家总部位于英格兰的软件公司，为使用开源网络协作和发布平台德鲁帕（Drupal）的企业提供产品、服务和技术支持。

随着全球数百万网站（包括许多全球最大的网站）的首选平台德鲁帕的崛起，阿基亚也随之稳步发展。几年前，德勤将阿基亚评为"北美发展最快的私营软件公司"。

1亿美元：不是"假如"能达到，而是"何时"能达到

阿基亚销售领导层，包括首席营收官蒂姆·伯特兰（Tim Bertrand）在内，决定为了实现他们IPO募集1亿美元的宏伟目标，他们不能仅仅依靠入站销售线索或渠道合作伙伴。在阅读了《可预测的收入》一书后，蒂姆决定建立一支出站拓客团队，作为入站销售线索的有益补充。

在启动出站拓客团队的一年内，他们的增长率几乎翻了一番，同时也证明了出站营销可以帮助他们更快、更有把握地突破1亿美元。在不到3年的时间里，他们通过出站营销增加了2500万美元以上的经常性收入，几乎全部来自新客户。2014年，他们的总收入突破了1亿美元。

以下是他们在实施出站营销计划的头12个月里，在巩固机制的同时取得的成果（这个成果并不具备典型性）：

- 在合格的销售渠道中额外创造了600万美元的收入。
- 达成了300万美元的经常性收入。
- 团队中每位出站拓客每个季度增加渠道收入200万美元。

- 潜在客户开发在所有新业务管道中所占的比例从0%提高到40%，几乎让新业务增长率翻了一番。

有了这些成果，他们马上决定大干一场。开始时，他们只有3个出站拓客人员维持系统运行，大概6个月后，他们决定将团队扩大10倍。

2015年，该出站拓客团队在全球拥有56人，并且还在继续扩大，其中北美37人，欧洲9人，亚太地区2人，还有6位经理。

阿基亚的出站拓客人员背负着怎样的期望？

- 每月发送600~800封陌生邮件进行出站营销。
- 每月拨打350~450个拓客电话。
- 每天：在领英、推特等社交媒体上与目标高管发生一些接触，或向他们发送个性化电子邮件。
- 每月为有影响力的人士和阿基亚的销售人员安排20次较长时间的演示/探讨。
- 每月为销售人员提供15条可接受的销售线索（SAL）。

人员

他们把出站拓客团队作为种子队，用来培养能完成销售业绩的销售人员。同时，他们还把从出站拓客团队（他们称之为阿基亚大学）中出来的人聘用到渠道、客户管理、招聘和技术培训项目当中。

许多人都是绩优员工，聘用他们效率很高：比从外部招聘的成本更低、风险更小，而且是预先已经培训好的。

帮助阿基亚出站营销计划起飞的四件事

1. 包括首席执行官在内的高层管理团队全都参与其中。

2. 他们说干就干，避免了过度分析导致的瘫痪。蒂姆·伯特兰从阅读《可预测的收入》一书开始，到获得管理层一致认可、得到出站拓客职位申请批准以及完成与"可预测的收入"团队签订咨询协议，总共仅用了37天时间。

3. 阿基亚最初聘用了3名优秀的专职拓客人员，其中两名在美国，一名在英国。他们唯一的工作就是拓客。不负责达成交易，不处理入站线索，只负责挖掘潜在客户。

4. 他们放弃小的机会：根据出站拓客人员的计算结果，找到更大的交易而不是抓住每一个机会，收入才会来得更快。小额交易带来机会成本，会占用拓客人员寻找大额交易的时间。关于"小"的定义会因公司而异，但通常是指交易额为平均交易额的 10% 或 20%，或者是基于盈利的固定金额。

> 根据出站拓客人员的计算结果，找到更大的交易而不是抓住每一个机会，收入才会来得更快。

案例研究：塞奇蒙特公司（Sagemount）如何在 3 年内将一家公司的价值提升 3 倍[1]

布雷加尔·塞奇蒙特（Bregal Sagemount）是一家私募股权公司，管理的资金规模在 17 亿美元以上，主要业务是投资和收购科技公司。我们负责管理塞奇蒙特公司内部的"增长因素"运营团队，这个团队的目标是让他们投资的每家公司都实现增长，并在 3 年内让其估值增至 3 倍。我们投资的公司收入都至少在 1000 万美元以上，我们每次的投资额约为 3000 万至 1.5 亿美元。

与削减成本等其他方法相比，我们发现提高被投公司的销售额是快速实现估值 3 倍增长的最佳方法。我们已经在对 30 多家公司的投资和 60 多次收购中做到了这一点，无论这些公司属于何种行业（合规、金融、餐饮），拥有什么样的买家类型（CXO、经理、消费者），针对何种细分市场（企业、中型市场、中小企业），以及处于什么样的运营状况（运营良好、组织奇怪、功能失调）。

> 与削减成本等其他方法相比，我们发现提高被投公司的销售额是快速实现估值 3 倍增长的最佳方法。

那么，我们如何才能可预测地让这些公司的估值提升到 3 倍呢？我们如何"不可避免地"让公司在短短几年内从估值 1 亿美元增长到看似"不可能"的 2 亿到 3 亿美元呢？

让我们从图 7.4 开始，从更广的角度了解一下我们所有的努力是如何增加公

---

[1] 作者：科特·维特（Curt Witte）、凯西·克尔（Casey Kerr）、科林·斯图尔特（Collin Stewart）和布莱恩·威尔逊（Brian Wilson）。

司价值的。

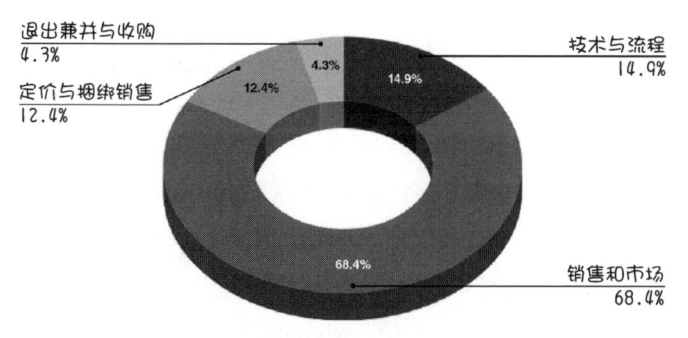

退出兼并与收购 4.3%
定价与捆绑销售 12.4%
技术与流程 14.9%
销售和市场 68.4%

图 7.4 增长因素为企业创造的价值

与增长较慢的公司相比，潜在收购方会为增长较快的公司支付更高的价格。因此，稳步的销售增长是我们的首要关注点。

第一，设定我们的三重目标

收购方通常以收入倍数（例如初创公司为 3 倍）或 EBITDA（息税折旧摊销前利润）倍数（如阶段靠后的公司的 15 倍）来评估收购价值。以 80% 的毛利润率计算，通常每增加 100 万美元的年度经常性收入（ARR），公司价值就会增加 1200 万美元。为了在 3 年内将估值提高到 3 倍，我们为收入和 EBITDA 设定了三个目标（基本目标、中间目标和挑战目标），并始终进行后投（见下一节），以实现挑战目标。基本目标用于财务规划，中间目标是管理层的承诺，而挑战目标则是我们的理想目标。

我们通过首先确定最高质量的销售和潜在客户开发活动，以显著增加以下方面，从而"不可避免地"达到上述目标：

- 高质量初次沟通会谈的数量；
- 发出报价的数量；
- 赢取机会 / 签约客户的数量……

同时，我们还衡量和改进这些里程碑之间的每一步流程。

第二，反推漏斗

我们为漏斗中的每一步都设定了激进的目标，并对实现新目标所需的销售活动数量（电话数量、电子邮件数量、社交媒体接触数量等）进行反向预测（暂时忽略转化率的提高）。

> 我们为漏斗中的每一步都设定了激进的目标，并对实现新目标所需的销售活动数量进行反向预测。

举个简单的例子：我们投资了一家公司，并设定了销售额翻两番的目标，即每季度完成 300 万美元的 ARK（年度经常性收入），平均客单价为 6 万美元年度经常性收入。我们首先查看他们近期的销售线索生成情况和销售漏斗历史资料。

假设前 12 个月的结果是：发送了 120000 封电子邮件，举行了 251 次高质量会面，发出了 153 份报价，赢得了 50 个业务机会。

那我们就会知道，我们每年需要签下 200 个新客户（3000000 美元 /60000 美元）。为了实现这一目标，我们制定了季度目标：发送 480000 封电子邮件、促成 1004 次合格会谈、发送 612 份报价。我们制定了开展这些活动的最佳方法，同时也提高了转化率，来抵消在更高的邮件发送量中出现的收益递减。

第三，通过出站拓客来提升初次沟通会谈的数量

要在短短两三年内实现上述目标，我们必须首先聚焦于出站拓客。因为我们发现，这是唯一能够快速提升新"初次沟通会谈"数量的系统化、且可扩展的方法（此处广告和付费搜索不算在内）。

经过对投资组合中所有公司的销售线索来源进行分析后，我们发现，增加新客户、出站拓客，尤其是陌生邮件，创造了最可预测的业务渠道（通常约 70% 的新交易来源于此）。但并非所有的陌生邮件都能达到一样的效果，"业余"和"专业"之间的差别是巨大的。我们的目标是通过邮件邀约的 200 人中能有 1 人愿意与我们预约会谈（是的，在小样本中可能这个比例会高得多，但在我们的运营规模中不会）。我们看到过电子邮件发送与预约会谈的比例低至 1/9000 的情况。一次新的合格的初次沟通会谈的价值至少可达 5000 美元，因此提高这一比例对我们来说价值百万美元。

> 要在短短两三年内实现上述目标，我们必须首先聚焦于出站拓客。

第四，对完美会谈的安排进行指导

我们希望立即提高从"初次沟通会谈"到"赢得成交"的转化率。为了让所

有销售代表（无论是否有经验）都能从通话评分和辅导中受益，我们逐一聆听销售电话，将反馈记录在"完美会谈"记分卡上，并向销售代表提供即时反馈（见表7.1）。

表7.1 电话评分表格　　　　　　　　　　　　　　　　　单位：分

公司名称	融洽关系（0～3）	确定需求（0～3）	推销质量（0～3）	确定交易规模（0～3）	决策（0～3）	时间框架（0～3）	下一步计划（0～3）	总分（1～21）
公司XY	2	3	2	0	1	0	1	9
公司XY	1	2	1	0	0	0	2	6
公司XY	1	1	1	1	2	0	2	8
公司XY	1	0	2	2	1	0	0	7

完美会谈的要素：

- 融洽的关系——至少用几分钟以良好的精神状态建立人际关系。
- 确定需求——带着好奇心探明客户的情况和需求。
- 推销的质量——以高度相关和定制的方式向潜在客户阐述产品的价值。
- 确定交易规模——量化你所提供产品的价值，询问对方的预算。
- 决策——探明客户的决策者和决策过程。
- 时间框架——去了解交易过程的时间框架。
- 下一步——共同商定下一次会谈安排，并在日程表上列出。

> 所有销售代表（无论是否有经验）都能从呼叫评分和辅导中获益。

我们的评分流程：

1. 我们通过Chorus.ai平台抓取电话呼叫并将其转入我们的评分模板。我们会聆听每一位代表的每一通电话，每周最多可听30通电话。

2. 前面列表中的每个要素都要按照"0～3"分评分。例如，对于"融洽的关系"，0分＝不努力，3分＝真诚的对话，并建立起了关系。

3. 我们会简明扼要地说明为什么会给出0、1、2或3分。

4. 记分卡完成后，越早反馈给销售代表效果越好。因此我们会每天或每周与销售代表开会。

5. 在这些会议上，我们会对完美会谈进行奖励（每次最高100美元）。

> 如希望就评分工作原理或为您制定评分表而预约面谈，请访问 PredictableRevenue.com/scoring

第五，整合策略

下面是我们工作方法的一个示例，当时塞奇蒙特向一家拥有约150名员工的IT服务公司投资了约4000万美元。这家公司的情况是：

· 拥有数千万美元的收入和巨大的利润空间，但多年来每年仅增长10%。

· 已经锚定了细分市场，现在想要扩展新的细分市场。他们已经做好了发展的准备，但需要更多的投资和新的销售团队结构。

· 销售额主要来自合作伙伴、入站营销、对现有客户的追加销售和引荐（没有出站营销收入来源）。

· 销售团队不符合"可预测收入"的基本规则，团队由6名非专职的销售人员组成，他们身兼数职（销售、客户管理和客户支持），很少或根本没有进行出站拓客。

我们的任务是将该公司的增长率从10%提高到30%，并在3年内将其估值提高到原来的3倍。我们的计划是：

· 聘请一位首席营收官（CRO）。

· 将销售角色专业化，将"非专业"销售角色分解为不同的角色：（1）销售人员（签约新客户）；（2）销售开发（出站拓客，入站销售线索相应）；（3）客户支持；（4）客户管理。我们重新设计了新职位的薪酬方案，包括增加了毛利率部分的考核等。

· 建立一支出站销售开发代表（SDRs）团队，全职负责出站拓客，并增加与直接客户或通过渠道获得的客户的高质量初次沟通会谈的数量。

· 聘请出站营销外包公司帮助增加高质量首次会谈数量，比如我们很喜欢"可预测的收入"团队。

· 像我们前面介绍的那样，给予销售人员"完美会谈"指导。

· 简化提案和合同（尤其是常被标注修改的部分），标准化报价（使用配置、定价、报价软件工具实现），以及简化报价申请（RFP）流程来缩短销售周期。

· 将PPC（每次点击付费广告）支出转向表现最好的细分市场，减少在失败市场上的支出，增加PPC总体支出。

·为 SDR 和销售人员提供更好的工具，以建立列表（业务联系数据库软件 Discover.org）、识别追加销售机会（圣杯数据库软件 HG Data）并通过电子邮件和电话联系客户（销售执行平台 Outreach.io）。

·在销售执行平台中创建全球统一的后续流程，所有的高质量首次会谈都按流程位列其中，因此所有的合格会谈都有下一步的着落了。

虽然有些要点看起来很简单，但要很好地实施清单上的任何内容其实都不容易。任何声称可以轻松实现这些目标的人都肯定是想向你兜售点儿什么东西。

> 虽然有些要点看起来很简单，但要很好地实施清单上的任何内容其实都不容易。任何声称可以轻松实现这些目标的人都肯定是想向你兜售点儿什么东西。

出站营销要外包吗？

我们建立过很多出站营销团队，也使用过很多外包的出站营销拓展服务。我们根据每个公司的不同情况不断问自己：

·我们现有的指标是什么？我们每个初次沟通会谈的成本是多少？

·我们应该外包出站拓客工作还是建立内部团队（或两者兼而有之）？为什么？

·对于某个具体的案例，取得成功的步骤是什么？

如果你对建立或修复出站营销计划还不熟悉，你可能会陷入信息过载的结构洞。我们应该这样做吗？该怎么做呢？找个经理来负责？外包？需要多长时间才能看到效果？我们有合适的人选吗？招一个人或调一个人到这个岗位会有多难？

我们在外包销售开发活动时，我们会考虑：

1. 大型外包公司，如市场之星公司（Marketstar）和特莱维尔德公司（Televerde）。

2. 小型外包公司，如连接资源公司（LincResources）和需求驱动公司（DemandDrive）。

3. 我们的个人偏好，比如提供外包服务的联系并销售技术服务公司（ConnectAndSell，负责电话）和可预测收入团队（负责外发电子邮件服务和出站营销团队审计/咨询）。

我们与数十家外包供应商合作过。我们最喜欢的出站营销合作伙伴是可预测收入团队，他们为我们解决了各种难题。

在与可预测收入团队合作中学到的经验

·**创新思维**：使用单一的数据源、简单的电子邮件模板和乏味的信息很容易陷入困境。你是否有摆脱"按部就班"思维的技术和工具？管理层是拥抱还是惧怕这些创新的方法或信息？

·**锚定细分**：认真对待本书第一部分中的矩阵练习，它能帮助你更好地识别潜在客户真正关心的信息，无论是用在打电话、发送陌生邮件还是营销计划中。

·**发送能力**：你是如何配置寄件者原则架构（SPF）记录／域名密钥识别邮件（DKIM）／以及其他设置的？你知道如何避开蜜罐[1]吗？

·**转换率**：应密切跟踪并改进发送给已经举行过初次沟通会谈的客户的电子邮件数量。在一个案例中，可预测收入团队在一天内创造的会谈次数比整个 SDR 的 5 人团队在一个月内创造的会谈次数还要多。

·**同理心**：出站营销比以往任何时候都更需要同理心，尤其是在人工智能和自动化大行其道的今天。我们不知道有多少次听到可预测收入团队一再向我们提出这样的问题："谁是你的理想客户？他们关心的是什么？当我们写邮件或打电话时，哪些因素让我们听起来很机械而缺少人情味？"

·**杠杆**：有时，我们将外包服务作为减轻营销和销售部门负担的一种简单方法。其实内部 SDR 团队也可以通过外包收获额外的营销规模；外包不仅仅适用于客户执行。

使用塞奇蒙特的模板

我们第一次对外分享我们的销售加速演示文稿，你可以从 www.fromimpossible.com/sagemount 网站[2]获取。你只需填写模板，就能在与埃森哲、印度国家银行（SBI）或贝恩的合作中节省大概 100 万美元。

---

[1] 一种网络安全技术。（译者注）
[2] 塞奇蒙特的律师注：本网站所包含的案例研究均为说明性研究，代表了塞奇蒙特公司与所投资公司在价值提升方面的合作，包括现在和过去的投资组合公司。所提供的报价和信息旨在说明塞奇蒙特公司在与管理团队合作方面的专业知识，而不应被解释为有关塞奇蒙特公司向其客户提供的任何投资咨询建议的证明。这些案例研究客观地反映了当前和过去的投资情况，仅供参考。过去的投资和结果并不一定代表未来的投资或结果。上述曾经的结果并不代表塞奇蒙特公司对实际结果的陈述或保证，亦不代表塞奇蒙特公司对未来任何投资的实际结果或业绩做出保证。未来投资的性质和相关风险可能与之前的投资大不相同。有关其他法律免责声明，请参阅免责声明页面。

> 获取塞奇蒙特销售加速演示文稿，请访问 www.fromlmpossible.com/sagemount。

你也可以将公司估值提高到原来的3倍。评估你的意愿和团队，衡量并设定目标，做好磨刀霍霍向牛羊的准备（通常是指那些你的团队说了很久但你却没有听进去的需要做的事情）。然后，创建一个"强迫机制"来创造杠杆效应，比如接受一笔投资、公开宣布目标或聘用/指派一名关键高管来领导这项工作。破釜沉舟，强制你实行那些你明知需要却一直在拖延的变革。

> 破釜沉舟，强制你实行那些你明知需要却一直在拖延的变革。

案例研究：即使培育付费客户需要很多年，祖睿（Zuora）科技如何通过出站营销实现60%以上的增长

通常情况下，营收领导者都会急于求成。每个人都会感受到压力，该如何应对呢？这不是开玩笑，我们曾与一些首席执行官聊过，他们希望在90天内就能通过出站拓客赚钱，但当问到他们的销售周期有多长时，他们的回答却是"4到6个月"。如果有人能让数学这么来算，他们一定能成为亿万富翁！

祖睿科技是一家逆流而上的超高速增长公司。祖睿科技于2007年由饶可为（K.V. Rao 音译）、邹成（Cheng Zou 音译）和前赛富时CMO、现任首席执行官左轩霆（Tien Tzuo 音译）创立。10年后，祖睿科技的业绩超过1.5亿美元，估值超过10亿美元。

祖睿科技看到了企业向"订阅经济"的转变，客户开始更喜欢避免大额的预付，更倾向于简化的租赁或服务。企业更喜欢经常性收入。祖睿科技使各种行业、各种规模的企业都能以可再现的方式定价、打包和销售他们的产品。

祖睿科技面向客户的出站营销系统整合了出站营销和出站拓客的功能，克服了急功近利的心态，在注册用户往往要花上数年时间来考虑、决定和购买的市场中创造了大量收入（60%～70%）。让我们来具体分析一下。

你不能把整个世界都当成目标：三类理想客户的画像

正如我们在第一部分"锚定细分"中提到的，公司需要关注的是那些需要你

的客户，而不是把你视为非必需品的客户。后者虽然会对你的 PPT 赞不绝口，但永远不会掏钱。需要祖睿科技的客户有三种类型：

1. **SaaS 公司**：这些公司显然是"天生的订阅者"。SaaS 公司并不是从第一天起就需要祖睿科技，而是在发展壮大并在电子制表软件方面碰到壁垒之后才会需要祖睿科技。例如：Box 公司和赛门铁克公司。

2. **B2C 订阅制和会员制公司**：祖睿科技擅长管理有成百上千万订阅消费者的复杂情况。例如：《金融时报》和子楼房地产信息网络站（Zillow）。

3. **业务转型公司**：这个类别涵盖了财富排名前 1000 的企业，包括制造业、传统产业、硬件、汽车等各类企业。他们曾经习惯于以销售产品为主，而今也逐渐将提供服务作为收入的主要类别之一。确定需求的不是行业，而是公司是否正在考虑实施八大增长举措之一（下一节中将提及），以及是否打算改变或推出订阅业务。例如：通用电气和卡特彼勒。

创建新业务的公司在推出产品时可能会意识到自己需要祖睿科技的产品，也可能意识不到。但是，订阅业务的发展有其必然路径。当企业增加更多的产品、增加应用组件或定价规则时，就会产生对祖睿科技的需求。

避开那些永远不会购买你产品的公司：八大增长举措

面对那些应该去销售订阅服务但还却没启动的公司，祖睿科技是如何辨识他们之中哪些是不太可能发生改变的，而哪些又是可能成功转向订阅服务呢？

> 祖睿科技会查看潜在客户是否正在实施"八大增长举措"之一。

祖睿科技的出站拓客和销售团队不仅要找到客户的业务痛点，还要退后一步去了解目标客户、其所在行业以及市场趋势对他们的影响。例如，如果他们的市场正在商品化，公司有什么行动计划去适应这种变化？

祖睿科技要看他们是否在采取"八大增长举措"之一，实施这些举措表明他们在认真考虑转向提供订阅服务这一重大转变：

1. 推出新的产品或服务

2. 走向国际化

3. 进入新的细分市场（向上游市场或下游市场，推出自助服务或销售辅助服务，多渠道营销）

4. 改变定价和包装模式

5. 交叉销售/增售更多产品

6. 销售团队大规模扩充

7. 减少客户流失

8. 收购/剥离业务线

当客户需要数年才能做出决定时：一种 T 型模式

对于打算创建订阅服务或将现有产品改为订阅模式的公司来说，他们不能只是"免费试用"祖睿科技。这与测试新的营销应用程序不同。客户可能还不知道他订阅的服务将如何运作。可以让他们了解订阅的利弊以及实现成功需要的条件，但不能强迫他们做出决定。对于前面提到的"业务转型公司"来说，这可能需要数年时间。

> 潜在客户不能只是"免费试用"祖睿科技。

在"T"的顶端是那些符合其理想客户标准的客户。祖睿科技希望能与他们保持长久的联系，主要是通过 ZBR（祖睿科技业务代表，即祖睿科技版本的销售开发代表）和他们支持的销售人员进行外展服务。他们的外展服务会持续 6 个月、18 个月，甚至两三年。他们通过"3 个房间"的内容组合来帮助客户建立意识并教育客户，直到客户决定订阅他们的服务。当这种情况发生时，交易就会迅速实现，从"T"的顶端进入销售漏斗。

"3 个房间"

祖睿科技的创始人兼首席执行官左轩霆比喻公司运营如同身处一个拥有一致主题的三室艺术画廊，你可以从一个房间走到另一个房间，看到不同的东西。

在这个比喻中，3 号房间是产品或服务的所在。它展示了产品或服务的所有特点和功能。2 号房间是客户的感受、需求、痛点（无论是生意上还是个人生活上的）。通常，首席执行官和创收领导者会把大部分时间花在 3 号房间，其余时间花在 2 号房间。

1 号房间则是市场营销和销售中容易错失的最大机会。据 Tien 估计，99% 的公司领导和销售人员都会忽略这个房间。这个房间处理的是世界不断变化的趋势，以及企业需要如何去适应这些趋势。首席执行官需要用某种方式将1号房间的主题与2号和3号房间的主题联系起来，让潜在客户察觉到其中的重要意义。

> 1号房间是市场营销和销售中容易错失的最大机会。

可以这么描述："这是由于市场趋势变化所带来的外部压力。是你的企业正面临这一趋势的挑战，并且需要尽快适应。顺便说一下，我们的产品正是在这一点上可以帮助你适应新的趋势。"

祖睿科技的3个房间

1号房间："关于订阅经济的信息"（布道）

· 包括祖睿科技所有输出的内容（书籍、网络研讨会、文章、活动），介绍世界为何及如何转向订阅经济，以及为何你的企业不会想被落在后面。

· 标志范例：参加1号房间主题有关的演讲或网络研讨会、文章或访谈、书籍销售的参与者。

2号房间："设计订阅商业模式"（商业规划）

· 对于已经接受订阅理念的客户，如何才能让他们真正行动起来？

· 他们正在纠结于如何决定价格的设定、销售模式的构建、衡量标准的选择以及如何对产品进行分级或对客户群体进行细分等。

· 标志范例：白皮书、网络研讨会和探索电话，与教育客户成功订阅需要哪些条件相关。

3号房间："具体实施"（产品和差异化）

· 回答客户问题的工具和内容，如："祖睿科技是做什么的，是如何运作的，与其他替代产品相比有什么不同？"

· 标志范例：购买指南、演示PPT、报价申请模板。

出站营销 + 出站拓客 = 基于客户的出站营销

市场营销副总裁凯尔·克里斯滕森（Kyle Christenson）和销售发展副总裁弗兰克·恩斯特（Frank Ernst）付出很大努力创造了一种营收团队的工作方法，来消除关于"ZBR有没有做了这个，或者市场营销或销售是不是没有做那个"以及"谁的功劳大"等各自为政的现象。他们希望市场营销、销售开发和销售部门的每个人都能像一个团队一起开展出站营销活动，而不是相互指责。

> 市场营销的考核标准是销售部认可的合格线索的数量。

市场营销部为 ZBR 团队创建可使用内容，并与他们密切合作，从而决定哪些活动更容易得分。市场营销的考核标准是销售部认可的合格线索的数量，而不是创造出来的原始线索或 MQL（合格营销线索）的数量，SQL（合格销售机会）才是销售部真正在意的。

典型的 ZBR 漏斗

- 每月客户目标：
  - 每个 ZBR 必须每月制定一套客户方案。
  - 每个 ZBR 每月从其目标客户列表中锁定 10 个，并为他们制定客户方案。每个方案都要仔细研究。
  - 这是对他们之前已经研究过的优先客户名单的补充。
- 日常活动：
  - 每天拨打 30 个电话。
  - 每天新发 60 封陌生邮件。
  - 每周新加 50 到 100 个联系人。
  - 必要时在领英上进行拓展。
- 对话：
  - 每月进行 16 次有意义的对话或会谈（通过电子邮件或电话都可以）。
- 每月企业 ZBR 资源渠道目标：
  - 16 个首次通话：一名 ZBR 应代表他所支持的销售人员独立促成 16 次会议。
  - 8 个 S1：他们希望至少有 8 个首次通话能被评为 S1 级线索（潜在销售认可的机会）；即 ZBR 确认了潜在客户正在实行"八大增长举措"中的一项，并安排好了他与销售人员的通话。
  - 4 个 S2：在 8 个 S1 级线索中，他们希望至少有 4 个能够转化为 S2 级，即销售认可的机会。这意味着销售人员在与潜在客户进行初步了解通话后，再次确认了客户的"增长举措"，并更好地了解了客户的决策过程。

祖睿科技期望获得 S2 级线索的成功率能达到 20%，这也是行业内合格出站线索的标准成功率。

◇ 2 个 S3：一旦决策过程得到确认，潜在客户同意进行技术演示，就被归类为 S3 级线索（较大成交概率线索）。

ZBR 团队寻找的是比较大的业务机会，这些机会每年的经常性收入在 10 万美元左右甚至更多。他们有很多客户的付费达不到这个水平，但他们发现，在进行出站拓客时，针对更大业务机会的营销更有效，利润也更丰厚。（我们将在第四部分详细讲述：让你的交易规模翻倍）

关于销售人员

· 一个 ZBR 支持两名销售人员（也称作客户执行）。

· 销售人员可以关注大约 100 个"指定客户"。

· 做大量的区域方案，和大量的单个客户方案。

· 销售人员至少每季度将他们的 100 个顶级客户分成 3 类，重新排定优先次序：

1. **前 10 名**：前 10 名客户与他们的 ZBR 携手合作，一同大量阅读资料，包括公开记录、组织结构图等，并按关键人物和部门制定具体的信息传递计划。这种前 10 名客户每月都会轮换，以便让 ZBR 和销售人员在同一时间段关注更少的客户，但可以关注得更深入。

2. **接下来 40 个**：值得关注和跟进。

3. **剩下的 50 个**：优先级最低。

基于客户的推广——一种特殊工作模式

当你希望不同部门能够无缝合作但他们却没有做到时，你的公司是否会遇到障碍？按照"营收团队"模式，祖睿科技将不同的职能部门组合成所谓的"特殊团队"。这些团队可能按行业或地域来划分，但通常是这样组合的：

· 1 名区域总监，负责总体监督这种组合团队。

· 最多 10 名销售人员 +1 名销售经理。

· 5 名 ZBR 拓客人员 + 1 名 ZBR 经理（由于 ZBR 传递的信息非常有针对性，1 名 ZBR 经理通常管理 5～6 名 ZBR）。

· 3 名销售工程师。

・1名全球服务代表。
・0.5名市场营销经理（1名营销经理负责2个特殊团队），像是团队的"小型首席营销官"，为其团队定制更为集中的内容。

> 祖睿科技将一些职能混合成一个小型业务的"特种部队"。

将销售、销售开发和市场营销人员集中在一个团队中，使他们能够顺利开展和衡量出站营销和出站拓客活动。

学习祖睿科技的经验

不要只见树木，不见森林。你可以推动出站营销并期待很快取得成果，也许不是马上就能看到收入增长，但至少可以看到会谈数量和线索管道的增加。如果你没能在6到8周内看到合格线索增加，那一定是出了什么问题。如果你从零开始新建一个出站拓客计划，你会在第一年看到收入增长，但直到第二年更久之后才会看到指数级的收入增长。

18个月后，未来的你会感谢自己有先见之明，从现在就开始为这些长期收益进行投资。

> 如需观看对祖睿科技高管凯尔·克里斯滕森和弗兰克·恩斯特的采访视频，请访问 www.fromimpossible.com/resources。

第一次就建立正确的出站计划

那么，你现在想启动一个出站拓客计划，但你需要从头做起。在开始之前，请考虑以下四个问题：
1. 什么才是正确的启动模式？
2. 这个计划需要花费多长时间？
3. 成本是多少？
4. 能产生多少收入？

了解这些有助于制定切实可行的计划，减少延误和失败，这样你才能在第一次就能建立起正确的出站计划。

什么是正确的启动模式？

1. **建立自己的内部团队**：雇佣自己的销售开发代表（SDR）团队，100%专注于出站拓客。如果你有足够的管理能力来进行招聘和培训，这是最理想的选择。**优点**：没有人会比内部员工更了解你的东西，对大多数公司来说，这是最好的长期解决方案，而且可以让你的种子团队开始孵化。**缺点**：寻找和培训优秀的SDR可能比较慢，需要消耗更多的管理资源。

> 没有人会比内部员工更了解你的东西。

2. **聘请外部团队（外包）**：如果你没有足够的管理资源（或知识优势）来雇用和管理合适的员工，那你可以找一家外包服务公司来为你做出站拓客工作。或者在你准备好建立自己的内部团队之前，外包可以作为快速启动或临时性的一步。**优点**：比招聘更快、更简单，占用更少（但不是零）的管理精力，你还可以利用成熟的系统。**缺点**：如果把外包服务当作"灵丹妙药"，并抱有不切实际的期望，那么外包必然会失败。

3. **内外平行启动（两者）**：在建立内部团队的同时，启动外包项目（外部团队），互为补充。**优点**：展开实验更快、学习时间更短、见效更早。**缺点**：成本更高，协调更复杂。

4. **不连贯的投入**：你的预算（只想花几百或几千美元）和时间都很紧张，所以只能零敲碎打地尝试出站营销。**优点**：只需花费很少的时间或金钱就可以开始测试。**缺点**：在投入全部人力或物力之前，不要指望能取得有意义的成果。

出站拓客能产生多少收入？

让我们假设你雇用了一名或多名出站SDR。经过招聘、培训和提升的启动阶段后，预计：

每位出站SDR带来的收入 =（每月新客户数量）×（12个月）×（平均出站交易规模金额）

估算每月新客户数量：在SaaS公司或其他2B公司，一名训练有素的出站SDR每月可以安排12～20个初次沟通或演示电话。其中，最终有8～10个进入销售渠道，成为销售认可的线索（SAL）。上面的数字我们用的是基准线平均值。

·与入站销售线索相比，出站交易的标准有所不同（出站交易更宽松）。我们需要确定客户方有决策权的人、他们的需求及其后续安排。

我们希望看到 20% 的销售认可的线索能够达成交易……因此，在基准线方案中，我们假定每位出站 SDR 每月有一到两个新客户。然后估算每月新客户数量的时候，针对高低预估场景动态调整。即使你的 SDR 向现有客户的新部门拓展业务也要用同样的数字去估算。

·对于充满挑战的细分市场或复杂企业的大型交易来说，每月销售认可线索可以低至 1 个；而对于交易量偏大的中小型企业销售来说，每月销售认可线索可以高达 15 个以上。

平均出站交易规模：现在，除去异常值，选取带来营收额最高的前 20% 客户，计算一下他们的交易规模或客户生命同期价值，并以此作为你的平均出站交易规模数值。

出站交易规模应该是入站销售平均规模的 3 到 10 倍，因为你的目标是获得更大的业务机会，同时避免较小的机会。例如，赛富时的平均整体交易额约为年经常性收入 5000 美元；平均出站交易额则是这个数字的 10 倍，即 50000 美元。

> 出站交易规模应该是入站销售平均规模的 3 到 10 倍。

举例说明

你在销售一种差异化产品，你的大客户通常每年支付 35000 美元。你建立了一个由 4 名出站 SDR 组成的团队。在他们进入角色后（请参阅下一节中的"需要多长时间"），作为一个团队，他们将创造：

·**低目标情形：**每年增加 384 个合格业务机会，价值 1344 万美元。每年增加 48 个客户，价值 168 万美元的经常性收入。如果客户保持 5 年：每年将增加 840 万美元的终身收入。

·**高目标情形：**每年增加 480 个合格业务机会，价值 1680 万美元。每年增加 96 个客户，价值 336 万美元的经常性收入。如果客户保持 5 年：每年将增加 1680 万美元的终身收入。

出站拓客需要多少成本？

薪资占投资出站拓客团队的大头具体如下。

1. **出站 SDR**：每个全薪（包括福利和管理费用）的出站拓客人员，薪资约为：60000～125000 美元。

    ◆ **地理位置非常重要**：你需要的是蒙大拿州的大学毕业生，还是在纽约市的有经验的人？

    ◆ 初始团队的最佳配置是两到三名高质量的"建设者"型的出站 SDR。如果你有个专职经理，那你可以从最多 6 名 SDR 开始。在你能够通过数据仪表盘衡量他们的成果并系统地了解什么样的努力能带来什么样的成果之前，不要再进一步扩大团队。

    ◆ 可能产生的费用：招聘费用。

2. **经理**：薪资约为 150000 美元（全职，全额），如果他们还兼任其他职责（比如副总裁直接管理团队），则按照工作时间比例来计算薪资。

3. **销售工具**：假设每位出站 SDR 每年需要花费 4000 美元，用于使用名单构建、客户关系管理系统（CRM）和销售赋能等应用程序。

    现实情况："很多创始人都是小事聪明大事糊涂。他们会在产品和薪酬上花费 1000 万美元，但在销售赋能工具上却只花了不到 2000 美元，却希望从 1000 万美元中获得更多收益。"乔·托斯特（Joe Toste）如是说。

4. **培训或咨询**：3000 美元至 150000 美元以上。

出站拓客需要多长时间才能见到成果？

第一年："建设年"。你正在制订出站计划、创建漏斗矩阵和销售渠道，意味着飞轮开始了转动。如果执行得当，你应该在当年就能看到投资回报，但通常要等到第 8～12 个月才会看到（我们会详细说明原因）。

第二年："投资回报年"。你之前建立的所有管道都开始定期成交。现在，飞轮已经转起来了，你开始有了销售渠道，今年的收入应该比第一年增加 3～10 倍，这取决于你的出站计划的发展速度。

范例：赛富时在出站计划的第一年就实现了 100 万美元的年度经常性收入。第二年实现了 700 万美元，增长到原来的 7 倍。第 3 年实现了 2000 万美元。

如果你是初次接触出站营销，如果你期望在"几个月"内就取得成果（通常是指达成交易），那你将会大失所望。如果你的入站销售周期是 2 个月，那么出站的周期就会是 4 个月，但交易规模要大得多。

> 如果您的入站营销周期是 2 个月，那么出站营销的周期就会是 4 个月，但交易规模要大得多。

让我们来分析一下建立内部团队常规的时间框架。

· 聘用第一批 SDR 并使他们就位：需要 1~2 个月时间，他们才能进入状态。

· 培训他们，他们开始订立头 10 次会谈：这又要用掉 2 个月……但很多会谈质量并不高。

· 提高会谈质量和数量：再用掉 1~2 个月……现在我们看到销售漏斗的增长。

· 还要算上典型的出站销售周期：再加上 4~6 个月……终于成功了！

总计：从"决定做这个"到你看到出站营销团队每个月都达成交易，需要 8~12 个月的时间。如果你已经做了 6 个月却仍未看到收入，那感觉肯定像是永无指望！高管们在这个时候想放弃是可以理解的，但不要放弃。

我的客户们经常是以获得 6 位数的交易为目标，但在 10 到 12 个月里期盼的收入毫无踪影。然后，一个大额合同的出现就让他们一下子进入了"百万美元俱乐部"。这种情况可并不少见。

在本章的前半部分，我们谈到了出站最有效的情况及会失败的情况，以及充满挑战的细分市场，比如（但不限于）网页代管服务、管理服务提供商（MSP）、增值分销商（VAR）、网站设计、创意/数字代理及其他拥挤的行业。出站营销能成功，关键是要抓住精准定位的细分市场，并有优秀的人才参与其中。无论你认为建成出站团队需要多长时间，都可以考虑再多加 6 个月。因为，一旦出站营销和拓客开始见效，肯定会有所回报。它能更快见效吗？能的。那你应该期望它更快吗？不应该。

外部团队方案：出站营销外包

如果选择外包，假定时间框架保持不变（3~6 个月内提升线索池，8~12 个月后实现收入）。为了简单地估算成本和收入，我们外包的成本和收入与雇佣 1 名出站 SDR 的成本和收入相同。

下面是你应该从外包合作伙伴身上寻找的东西：

·外包服务商成千上万，因为购买一个销售赋能工具、数据库、挂上一个招牌并大肆宣传很容易。你得让他们分享他们的案例研究和他们创造成功的案例细节。

·强调成功很容易，但他们是如何应对挑战的？

·当与客户不匹配时，他们能定制到什么程度？

·他们从启动到产生收益的指标和里程碑是什么？

·他们是偏重电子邮件、偏重电话，还是对两者进行了整合？他们能否告诉你这两者对于你的特定市场的利弊？

高管决定着出站计划的成败

那么，你即将在一个至少6～12个月内都不会腾飞的计划上投资数万或数十万美元。

你要知道出站计划成功与否的主要原因在于高管。

如果你要做出站营销，就要做足准备好好干。先找到你能找到的最好的人或公司，即使这要花费更多的时间。指派你最优秀的员工负责这件事，让他们把这件事作为他们的首要任务，否则这件事就干不成。

推动团队获得可衡量的进展，但也要准备好，想要看到收入可能比你期望的时间要多上几个月。

> 想要了解肯伯顿公司（Kemberton）的领导者讨论出站计划问题、时间框架以及团队建立等更多内容，请访问 www.fromimpossible.com/resources。

实现可预测结果的第一要务

出站营销不是给你个电子邮件模板，也不是教你用社交媒体，也不是让你用花哨的技术、应用程序或人工智能，更不是告诉你怎么打电话、销售动机、基于客户的任何东西或清单。

可预测的出站拓客讨论的是数据指标仪表盘。如果没有一个准确的仪表盘，无论是建立自己的内部团队还是使用外包公司，你都没法知道什么是有效的，什么是无效的，也无法知道"真实"的效果。

常见错误：高管们创建的仪表盘把出站拓客指标与入站线索响应指标混在一起，想在同一份报告中同时衡量入站 SDR 和出站 SDR。这样是不对的！两者必须分开，否则你就无法得出纯净的出站指标。例如，出站和入站 SDR 都会打电话，但他们的电话数量和预期取得结果的百分比会有很大差异，这取决于电话是打给入站线索客户还是打给陌生的潜在客户……因此，必须在不同的报告中对它们进行衡量。

> 入站 SDR 和出站 SDR 的角色、指标和仪表盘必须分开。

而对于出站拓客，建立准确的仪表盘则更加困难，或是由于（a）没能精确使用客户关系管理系统/销售自动化平台，或是因为（b）如何判断业务机会的归属和质量有着很强烈的主观性。你的销售人员是否经常过早地认可了业务机会，给支持他们的 SDR 帮了忙？又或者计在出站 SDR 名下的交易到底是不是真正的出站成交？

对于以下指标，每个人都有自己的看法。

1. 出站活动指标（电子邮件、电话、社交网络）。
2. 出站结果指标（对话、会谈/演示）。但是你是不是还要衡量以下指标：
3. 合格的、经过审核的出站业务机会（或销售认可的销售线索）数量——每个出站业务机会都需要经过审核，以确保一致性和完整性。
4. 出站销售漏斗创建率——每月创建的合格销售漏斗的现金价值，以及该价值是呈逐月上升还是逐月下降趋势。
5. 出站交易的成功率——目标：20%。

当领导者过度关注活动（电话、电子邮件和会议）的数量，而对产出的质量或仪表盘本身的可信度关注不够时，问题就会出现。

深入研究一下你的出站仪表盘，你很可能会发现仪表盘上超过 20% 的数据都是无效指标。

> 请登录 www.fromimpossible.com/workbook 获取《建立正确的出站计划工作手册》。

你的入站营销是否过于成功？[1]

多年以来，你是否一直只靠"入站线索"和"内容驱动型销售线索"实现增

---

[1] 作者：布莱恩·威尔逊（Brian Wilson）。

长？你的销售人员是不是已经习惯了总是有大量的预约，自己只需要露露面、做个演示即可？

拥有大量的入站销售线索是个美妙的"问题"。但当团队习惯"养尊处优"时，就会在客户开发或销售方面变得草率。当入站线索的狂欢趋于落幕（这是必然的），你就要开始认真审视你的营收团队是否做好了在严峻形势下保持增长的准备。

首先，想让市场营销和销售部门培养出"出站拓客的能力"去联系陌生的潜在客户并向他们售卖，这比你想象的要难得多。出站拓客并不是入站客户开发的延伸。它完全是另一种不同的挑战。

> 拥有大量的入站销售线索是个美妙的"问题"。但当团队习惯"养尊处优"时，就会在客户开发或销售方面变得草率。

销售周期、交易规模和转化率各不相同。销售人员处理首次电话拜访的方式也不同（有的人会少一些"产品演示"，有的人会多一些业务讲解和"梦想贩卖"）。理想出站客户的画像、工作流程、角色和薪酬方案都与处理入站线索的SDR不同。内容和案例研究的格式也不同。

例如：

· 出站拓客的指标和仪表盘是不同的（高管们常犯的一个大错就是把入站和出站指标混在一起，放在同一个"销售开发"报告当中）。

· "销售线索转化率"对于市场营销意义重大，但对于出站拓客却不是。出站拓客是把客户或潜在客户作为工作目标，而不是为了得到销售线索。

· 如果案例研究是PDF文档，或用的是"白皮书"格式，或是超过3分钟的视频，那它们就不是为出站准备的。甚至更糟：它们含糊不清，没有任何具体的细节或明确可见的效果。

你是否违反了"专业化基本规则"？

我们之前说过，以后也会反复说：对入站销售线索的响应和出站拓客两个角色不能混为一谈。

薪酬方案也不能混为一谈，节奏和动作不能混用，衡量指标也不能混用。

入站销售线索需要争分夺秒去联系，而这会打断开发潜在客户所需的大块时间。入站销售线索可能只需要几小时或几天的时间确定其质量，而出站的约谈则需要至少两到四周的时间才能确定。入站通话的衡量指标和转化率与出站通话的衡量指标和转化率也是不同的。

我们之所以在这里一再重复，是因为我们看到许多公司仍在犯错，把入站 SDR 和出站 SDR 的角色混为一谈。

也许在 10%～20% 的时间里，由于某一具体业务有特殊的原因，会发生两种角色的混同；但在 80% 的时间里，它们都不应该被混同在一起。

> 我们之所以在这里一再重复，是因为我们看到许多公司仍在犯错，把入站 SDR 和出站 SDR 的角色混为一谈。

你的销售人员做好出站准备了吗？

准备开展出站营销时，你应该与销售代表一起回顾一下客户的购买流程。如果这些代表是在入站交易中成长起来的，那么他们需要了解出站交易的购买流程的不同之处。顾名思义，与出站拓客交易相比，入站销售线索开发（得到认可并转给销售人员的）已经处于购买流程中更深入的位置。

但出站的优势在于你可以帮助客户启动新的愿景和项目，而且与入站交易相比，出站营销面临的竞争通常要小很多。入站销售线索固然很好，但潜在客户也会接触到很多你的竞争对手。

买家会经历三个阶段（见图 7.5）：

1. 为什么要做出改变？
2. 为什么是现在？
3. 为什么是你？

出站营销的目标潜在客户通常处于第一阶段（为什么要做出改变），而入站线索的潜在客户可能已经处于第三阶段（为什么是你）。在此之前，他们已经决定了要改变以及何时做出改变，只是他们还没决定采用哪种解决方案。

就出站营销线索来说，这一点有所不同，因为你必须说服他们为什么需要改变现状，为什么需要现在就采取行动。让我们来看看典型的出站购买流程……

· SDR 向某家企业的决策层发送一封陌生邮件，邮件引起了对方的注意。
· 决策层将此邮件转发给员工层进行调研。
· 员工层调研潜在的契合度。

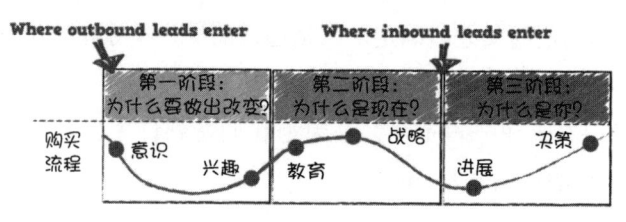

图 7.5　买家会经历的三个阶段

- 如果员工层认为有契合的点，他们就会开始将相关信息向上推送回决策层。
- 决策层将审查调研结果，如果他们认为这可以解决实际问题，他们就会制定战略并正式做出提议。
- 顾问层整合战术要求提出正式计划。
- 顾问层给出计划后，员工层就要开始评估备选解决方案。
- 员工层对备选解决方案进行评估后，会提出相关建议，最后由决策层做出决定。

在出站交易中，销售代表必须应对额外的复杂性和更长的周期，并展现出更强的领导力。成功成交过入站销售线索的销售代表不一定已经准备好了去达成规模更大的出站交易。

这是一个问题吗？不一定，出站可以成为一种"强迫机制"，推动此前把重点放在入站方向的销售和营销团队变得更加积极主动、更具创业精神，并磨炼出更强的技能。

希望获得更多在线资源，如"正确建立出站团队"工作手册、SaaStr 欧洲主题演讲"建立全球出站团队的最新方法"，以及萨奇蒙特、祖睿科技和肯伯顿等公司的完整视频访谈，请访问：www.fromimpossible.com/resources。

第八章

高管忽略的问题

过度分析或过于关注电子邮件打开率、网络研讨会出席率或应用程序配置等问题，会不会让你错过一个重大问题？

当你每天沉浸于市场营销、销售线索生成和应用程序配置等繁忙的日常工作时，很容易就会"只见树木，不见森林"。

> 当你每天都沉浸于市场营销、销售线索生成和应用程序配置等繁忙的日常工作时，很容易就会"只见树木，不见森林"。

销售漏斗转化率（PCR）才是你的首要指标

衡量营销和销售的所有新方法中，很棒的一个就是能够更好地"预见未来"（尤其在 SaaS 行业）。尽管销售业绩每月或每季度的变化很大，销售漏斗也存在很大的质量问题，但你还可以尝试衡量未来收入是否会持续增长。

销售数字只是一个滞后指标，它反映的是之前 12 个月或更长时间里那些为了实现增长而做过的艰苦工作（无论对错）的效果。但糟糕的是，销售数字无法预测任何事情。

那销售渠道又是怎样的呢？把每一家可能付款的公司都列进清单是件很有趣的事情，但就预测未来来说，销售渠道报告就是胡扯——因为这些报告里讲的多是愿望而不是真相。当月的销售渠道也许会有用，但取决于销售代表是怎么估计（猜测）成交的可能性和日期的。下个季度的销售渠道数据比单纯的猜测也只是稍微靠谱一点，即使这个渠道可能很大。

这里还有一个更好的指标，可以成为你的关键指标，你不但自己应该对其进行跟踪并打分，还应该要求你的营销副总裁和需求生成副总裁团队对其进行跟踪并打分。这个指标就是销售漏斗转化率（简称 PCR，有时也称为销售线索速率，LVR）。

漏斗转化率衡量的是 SQL（合格营销线索）和合格管道的每月增长情况。漏斗转化率是实时的，不是滞后的，能清楚地预测你未来的收入和增长，甚至更准确地预测你的增长趋势。

> 你的关键指标是销售漏斗转化率（PCR，有时也称为销售线索速率），你应该亲自对其进行跟踪并打分。

如果你在本月新创了 100 万美元的合格渠道，并在下个月又新创了 110 万美元的合格渠道，你的销售漏斗转化率月环比增长率就是 10%。因此，在一个平均销售周期后，你的销售额也应该增长 10%。

销售额（或销售额不足）是一个滞后指标，它能说明你在过去 12 个月中做得对或者错，但对未来却没有任何启示。

当回声签的收入达到 100 万美元时，我们设定的销售漏斗转化率增长目标是每月 10%。当收入达到约 300 万美元时，我们将目标降至每月增长 8%，而达到这个目标就可以产生足够多的销售线索，使业务每年至少同比增长 100%。

我们几乎实现了每个月的销售漏斗转化率目标，理所当然，每个季度和每年的销售漏斗转化率也都实现了。不管采用何种方法，随着销售团队和产品的不断改进，我们的收入也在不断增长。这种增长并非一日千里，但随着时间的推移，每个季度、每年都在显著增长。

销售漏斗转化率的一大优点是，虽然每月或每季度的销售额可能浮动很大，但销售线索却没有理由不像时钟一样每月增长——是的，每个月。当然了，其他的核心业务指标也要跟进，但你要明白，那些指标可没有销售漏斗转化率那么有效。要记得业绩和管道是会滞后的，不会马上体现出来。每月的销售增长固然很重要，但你要相信微小的变化也能导致巨大的预测／建模差异。

你要知道，你会实现增长的。

只要你在衡量的是某种形式的 SQL（合格营销线索），而不是原始或不合格的销售线索，并采用一致的公式和流程对其进行鉴定，你就可以开始"预见未来"。每月都达成销售漏斗转化率目标，你就会成功。只要多加练习，你就能在 12 个月或更长的时间内清晰地看到自己业务的前景。

15/85 规则：早期采用者和主流买家

爱荷华州的人买你的东西了吗？

只有超越你的人际关系网（早期采用者，占市场的 15%），能够向"普通人"（主流买家，占市场的 85%）销售，你才能进入真正的超高速增长模式。

> 只有超越你的人际关系网，你才能进入真正的超高速增长模式。

如果你发现自己在说"当他们明白了，销售就是件很容易的事；可如果他们没明白，销售就难了"，那么很可能你的销售还只能面向早期采用者，就是那些处于"注意力曲线"的高信任度一侧的人。

你当然想要从那些接受别人转介绍、愿意承担风险的早期采用者那里获益，但你肯定不会希望依赖他们去实现增长，因为你注定会陷入停滞不前的状态。如果你只能向早期采用者销售，你就无法扩大规模。如果你正处于以下情形之一，请特别注意这一点：

- 你是一家处于早期阶段的公司，正努力达到或超过第一笔百万收入。
- 你一直在通过口碑传播和入站营销实现增长，但现在你想要有更加激进的收入（通常在 100 万～2000 万美元）。
- 你正在启动一项新的营销计划，或是大公司针对新产品或新目标市场进行开发。

在公司发展过程中，一个重要的里程碑就是为新产品或在目标市场争取到 10～20 个付费客户。通常，这些客户都是早期采用者，也就是那 15% 的人。这些人要么是本能地"明白了"你提供的是什么，要么是来自你的人际关系网，因此他们会比一般的陌生买家更愿意给你更多的信任或关注（回忆一下第一章的注意力曲线）。

当你在向朋友的朋友做销售，或者你还是一家向初创企业做销售的初创企业时，你仍然是 15% 俱乐部中的一员。直到爱荷华州的人[1]买了你的东西，你才算"突破"了这个圈子。

早期采用者的反馈更为积极，然而从本质上讲，他们的反馈并不能代表其他 85% 的普通大众。这些早期采用者更有可能像你一样思考，像你一样行事，像你一样购买。他们愿意费更多周折，往往更精通技术或更喜欢冒险，这可能会给你

---
[1] 意思是距离很远、与公司没有任何曲折的联系的消费者或客户。（译者注）

的产品错误的市场反馈。他们会愿意主动在自己公司内部推动你们之间成交。但如果你开始依赖这些人去达成交易，你就会受到限制，因为这些人可不好找。

主流买家与他们不同

市场中更多的人与早期采用者不同。这世界上还有 85% 的人不认识你，和你并无相似之处，也不喜欢风险，他们就是主流买家。早期采用者与主流买家比较见表 8.1。

表 8.1　早期采用者与主流买家比较

早期采用者	主 流 买 家
在你的功能领域内愿意承担风险	在你的功能领域内回避风险
天生对你的产品/服务感兴趣（认为你是一个机会或者你很有趣）	对你的产品/服务感兴趣是因为他们有需要解决的问题（对他们而言你是负担/额外工作）
一下子就"明白了"——几乎不需要指导	他们或他们的团队需要大量指导，这些指导频繁且重复
通过偶然机会或口碑传播找到了你	你必须去找到他们（至少在你的营收还没达到 1000 万美元的时候）
不可能带来快速发展，因为这些人的人数不够多	起初很难快速发展，因为这些客户要求很高
具有企业家精神，善于向团队、首席执行官或董事会进行内部销售	有能力进行内部销售，但在很大程度上依赖你的帮助
文档化且具体结果可要可不要	需要文档化的具体结果
"我明白了，但在购买前能给我看一些证据吗？"	"我不明白；在我决定是否适合、是否购买之前，都得给我看很多证据。"
"我们会在实施过程中解决细节问题"	"在购买之前，我们每个问题都需要得到回答"
不太关心其他人在做什么或他们怎么想	非常关心其他人正在做什么，以及其他人的想法（尤其是内部人员）

挑战

如果你一直在向那些特别信任你新产品的人进行销售，那么当你尝试向主流买家进行营销时，你会感到非常沮丧，因为他们的购买方式与你的第一批客户完全不同。比如，大多数主流买家并不想进行免费试用或阅读你的博客内容来进行自我教育。

主流买家不会凭信任购买，他们购买的是非常具体的东西。他们需要在公司内部向他们的副总裁、首席执行官或首席财务官"推销项目"。要做到这一点，主流买家需要了解一切信息：他们能得到什么、预期成果、时间框架、成本、风险和推进步骤。而对你来说，你需要花费更多的精力去弄清楚他们都需要哪些工具，这样才能让他们在公司内部证明购买的合理性。销售电话和讨论可能会不断重复，即使相同的内容也可能多次重复。

> 弄清楚潜在客户都需要哪些工具，才能让他们在公司内部销售并证明购买的合理性。

好吧，早期采用者当然也需要一些这样的工具，但他们往往富有企业家精神，知道如何通过内部推动和内部销售来实现目标。通常，他们的要求并不高。

"请展示给我们看"

主流买家通常会访问你和其他三家公司的网站，提出"联系我们"，然后坐下来让你和其他公司向他们介绍这个领域。

他们希望你在电话中能用演示来解释你的产品或服务。他们不能或不愿单方面推动一个新项目；他们希望得到更多人的批准和支持。一般他们的风险承受能力较弱，并很可能在一个更加复杂的组织中工作。

这不是坏事，只是不同而已。不要掉进"以自我为中心"的陷阱，认为他们没有你理解得快，就是他们更笨或更懒，并不是这样。

停止抱怨，开始学习。与其抱怨"为什么他们就不明白"，不如接受这样的事实：他们工作的主要目标并不是弄明白你的业务。你要开始学习如何用他们的语言来表达，以及如何帮助他们去购买。特别是大一些的公司可能会很难接受和实施新的想法。

当你找到了方法可以让你系统性地完成上述工作时——你会看到SQL（合格销售线索）连续6个月逐月增长（也就是说，你的销售漏斗转化率连续6个月上升），这时你就离超高速增长就不远了。

为什么说你低估了客户生命周期价值？

每个科技行业的人都在谈论客户生命周期价值（Customer Lifetime Value, CLTV）。因此，他们会用一个神奇的指标计算出他们的客户平均价值为10000美元，然后他们会说你应该在销售和市场营销上花一笔钱来推动增长，这笔钱通常与客户生命周期价值呈某个比例（1/3左右），或者以某个客户第一年带来的收入为标准。

这听起来不错，只要你有足够的资金。但真正的问题是，这样算得还不够。因为客户生命周期价值的标准计算方法并没有考虑到"二阶"的病毒式营销和口碑客户，即第一位客户推荐朋友后产生的客户。

换句话说，你的平均客户生命周期价值应该更高。第一位客户帮忙引荐他们的朋友给你的公司，他们应该得到额外的奖励。如果低估了客户的价值，你在获取客户方面可能会发生总体投入不足。或者，更常见的情况是，你在销售和营销方面投入过多，而在客户成功方面投入不足。你可能还记得，我们认为客户成功的重要性是销售和营销的 5 倍。

> 如果低估了客户的价值，你在获取客户方面可能会发生总体投入不足。

平均一个 SaaS 客户全周期的总收入

让我们设想一下，销售部以每年 10000 美元的价格成交了一个普通的企业客户。这很棒。然后，这个普通企业客户 A 第 2 年追加了 2500 美元的许可证费用，他带来的收入合计达到 12500 美元。第三年，他们又增加了 25%，合计 15625 美元。因此，前三年从第一笔销售中获得的直接收入为 38125 美元。大多数客户都会超过 3 年，但我们暂且就此打住。

二阶效应

在第一年年末，你的粉丝从企业客户 A 跳槽到企业客户 B 从事同样的工作，他会再次购买你的产品（发生这种情况的概率大约是 10%）。因此，第一笔销售实际价值就变成了 42000 美元（上述第一笔的 38000 美元乘以 110%）。然后第二年同样的情况又一次出现。所以实际价值变成了 46000 美元。第一年结束时，这个粉丝向他的三个朋友介绍了你的公司，其中一个购买了你的产品（这种情况发生的概率约为 30%）。因此，只要你的营销能一直让客户超级满意，加上二阶收入，你的第一笔销售的价值实际上已经达到了 60000 美元。因此，包括二阶收入在内，你的客户生命周期价值可能是你当前估计的两倍。

继续算出销售和营销成本与客户生命周期价值的完美比率，并与董事会分享。记住，二阶效应会产生复合效应。这就是"种子"能成为增长动力的原因，它们是快速盈利增长的重要因素。

> 您的客户生命周期价值（包括二阶收入）可能是你当前估计的两倍。

更多在线资源，请访问：www.fromimposstble.com/resources。

03 第三部分
CHAPTER
使销售具有可扩展性

更快的收入增长并不能神奇地解决所有问题。实际上,它所带来的问题比能解决的问题更多,因为它会暴露你的弱点(比如团队、销售结构或细分市场存在的问题),你必须在突破更多增长或实现持续增长之前解决这些问题。

如果你是个人创业者,还没准备好大举扩张,可以跳过这一部分,直接看第四部分:交易规模翻番。

另外,如果你没有计划好如何扩大销售规模,那你的销售规模无论如何都不会扩大。

第九章

从我们的错误中反省

是什么让销售具有可扩展性？常见的失败原因在哪里？在遇到问题之前，你能解决什么？

增长带来的问题比它能解决的更多——但前者更好

回声签公司的一位顶级工程师在发展消费者互联网和企业技术公司方面都具备丰富的经验，他不久前告诉我，他不喜欢2B销售的首要原因是：销售永远不会变容易。

他的观点是，一旦你解决了1号大客户的问题，你就会再得到10个大客户，这意味着问题也增长了10倍。接下来又多了100个客户，带来了100倍的问题。情况只会越来越糟，不会越来越好。

这对技术公司的开发团队来说确实如此。如果你从事的是咨询或服务业务，这一点尤为真实。

但是杰森从回声签学到的最重要的经验之一则是：从其他角度来看，销售可以变得更容易。一旦员工超过50人，事情就会变简单不少。一旦你的年度经常性收入突破1000万美元，销售就又会变得容易很多。而年收入一旦突破1500～2000万美元，销售就会真正、显著地变容易许多。

并不是说实现增长、达到你的目标或让投资者满意等方面变得容易了，这些还是一样难。当你跨过这道坎时，竞争会变得更加激烈，因为你的竞争对手看到了成果，他们会更加努力，也会有更多的人进入这个领域。

但是，大部分的运营痛苦会消失，尤其是当一家SaaS公司的经常性收入达到1000万～1500万美元时。这个时候：

· 你的客户群体高度多样化，不依赖于任何"超大型客户"。

· 你有了足够多的可作为背书的客户。你会想要但并不需要更多的客户徽标来充实宣传资料，尽管这些公司都很棒。

· 你的销售和客户成功是一个团队，他们成为一个不完美但高效的引擎，不会依赖于一两个明星员工。

· 你有一个品牌，也许一开始只是一个小品牌，但它是一个真正的品牌。这是成长过程中的一个关键拐点。你会更容易得到更多的销售线索。当然，对客户仍然需要做销售工作，但至少你不必为了带动客户进入讨论而痛苦得想要自杀。

· 你不会因为大公司进入你的市场空间或加入竞争而被消灭。你会受伤，但不会被击败。

· 你的产品可能在很多方面仍然很糟糕，但它的功能却相当丰富。它具备许多客户需要的功能。

· 你对市场已经非常了解，无论是从产品方面，还是从扩大收入和团队方面，都很容易看到两年后的前景。

是的，你必须每过半年就在卧推器上再增加一两块负重。对于为数不多的上市公司来说，这将是前所未有的全新压力。

因此，增长不会神奇地消除你所有的烦恼，但销售是能变容易的。你还会不断遇到新的问题，但有希望解决得更好。

> 增长不会神奇地消除你所有的烦恼，但销售是能变容易的。

组建销售团队的 12 大错误

以下这些错误，杰森在回声签公司犯过，亚伦在租赁交换（Lease-Exchange）公司也犯过，成长型公司的创始人很多都一而再、再而三地犯过……

1. **在证明你自己也可以把产品卖出去之前就先雇用销售代表。你必须先亲自证明自己的产品是可以卖出去的**。首席执行官 / 创始人需要亲自完成最初的销售工作，这样他们才能了解如何让销售发挥作用。这一点你可没法外包。

2. **你在证明自己能领导销售工作之前就先聘请了销售副总裁**。你必须先证明销售过程至少勉勉强强是可以复制的，然后再去雇人"提高音量"，让车轮转得更快。在聘请真正的销售副总裁之前，你得先培养两名能完成指标的销售代表。

3. **最初的两到三名销售代表中有你个人并不认可的人**。因为你永远不会信任

111

他们，不放心把你宝贵的几条销售线索交给他们，那么无论他们在上一家初创公司做得多好，他们都会失败。

4. 你坚持认为第 4 到第 400 个销售代表也都必须是你本人也会愿意从他们那里购买的人。如果这样你只能让你自己村里的所有人跟你一起干了。

5. 你付的工资太低。最好的销售人员都想赚钱。如果你支付的报酬低于市场价，你就只能得到最底层的效果。这是个新手常犯的巨大错误。

6. 没有（有意识地）更快地提高价格档次，使交易规模翻番。没有什么是反常的：

· 如果你能获得 1 个企业客户，你就能获得 10 个。

· 如果你在某个行业获得了 1 个客户，在这个行业你就能获得 10 个。

· 异常值不是异常：它们就是未来。

· 推论：尽快瞄准更大的交易——干同样的工作，赚更多的钱。

7. 没能在一个销售周期内就解雇掉一个糟糕的销售副总裁。

· 你应该在几个月也就是平均销售周期一半长的时间内，就已经主观上了解了销售情况。

· 数字应在一个销售周期内就有所增加——重点关注每条销售线索带来的收入。

· 你最初的几次招聘应该呈明显的升级趋势，并且动作要迅速，也不用花费太多努力。

8. 你让你的销售副总裁负重太久。他的工作是招揽大生意以及完成整体销售计划，而不是亲自去销售，至少亲自销售不应该是他的主要工作内容。他应该掌握整体目标额、年度经常性收入计划，而不是扛着个人销售指标，至少不能让他长时间只扛个人指标。

9. 你雇的人上一份工作是销售如新（Nu Skin，全球最大的护肤品直销公司之一）的产品。这样的人对后面某阶段的销售工作可能有帮助，但不能成为你第一批销售代表中的一员。第一批销售人员需要了解如何以大致相同的价位销售大致相同的产品。

10. 你雇用某人是因为他曾在赛富时/Box/Dropbox 或某家知名公司工作过。不要因为某些人曾在某些知名或热门公司工作过就聘用他们。雇用他们是因为他们能够在大致相同的价位卖出并已经卖出过至少大致相同的产品，而不是因为他们曾是某个拥有百亿美元收入、成熟品牌和庞大基础设施的公司的 4000 名销售代表之一。

11. **你允许任何优秀的代表离开**。你应该努力把自愿减员率降到 0%，而不是放走前面优秀的人，并且在解雇排名最后三分之一的那些人，那是电销团队才会发生的事。优秀的销售团队会团结一致，相互激励。随着时间的推移，优秀的销售团队会吸引越来越多的高素质销售代表。

12. **没有把计划翻倍**。当回声签团队（终于）变得非常优秀时，我们每年、每个季度都会超额完成计划，一直如此。但是，杰森应该给团队提出更高的挑战目标。他完全可以提出这样的问题："如果今年的业绩目标不是 1500 万美元，而是 2500 万美元，我们需要做些什么？"

来自领英和回声签销售副总裁的建议

如果你没有得到一个华丽的头衔，你还会为那位首席执行官工作吗？

布伦登·卡西迪（Brendon Cassidy）是领英首批 25 名员工之一，从零开始组建了公司销售团队。他也是回声签的第 8 名员工，帮助公司将年收入从 100 万美元提高到 5000 万美元，并最终被奥多比（Adobe）收购；之后，他在会谈桌（Talkdesk）公司担任销售副总裁。

以下是他的成功经验和失败教训。从失败中学习更容易，因为出错的地方显而易见，而且会给你留下无法忽视的深刻印象；从成功中学习则比较困难，因为成功会掩盖错误。

第一个教训：停止责怪他人

没人愿意听到你说"做不到"或"不是我的错"。不要说这是营销的问题，也不要说是产品的问题，更不是销售人员的错，把问题放回到自己身上。问题总有解决的办法，即使这些办法不是那么显而易见。你要帮助组织找到解决问题的办法。如果你面临灾难性的状况，你要告诉你的首席执行官需要做什么，如果他拒绝照着做，那你就辞职。只是不要去抱怨。下次在同意为某位首席执行官工作之前先好好做做他的尽职调查。

第二个教训：为现在而不是过去而建设

有一种很普遍的情况：你雇用了一个曾经在 X 公司取得过成功的人，然后他/

她来到你的公司，并在你的公司实施了与之前完全相同的方法。但要知道，没有什么是一成不变的。

有时，在客户开发速度、平均销售价格、销售周期、定价模式、目标买家/市场、竞争状态、阶段等要素中，任何一项发生变化都可能意味着你需要采取完全不同的方法来生成线索和进行销售。在照搬以前的做法之前，请先退后一步看看数字和漏斗，思考一下哪些方面应该保持不变，而哪些需要改变、调整或重新创建。

我知道要承认自己可能犯了错或需要改变计划/玩法会很难，哪怕是承认自己不知道该怎么做或时而感到迷茫也是件很难的事。因此，我们对自己更要客观、诚实。

第三个教训：去雇用最好的人——这一点无可赘述

与超级明星人才为伍应该是你始终不渝的目标。在杰森职业生涯的早期，他雇用了他能雇用到的最好的人，但这些人的技能和智慧都不如他。这些经验不足和不成熟的雇员，使扩大销售变得更加困难。

现实情况是，你现在在招聘上走的任何捷径，都意味着你以后要付出十倍的努力来弥补留下的不足，比如因为销售代表自己无法达成交易而替他们奔走太多，或者不得不花太多精力指导，销售团队人员流动率过高，或达不到预期目标。

第四个教训：为成功支付高薪

我们的首席执行官或销售副总裁在支付销售人员薪酬时不会吝啬。找到优秀的销售人才非常困难，更不用说聘用和留住他们了。给他们足够高的薪水。相信我，最棒的销售可以去其他地方任职，而只有差一些的和更差的销售人员会留下来。

第五个教训：确保首席执行官适合自己

不要仅仅为了头衔、投资者或公司而接受一份工作。如果选错了首席执行官，你会很痛苦。在做出决定之前，要诚实地搞清楚什么适合自己。

优秀销售主管的五大待办事项

第一，尽快扩大交易规模

小交易只能支付账单，大交易才能推动增长。达成小型交易是起步、获得快速反馈、建立推荐和口碑的好方法。但收入的快速增长通常来自于大型交易。

第二，优秀的销售代表在 30 天内就有所表现

在会谈桌公司，我们的首席销售代表在头 30 天内就完成了 15 万美元的交易。这可不是靠运气。你不会总是看到销售数字上升得那么快，但如果你的直觉告诉你雇用某个人是个错误，那么你的直觉很可能是对的。

> 如果你的直觉告诉你雇用某个人是个错误，那么你的直觉很可能是对的。

第三，无论在销售团队的哪个层级，诚实都至关重要

销售这个群体中一直都有着不诚实反馈的习惯倾向。如果你和你的销售代表总是对交易过于乐观，真相就会被掩盖。

如果不能了解销售代表和销售经理对交易、对渠道或对彼此的真实立场，不确定性和焦虑就会慢慢滋生。如果不教导你的销售代表诚实说出对交易的看法，你就无法预测未来。想要解决问题，你不能太忙或太紧张；哪怕有时会令人感到痛苦或尴尬，你也要深入了解真实情况，并分享给团队和首席执行官。

第四，优秀的销售团队总会聚在一起

这一点我总是反复强调。那些知道如何一起赚大钱的人都希望继续在一起赚大钱。你应该很少看到顶尖销售团队的成员和经理流失。如果你看到了实质性的流失，那就说明一定是什么地方确实出了问题。

第五，出站（矛）和入站（网）并非"要么这个，要么那个"的关系，而是两者都要

永远都要两者兼顾。问题只不过是两者的相对比例该如何设定，以及该何时开始或扩展它们。

第十章

专业化：你的头号销售倍增器

如果你还没有将销售团队的角色专业化，那么任何事情都不会对你提高销售效率和实现增长产生更大的影响。

如果不进行专业化，你将举步维艰。

为什么销售人员不应该去寻觅客户

销售角色专业化是可预测收入的基石。让我们简单回顾一下，销售生产力的最大障碍之一就是让销售人员身兼数职：审查自己的入站线索资格、挖掘陌生的潜在客户、负责成交和客户管理——将这些职能混入一个普通的销售角色中。我们以让一位销售人员同时兼顾拓客和成交为例，看看为什么这样会出问题。

· 效率低下：有经验的销售人员不喜欢开发客户，而且通常很不擅长。另外，为什么要让你手下最贵的劳动力去打陌生电话呢？

· 专注力错配：即使销售人员成功地完成了一些拓客工作，一旦这些客户进入销售漏斗，销售人员就会忙得无暇顾及继续进行其他拓客。这不是长久之计，会导致销售业绩像坐过山车一样忽上忽下。

· 指标不明确：当多个职能由同一个团队完成时，就很难对关键指标（入站线索、质量和转化率、客户成功率等）进行细分和跟踪。不同的角色使你更容易区分流程中的不同步骤，这意味着更清晰的指标。

· 能见度和责任度下降：当事情不顺利时，责任会被一人承担，但也会模糊出错的原因或责任人，从而使问题更难隔离和解决。

有冲突的不仅仅是拓客和成交。如果你的销售人员既要负责客户成交，又要负责管理客户，或同时兼顾其他工作，也会出现同样的问题。

没有专业化分工，你的团队将会陷入困境。即使你拥有很棒的客户、杰出的产品和销售人员，只要没有正确的组织结构，你都无法充分发挥这些优势（见

图 10.1)。

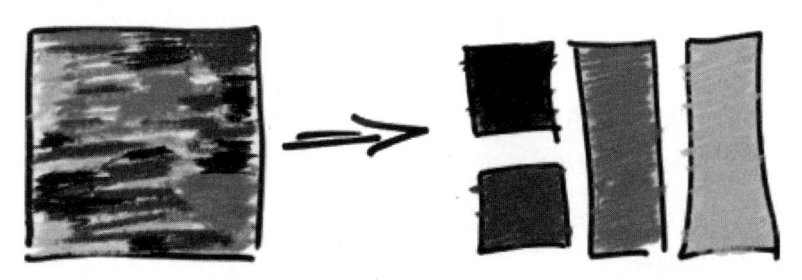

图 10.1　让员工专业化，这样他们做得更少，但是做得更好

在足球、橄榄球、棒球、曲棍球、板球、篮球这些运动中，每项运动都有特定的角色：守门员、前锋、控球后卫、接球手等。我们居然还没找到一种没有专门角色的团体运动！

专业化是硅谷的标配，而且还在不断发展，但仍然会有例外。那么，为什么大多数公司都希望一个销售人员就能胜任包括拓客、回应销售线索、成交和管理客户在内的所有"职位"呢？这是因为一直以来都是这样的。

至于如何让专业化在公司的具体情形下发挥作用，这取决于你自己。主要原则就是帮助你的员工集中精力，做得更少但做得更好。因为当销售人员身兼数职（工作量过大）时，90%的销售人员最终会把很多事情搞砸。

> 当销售人员身兼数职（工作量过大）时，90%的销售人员最终会把很多事情搞砸。

角色专业化是实现可预测、可扩展销售增长的第一要务。

出站拓客人员需要去开拓潜在客户。市场营销人员在完成营销活动的过程中不应该同时负责销售、回复入站线索或充当兼职电话营销人员。

当你确实需要出站拓客人员兼顾其他任务时，尽可能让他们用于开发客户工作以外的时间低于10%～20%。负责新业务成交的人员也是如此：其他类型的工作应该只占用他们时间的一小部分。要考虑互补，而不是让他们分散精力。

不过，我们绝不是说团队中的哪一个人就应该坐等业务自动上门，考虑到一些特殊情况，这里负责成交的人确实也应该进行业务拓展，但他们只应该应对少数几个战略客户或合作伙伴进行拓展，而不是让他们去打大量的陌生电话或去发陌生电子邮件。

如果你发现团队中一些问题反复出现，或者某些重要功能没有发挥作用，抑或很多人发挥的功能都很薄弱，那么首先要从结构上找原因。也许改变角色和职责正是解决这一问题所需的"强迫机制"。例如，有了合适的销售开发团队来帮助在入站营销场景预审线索或出站营销场景专注于拓客，任何"销售和营销"的分歧都会消失。

虽然每个团队都不尽相同，也会创造出不同的风格，但我们可以从适合大多数（当然不是所有）公司的四类角色模板入手（见图10.2）。

1. 入站线索响应。

2. 出站拓客。

3. 成交新客户。

4. 售后服务，如客户管理、客户成功和专业服务。

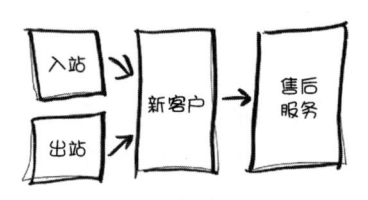

图 10.2　四大核心销售角色

以下一些场景是不适合实施专业化，或需要以非常不同的方式进行专业化的情况，毕竟每条规则都有例外。例如：

·你的销售流程非常简单，比如打一两个电话就能成交的产品。

·你所从事的业务或细分市场目前在全科销售人员（如金融服务顾问）的帮助下已经取得了成功。我们没必要修补没有坏掉的东西，但也无须害怕尝试新的想法。

·你的常识或经过验证的经验（而非传统做法）告诉你专业化并不适合你。

下面是一家公司发展规模还不够的时候常犯的两个错误。

1. 创建一个初级销售/SDR角色，将入站线索响应与出站拓客混为一谈。除非你有一个非常好的理由，否则不要这么做。

2. 使用将入站线索指标和出站拓客指标混在一起的仪表盘和衡量指标。首要步骤应是明确区分不同的漏斗，然后分别进行测量和跟踪。

案例研究：科里奥（CLIO）公司如何在三个月内重组销售

需要重组销售团队时，你可能会感到不知所措，你需要面对角色、指标、薪酬计划、区域划分、赛富时（配套软件）随之产生的所有变化。科里奥则一次性解决了所有这些问题。

科里奥是一家在温哥华快速成长的 SaaS 公司，其首席执行官是杰克·牛顿（终于出现了一个很酷的动作英雄名字）。科里奥销售执业管理软件，帮助律师更好地经营律所。在不到两年的时间里，科里奥的"全科销售代表"从 3 个增加到 18 个，但在 2012 年，科里奥遇到了销售团队增长的问题。这些"通用代表"要做的事情很多：主动出站拓客、跟进入站线索、达成新交易以及管理这些客户。这个时候，杰克看到了《可预测的收入》一书中关于"为什么销售人员不应该去推销"的部分，他和他的联合创始人乔治·普西哈里斯（George Psiharis）意识到，他们必须最终实现团队的专业化分工。

重启科里奥销售增长的第一步就是将这个由 18 名全科销售代表组成的团队改编成 3 个专业团队，每个团队 6 人。

公司最初的 3 名代表干得很轻松。他们可以为所欲为：有大量的入站意向；不需要组织结构；他们可以精挑细选销售线索和交易来完成大量业务，也不需要划分区域。可当科里奥公司有了 10 名销售人员时，他们开始感受到成长的烦恼。

·团队成员经常互相踩脚，比如几个人无意中开始处理同一个销售线索。
·团队中还存在很多恶性竞争，他们不会互相帮助。
·由于没有销售"系统"或销售支持，他们成功与否完全取决于他们自己。

科里奥公司设置了 3 个关键销售角色，而不是我们上面说的 4 个。科里奥公司的高管团队认为，如果销售团队能够摆脱彼此的束缚，齐心协力、有条不紊地划分和应对市场，他们一定能做得更好。他们采用了《可预测的收入》中的专业化理念，并根据自己的具体情况加以改进，创建了 3 个新角色。

1. 6 名出站拓客人员（出站 SDR）：负责开拓大型律师事务所。
2. 6 名成交人员（客户经理）：负责完成大型律所的成交。
3. 6 名销售代表组成"全流程参与团队"：既负责入站线索回复，又负责完成小型律所的业务以及月收入低于 100 美元的小型交易。

为了实现这一转变，科里奥不得不重新设计许多重要的销售系统：设计新的角色、新的配额、新的薪酬计划、创建区域系统（此前他们从未有过）、确定哪个人应该加入哪个团队、更改赛富时上的相关信息，等等。他们一头扎了进去。

经验教训

第一个教训：简化薪酬方案。以前的薪酬计划对核定配额的交易种类设定了大量的规则和规定。科里奥试图通过这些规则来推动正确的行为，但这些规则却造成了太多混乱和障碍。

举个例子，科里奥曾经针对渠道合作伙伴的交易制定了各种规则和条件，但如果合作伙伴达成交易，销售人员往往无法从中获益。现在，无论交易来自哪里，1美元的收入就是1美元的收入。

消除混乱的薪酬目标和触发因素后，销售人员组成拍档、展开协作和达成交易的情况都会大量增加，因为大家的利益都是一致的。

> 当每个人的利益达成一致时，销售人员组成拍档、展开协作和达成交易的情况都会大量增加。

第二个教训：在转型期间为销售人员支付较高的薪酬。在重组期间，科里奥向团队支付了3个月的固定费用/固定奖金，同时收集数据，制定新的配额和目标。科里奥公司希望团队在帮助他们转换到新模式时感到舒适，且不会分散他们的注意力。

第三个教训：营造合作而非竞争的销售环境。有趣的或友好的竞争能带来帮助，激发活力。有害的或"真正"的竞争则会扼杀团队。

通过转向区域加专业化，销售团队不再觉得这是一场零和游戏。杰克说，他们现在的销售团队"协作性强大到难以置信的程度"，他们帮助彼此成交，互相支持，并互相交流各种诀窍、最佳实践和销售技巧。在此之前，这种事从未发生过。

规模太小或太大，无法实现专业化？

每家企业都不一样，你必须根据自己的具体情况和市场来调整。

如果你是大公司

我们与IBM的一个部门进行了沟通，他们中的一些人非常喜欢专业化和专职拓客的理念。然而，由于大公司的情况非常复杂，即使销售主管信奉这些理念，实施起来似乎也是不可能的。在大公司，有意义的变革需要涉及很多方面：人员、高层政治、历史传统和不易变动的工厂系统，所有这些都使改变变得更加困难和复杂。

如果当下每个人都在苦苦挣扎，情况危急，你可能需要进行大刀阔斧的重组，把你的团队划分成不同的专业。但是，如果你觉得还可以等，情况还没到火烧眉毛的时候，你可以在不影响主营业务的情况下尝试新的角色——这就像采用"臭鼬工厂"的方法[1]。通过"先做后说"，你可以获得真实的体验和可信度，而不仅仅是猜测。在现有的销售组织中增加一个出站拓客团队比重组现有的销售组织更容易。无论是客户成功、新的细分市场销售、出站拓客、入站线索处理还是其他职位，你都可以这样尝试。

如果你打算建立自己的可预测收入类型的专业化角色系统，你只要有几个人就可以开始了。这不一定是件大事，只管去做，以后再去请求谅解。如果由于某种原因没有成功，也不是非得让人知道，不是吗？

如果你的企业规模很小

如果只有一两个销售人员怎么办？这是关于专业化最常见的问题。如果你的企业规模较小，首先要将你的时间专业化，专注于那些需要完成但没有完成的工作。

· 定期在你的日程表上划出大块时间——比如一到两个小时或更长时间，甚至一整天——用于出站拓客或其他没有完成的重要任务。在这些时间里，你要推掉任何导致你分心的事情。

· 为你的时间制定1到3个具体目标，比如"通过领英/电子邮件/电话联系5个潜在客户""打5个获取信息的电话""在我的清单中添加10个潜在客户"。

· 尝试制定每天、每周或每月目标，看看哪种更适合你。

· 与朋友或拍档建立一个伙伴系统让自己的行动可计数，并一起回顾彼此的目标。就像你和拍档一起开始一项新的健身计划一样。

· 寻求帮助：有没有亲戚、孩子、实习生、虚拟助理或外包服务可以帮助你？如果你想兼职做出站拓客，有些公司可以帮你分担那些你不喜欢或没时间做的部分，如建立目标客户名单和联系信息、获取基本研究信息、发送初始电子邮件、回复和跟进电子邮件。

---

1 臭鼬工厂指高度自主、秘密进行新型武器研发的机构。（译者注）

即使销售过程中的某些环节你不喜欢做，先做一段时间也是有价值的，这样你就有了实践经验。一旦你准备好了，这将有助于你更好地雇用和管理他人。

关于专业化：两种常见的反对意见

反对意见 1：会损害客户关系

将潜在客户或者确定客户从一个人转给另一个人难道不会产生问题吗？难道不应该由同一个人从第一天起就与客户建立关系，然后拥有并维护这种关系吗？

并非如此。如果你有一个提前确定的流程来周到地移交客户，并适当设定他们的期望值，就不会有问题。事实上，这样做可以让潜在客户和确定客户都会得到更好的服务。每个步骤都有专家负责，潜在客户总是能够得到适合他们需要的快速响应。

> 当你实施专业化时，潜在客户和确定客户都会得到更好的服务。

对于一个正在做提案或出差的销售人员来说，他们很难放下手头的一切工作立即回应一个新的入站线索或解决现有客户的紧急问题，或者转向专注于任何虽然重要但并不能帮助他们完成一定时期内指标的事情。因此，以一种对你的业务有意义的方式进行专业化，你也是在帮客户的忙。

反对意见 2：这四种角色不适合我们

我们讨论的核心角色并不是绝对的要求，而是供你调整的起始模板。

几乎每家 B2B 公司都应至少具备这四种角色中的三种，但也有例外，正如我们前面所列举的那些。你要用自己的方式去贯彻专业化背后的原则——聚焦。让人去做更少但更重要的事情，他们才能做得更好。

此外，这一原则在任何团队都正在或已经发挥作用，无论是市场营销、客户支持、合作伙伴还是工程设计。为什么不在销售中也这样做呢？

说干就干的四个重要原因

我们意识到，你们当中的一些人仍然需要他人的帮助，来说服自己的团队进行全面的专业化。对于一直在负责成交和管理自己客户的销售团队来说，突然改变所有的做法确实令人生畏。但以下是这样做的四个重要原因。

1. 有效性：当人们专注于一个领域时，他们就会成为专家。例如，这10年来，我们从未见过一个不再为生成或回应销售线索而苦恼的全科销售团队。

2. 人才梯队搭建：在销售部门设置多重角色为你提供了一个简单的职业发展途径，让你可以在内部招聘、培训、培养和晋升员工。这就创造了一种成本更低、风险更小、更有效的招聘方式，而不是过分依赖外部招聘。（一个经验法则：从长远来看，三分之二的员工从内部成长，三分之一的员工从外部招聘，以获得新的想法和新鲜血液。）

3. 可洞察性：将你的角色分解成不同的职能，你就能轻易地发现并解决瓶颈问题。如果每个人都是什么都做，那就像一团纠缠在一起的纱线，你无法将其分开。

4. 可扩展性：专业化使人员招聘、培训、衡量、成长和晋升都变得更加容易。

你的具体做法可能与我们列出的关于基本角色的内容不同。无论你对专业化的看法如何，都请你先找到一种方法去实践一下。

有关如何进行专业化的最新更新、示例和视频，请访问 www.fromimpossible.com。

阿基亚的专业化

在第二部分"矛——出站拓客"一节中，我们介绍了阿基亚如何建立出站拓客方案来加快销售增长，也讲到了销售额达到1亿美元只是时间早晚问题，而不是一种假设。

以下是2014年阿基亚在全公司范围内对销售角色进行专业化分工的简要说明，给你看看专业化可以做到什么程度。当然，你自己的人员配比会有所不同，会受到线索量、交易规模和销售复杂性等因素的影响。

· 60名背负销售指标的销售或负责成交人员

· 20名售前解决方案架构师/销售工程师（与成交人员的比例为1∶3）

· 20名专职出站拓客人员（与成交人员的比例为1∶3）

· 15名基层销售代表，专门负责鉴定入站线索（也称"市场响应代表"或"入站SDR"）

· 20名与现有客户合作的客户经理（与成交客户的比例为1∶3）

・8 名渠道合作伙伴经理

・5 名销售运营和交易处理人员（帮助处理订单）

・管理层（高级副总裁 / 副总裁 / 副总裁 / 总监 / 经理）15 人，占员工总数的 10%

经验法则：一个经理很难在管理超过 10 名直接下属的情况下保持高效。

> 一个经理很难在管理超过 10 名直接下属的情况下保持高效。

如需更多在线资源，如有关如何最有效地专业化销售团队、企业特有问题以及公司容易犯的错误等方面的文章和视频，请访问 www.fromimpossible.com/resources。

第十一章

销售领导者

公司一直在误招误用销售团队中最重要的角色。

第一大"用人不当"往往是销售副总裁/销售负责人

如果你还没有销售团队,请跳至第十二章——"仅限初创企业",阅读关于"如果你是一家初创公司:招聘第一支销售团队分为四个阶段"部分。

有一种风险投资家的说法:"你必须摆脱第一任销售副总裁的束缚"或"从第二任销售副总裁开始,你才能真正开始销售",或者类似的说法。这让我们特别"不爽"。

我们确实很讨厌这种说法,因为我们坚信应该雇用和培训更少但更忠诚的员工,而不是不断雇用、不断流失。但是那些风险投资人是对的。在初创公司,大多数第一任销售副总裁似乎都失败了:他们的在职时间甚至不会超过12个月。在硅谷,销售副总裁的任期平均值为19个月,这个数字还包括成功者。(在快速增长的公司中,营销负责人的平均任期为18个月。)

让我们看看销售副总裁应该做些什么,因为大多数创始人/首席执行官寻求的东西都不对,尤其是首次创立公司的人,或者在销售领域工作或与销售部门打交道时间不长的创始人。

优秀的销售副总裁在成长型公司要做的五件事

1. 招聘。你聘请销售副总裁不是为了销售,而是为了招聘、培训和指导其他人进行销售。因此,招聘应该占用他们20%或更多的时间,因为你需要一个团队来做销售。招聘优秀的销售代表并让他们取得成功,是销售副总裁要做的第一件最重要的事情。优秀的销售副总裁都知道这一点。

2. 补位和帮助他/她的销售团队。销售副总裁要去指导销售代表而不是替他们完成交易,只有必要时或在的大交易中才会亲力亲为。销售副总裁要能发现问题，防患于未然，还要能够看到那些还没浮出水面的机会。

3. 销售战术。包括培训新人入职、划分销售区域（是的，你需要它们），制定指标、薪酬方案，确定如何竞争，打造销售话术，协调并战胜恐惧、不确定性和疑虑（fear, uncertainty and doubt，FUD），细分客户，撰写报告，确保团队中包括自己在内的每个人都能从销售或客户管理系统中获取所需的信息。

4. 销售策略。我们应该拓展哪些市场？我们的主要瓶颈是什么？我们的时间和资金应该投向哪里？哪几个关键指标最能说明我们团队的健康状况和增长情况？

5. 自己创造和完成交易。这是五大重要事项中的最后一项，对于某些特定交易来说很重要。但之所以列在清单的最后，是因为如果总是由销售副总裁（或首席执行官）而不是销售团队来完成交易，你就会陷入瓶颈。先生，对你来说，销售将无法扩展。

所以，在你准备好扩展销售，并出资建立一个不断成长的小型销售团队之前，不要聘请销售副总裁。通常，如果除了首席执行官或销售负责人，你已经拥有至少两名成功的销售人员，才意味着招聘销售副总裁的合适时机已经到来。

> 在你准备好扩展销售，并出资建立一个不断成长的小型销售团队之前，不要聘用销售副总裁。

任何看不到这一点的销售副总裁都可能不适合长期担任这个职务。他/她要么只是一个优秀的个人贡献者或者优秀的建设者，要么是一个有缺陷或陷入绝望的候选人。

适合你所处阶段的销售副总裁

处于早期阶段和快速发展的公司都面临着特殊的领导力问题。他们今天需要的销售负责人，可能到了明天就已经不再合适了（见图11.1）。

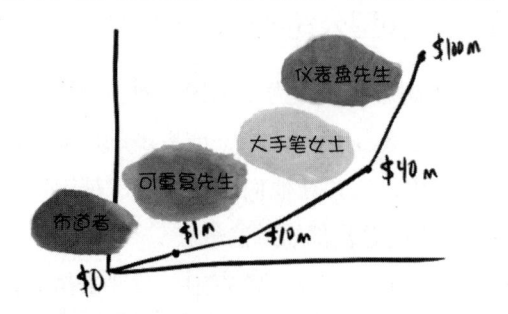

图 11.1　你需要的销售副总裁技能类型会因阶段而异

你需要哪类销售副总裁？

第一类："布道者"（让你从一无所有走到收入100万至200万美元）

"布道者"是指那些从第一天起就对你的产品快速领悟并充满热情的人。他们了解产品，可以立即走出去，从第二天起就开始销售，而且仅仅因为他们热情，就能带来交易。如果你从未聘请过销售副总裁，那么布道者似乎就是你需要聘请的人。你会非常喜欢他们。

他们的问题则是他们从未真正建立和扩展过销售，也没有将销售工作系统化过。他们知道如何进行创造性思维以及跨职能思考，与他们共事很有趣。但十有八九，招聘这样一个人的成本以及你花费的时间都是浪费。为什么？因为创始人/首席执行官本身以及所雇用的前一两个销售代表已经是也必须是布道者。

第二类："可重复"先生（从100万美元到1000万美元）

在这个阶段，你已经有了一些客户，虽然不是很多。你有一些入站线索，自己也聘请了1～4名销售代表。但是，你不知道如何扩大规模并使其具有可预测性，或者没有这方面的能力。

这份工作就是要把"这里和那里发生了一些事情，但我们并不总是知道为什么"变成"一些事情一再发生，我们也知道为什么"。这位销售副总裁必须能做到这一点。他不能假装知道，或是躲在PPT文稿或销售渠道的仪表盘后面。

我们幸运地发现，每一家准备好增长的早期公司，都真的需要这样一位销售副总裁。然而，大多数销售副总裁面对这个阶段都很困扰，因为他们大多数是依靠那些已经在规律化运作的系统来成功实现增长，从而获得头衔，却并不是那个实现系统化的人。

那有了"可重复"先生会怎样呢？一切似乎都简单明了多了。几乎是一瞬间，收入就上去了。因为他们知道如何成交、招聘、雇用和指导。他们还知道如何建立你所需要的基本流程，并使其具有可预见性。

在前两个阶段，我们从起步发展到拥有一些东西，然后再把这个过程转化为可重复的系统。任何来自赛富时、思爱普（SAP Success Factors）、甲骨文或任何当前热门公司或大公司的销售副总裁候选人，都不可能胜任这些早期阶段的职位。

他们几乎肯定都会失败。为什么？因为他们根本就没有做过。

如果这个人是在赛富时营收达到10亿美元时就加入了，甚至当时只是个经理也不行吗？是的，赛富时也是SaaS公司，但是，10多亿美元的销售流程和挑战与一家刚起步的公司相比是非常不同的。

如果一个人只在一家拥有大（或热门）品牌的大（或热门）公司工作过，那么他在那里所做的一切都会有着不公平的优势。公司当时的情况和他们个人能力有多大关系？我们只能说他是搭了水涨船高的便利。

此外，他们往往在不知不觉中依赖于之前得到的那些"免费大礼包"。那时候，他们更容易与高管或投资者会面，招聘也更容易。在每个方面都有更多的人力和预算支持：一个"真正的"营销团队、预算和行政支持以及大量的入站线索，还有人为他们撰写销售资料和建议书。

这不是他们的错，但他们往往不知道在早期阶段该做些什么。这并不意味着他们不能做到这些，只是在雇用他们时要非常小心，不要让简历蒙蔽你或你的投资者。

> 不要让简历蒙蔽你或你的投资者。

第三类："大手笔"女士（从 1000 万美元增至 4000 万美元）

现在我们讲到了如何大干一场。当一位销售副总裁来到一家年收入 1000 万～2000 万美元、资金还算充裕的公司时，公司的流程已经基本建立，主要部分都在有效运作，所以他几乎只需继续做同样的事情就行。是的，几乎，因为还得再多做一些。

比如雇用合适的人；增加基层员工，进一步专业化，建立庞大的人才库；让现场销售发挥作用；调整客户成功计划；增加出站营销；与营销副总裁一起启动销售线索生成引擎。

虽然很难，但你还是有机会找到这样的候选人。你可以去刚经历过这一阶段的公司中寻找。

但是，如果你的候选人没有经历过早期阶段（从 100 万美元增长至 1000 万美元），那么他们中的 95% 都无法满足你对于早期阶段的期望。

第四类："仪表盘"先生

不幸的是，当你试图从大公司招聘人才时，你会遇到很多这样的人。"仪表盘"先生懂得如何推销，如何进行内部演示，而且他穿西装的样子通常很帅。你的董事会可能会喜欢他。但实际上，他整天做的事情就是看仪表盘、思考仪表盘、跟经理们开会。

我可以对团队做出哪些改变来改进仪表盘？如何获得更多资源和更多预算？我能雇用谁，又能解雇谁？我怎样才能淘汰 10% 最差的人？今年的销售启动仪式应该在哪里举行，我应该如何在那个场合打扮自己？我可以在隐含的规则下为前

50名潜在客户举办哪些活动？

看，在某些时候，你可能确实需要"仪表盘"先生。这很好。他就是一个经理们的经理。但无论如何，在你还没有达到势不可挡的境界之前不要聘请这样的人。因为除非他们在成为"仪表盘"先生之前真正做过前面阶段的工作，否则他们根本不知道如何让你达到或超过500万美元、1000万美元或2000万美元。

我最喜欢的面试问题

你准备好招聘新的销售副总裁了吗？让我们给你提供一份面试部分脚本，也许可以帮上你。你必须根据SaaS公司和其他科技企业的不同类型对其稍加改动，但它基本上适用于所有收入20万美元到1000万美元左右的SaaS公司和科技企业，适用范围非常广。（在此之后，你可能需要寻找另一种类型的销售副总裁，这一点我们在上一节中已经介绍过。）

在此之前，我们强烈建议你在聘请销售副总裁之前，至少先聘请一到两名销售代表（最好是两名）。你要先让他们取得成功，这样你就可以在招聘之前先知道成功是什么样子的，再用实践过的经验去说服别人应该做什么。此外，要尽可能做大，这样"真正的"销售副总裁才能真正帮助你，而不是阻碍你。

> 在招聘之前先要知道成功是什么样子的，再用实践过的经验去说服别人应该做什么。

现在，如果你已经准备好了要招聘一位销售副总裁，但以前没有做过，那么这里有10个很好的问题可以帮你筛选，看看你手上有没有真正的销售副总裁候选人。这些问题大多没有对错之分，但可以帮助你确定候选人的质量和适合度。

1. 根据你所了解的情况，你认为我们现在需要多大的团队？（如果他/她无法回答这个问题，无论他/她说的对与错，都要淘汰。）

2. 你实现过的销售额平均值和浮动范围是多少？（如果与你的情况不匹配，淘汰。如果他/她不能流利地回答，淘汰。）

3. 告诉我你直接管理过的团队情况，以及你是如何建立这些团队的。（如果他/她不能描述他们是如何组建团队的，淘汰。）

4. 你使用过哪些销售工具？哪些对你有效？哪些工具效果不好？（如果他们

不了解销售工具，他们就不是真正的销售副总裁。）

5. 你认识的人中谁可以和你一起加入我们的销售团队？（所有优秀的候选人心中都应该有几个人选。）接下来问：跟我说说他们的情况，如果不方便说名字，就说说背景。

6. 销售和客户成功 / 客户管理应该如何合作？（这将告诉你他 / 她对真正的客户生命周期的了解程度。）

7. 给我讲一讲你输给竞争对手的那些交易。在我们这个行业，战胜竞争对手的关键是什么？（如果他 / 她能从失败中吸取教训，并找出赢得竞争对手的关键，那么他 / 她可能就是个销售高手了。）

8. 你如何应对市场营销工作中的恐惧、不确定性和疑虑（FUD）？（这将筛选出那些懂得如何竞争的人。毕竟，在销售的世界里，面对 FUD 可是家常便饭。）

9. 你是否与销售工程师和销售支持人员合作过？如果有，在资金有限的情况下，他们需要扮演什么角色？（这将告诉你他 / 她是否能在 SaaS 创业公司早期阶段成功地发挥作用，以及他 / 她是否知道如何在你准备好后扩大规模。）

10. 我雇用你 120 天后，我的收入会是什么样的？（让他 / 她向你解释会发生什么。没有正确答案，但会有很多错误答案。如果他 / 她给不出一个合理的预测和计划，那么他 / 她可能就不是我们要找的那个人了。）

好吧，让我们再只多问一个问题：

11. 在我们目前的发展阶段，销售和营销应该如何合作？别光说那些笼统说法，要具体一些。（这将告诉你他 / 她是否了解销售线索的生成以及如何运作销售线索漏斗。）

这些问题并不神奇。孤立地看，它们都不包含什么特别深刻的见解。事实上，这些问题的答案似乎显而易见。但是，它们可以创造对话。从这些对话中，你可以确定（a）这个候选人是否靠谱；（b）这个候选人是否真的能成为一名真正的副总裁、领导者、管理者，并帮助你更上一层楼；（c）这个候选人是否与你的公司以及你的行业相匹配。

如果其中的任何一个答案是糟糕的，淘汰。如果答案没有实质意义，淘汰。如果你在面试中学不到东西，淘汰。如果你比应聘者更了解这些问题，淘汰。你的销售副总裁需要在销售、销售流程以及建立和扩大销售团队方面比你更聪明。

> 你的销售副总裁需要在销售、销售流程以及建立和扩大销售团队方面比你更聪明。

第十二章

销售招聘最佳实践指南

人才和文化决定你的命运。

如果你是一家初创公司：招聘第一支销售团队分为四个阶段

对于刚刚接触销售的创业者来说，招聘失误在所难免。

· **模式识别**：如果你自己没有从事过销售工作，就很难分辨那些只会说不会做的销售人员。或者你可能会被那些在大品牌公司取得过成功、简历光鲜亮丽的人所吸引，但他们可能并不适合初创公司的工作环境。

· **他们在自我推销**：销售人员都很善于推销自己！当你急于招聘人手时，你就会轻易相信他们。

· **数据进展缓慢**：如果你的公司还没有太多业务，就很难判断一个人是否高效。

· **期望过高**：你的期望往往不切实际。是的，如果这是事实，那么取得成果会比你想要的花费更长时间。

那么，以下是降低首次招聘销售人员风险的方法。

"贯穿所有阶段"的原则

亚伦直到失去了一家公司才吸取了这一惨痛教训：你可以把销售工作委托出去，但不能放弃你对销售的理解。

首席执行官和所有联合创始人都需要销售。即使其中一人是主要销售人员，每个人也都需要参与销售周期并与客户交谈。

至少在你看到销售变得足够可预测和有利可图之前都是这样。无论你是负责业务、技术、财务还是产品方面的创始人，你都有责任弄清楚收入问题，而不是你的销售副总裁或销售人员。

> 技术负责人：即使你是一个内向的人，或者忙于编码而无暇与客户会面，你也要去见客户。因为如果产品特性搞错了，你编码速度再快也没用。

第 0 阶段（可选）：外包

- CEO/ 联合创始人都在做销售，不是吗？
- 如果你没有意愿、人才储备或精力去雇用和管理销售人员，那还是找人帮忙吧。
- 列一份清单，列出那些让你无法与潜在客户和客户会面的低价值活动。然后找一个助理、营销资源或出站外包公司来帮忙。如果你第一次就找到了合适的人选，那你很幸运。
- 外包通常是一种临时解决方案（6～18 个月），直到你能雇到人为止。

第一阶段：聘请销售开发代表（SDR）来支持你

- 错误做法：CEO 厌倦了销售工作，于是雇了一名成交人员为他们做销售。CEO 对销售工作放手过快，成交人员需要的时间远远超过预期，结果当然会失败。
- 正确做法：第一步先聘请一名初级销售开发代表，让他接手你的预约安排（包括入站线索响应和 / 或出站拓客）、大部分后续跟进工作以及其他任何你不应该做的与销售相关的工作。
- 至少在 3 个月内仔细指导这个人，同时帮助他提升能力并熟悉系统。
- ◇ SDR 培训资源：www.fromimpossible.com/resources
- 3～12 个月后，当你对 SDR 的预约安排工作放心了，并且你花费了超过 25% 的时间用于实际销售时，就可以进入第二阶段了。

第二阶段：聘请 / 提拔一名销售人员

- 还没有顾问导师吗？可以考虑从聘用过销售人员的人那里去寻求建议。
- 要么聘请 1 名经验丰富的销售人员开始接手你的成交工作，要么聘请 1 名新的 SDR，并将之前的 SDR 晋升为成交人员。无论哪种方法，最终你都会有 1 名销售人员和 1 名 SDR。
- 在一个销售周期内，你就能通过数据或听从你的直觉知道这样做是否奏效。
- 销售人员应带来其薪金总和的 3 到 5 倍的收入。因此，如果他们的年收入是 15 万美元，那么他们应该带来 45 万至 60 万美元的年合同价值。

- 一旦你对新的销售人员和团队充满信心，并且他们又忙得不可开交，那么就可以进入第三阶段。

> 在一个销售周期内，你的直觉会告诉你改变是否奏效。去倾听你的直觉吧。

第三阶段：发展到四个人

- 你的销售团队最终会有 4 个人，可能是 2 个 SDR 和 2 个销售。
- 工作的具体组合将取决于你获得的入站线索数量和销售能力。举几个例子：
  ◇ 没有入站线索：你将有 2 名出站 SDR 和 2 名成交人员。
  ◇ 有入站线索但不多：1 名入站 SDR 鉴定入站线索并在空闲时间兼顾出站工作，1 名专职出站 SDR，加上 2 名成交人员。
  ◇ 大量优质的入站线索：1 名入站 SDR，0 或 1 名出站 SDR，2～3 名成交人员。
- 首席执行官通常仍在管理销售团队。如果你运气好，他们中的一个人可以担任团队领导。
- 一旦你的 2 名销售都能定期完成指标（即 3 至 5 倍的比率），就可以进入第四阶段。

第四阶段：聘请一位负责人来发展你现有的成果

- 现在你已经有点儿基础了，这时，一位经验丰富的销售副总裁可以帮助你实现销售增长。
- 除非你的年收入已经超出 1000 多万美元，且销售系统已经十分完善，否则优秀的销售领导者都会发现亲自经手一些交易是很有价值的：还有什么比亲自深入了解你的产品、客户和销售流程，进而掌握该如何指导、改进和扩展更好的方法吗？

> 不要盲目遵循这个秘诀。开动脑筋。

不要盲目遵循上面说的这个秘诀。我们知道，你想确切地知道何时以及如何在各个阶段取得进展。其实，通常只要到了那个阶段你自然就会知道什么时候该招聘或晋升了。如果你不确定哪里出了问题，可以和几位销售负责人交交朋友，向他们寻求帮助。

当你搞砸了销售招聘或进入阶段性新工作时出了错，唯一会损失的就是你没有从中吸取教训。从错误中学到的东西要比从成功中学到的多 100 倍。

简单的招聘技巧

《可预测的招聘》[1]

你可以将这本书中的几乎所有观点运用到你的招聘中，尤其是关于锚定细分市场、潜在客户开发和销售专业化等观点。这只是另一种形式的营销和销售。

专业化：就像发展最快的 SaaS 公司将客户界面的职能划分为出站拓客、入站线索响应、成交和客户成功等角色一样，你也可以在招聘方面做同样的事情。你应该有销售开发或出站拓客（候选人搜寻专员）、成交（招聘人员和招聘经理）和售后（人力资源或人员运营）。

要衡量招聘漏斗每个阶段的活动、转换率和所用时间。你的对外招聘拓展团队，即人才搜寻专员，每周都要集中精力接触一定数量的候选人，就像你为销售人员制定工作指标一样。你可以把下面这些作为指标来跟踪：比如信息回复率（无论是通过电子邮件还是社交网络）、每周电话沟通次数、候选人点击你发送给他们的链接的频率、哪些模板表现最好，等等。

如果你知道自己的招聘计划，每个阶段的转化率（例如，电话筛选、第一次现场面试、第二次现场面试、录用信），每个阶段的平均完成时间，以及最优秀候选人达成录用的要求，你就能知道需要联系多少候选人才能实现招聘目标。

你需要"建设者"还是"成长者"？

我们发现大多数性格测试都过于复杂，无法在日常工作中使用。但是，"建设者"和"成长者"的概念在任何时候都很有用。当你处于探索阶段，想知道某件事情应该如何运作时，比如新公司、新销售部门或新项目，你应该寻找那些喜欢摸索的人，即建设者。当你已经搭建好了系统，只需要雇用更多的人加入其中时，你就需要寻找那些善于按照既定系统来工作的人，也就是成长者。

---

[1] 作者：乔恩·比施克（Jon Bischke），恩特洛（Entelo）首席执行官。

建设者和成长者两者都很有价值。但是，如果系统还没确定，成长者进入其中就会不知所措，而如果进入系统已经完善的团队，没有更多需要解决的问题时，建设者就会无从施展。

培养那些"会销售的生意人"而不是单纯的"销售人员"

如果销售代表是一位专家，他们知道你的产品能为客户带来什么帮助，以及什么情况下不适合客户，那么他们就能与合适的潜在客户迅速建立起信任和关系。快速提升销售人员能力的最佳方法莫过于让他们在公司内轮岗，让他们亲身体验支持部门、产品部门或客户管理部门。放慢新员工开始全职销售的速度，让他们多获得一些实践经验，并加速成为专家，会更有利于他们的成长。

做新工作时，从两个人开始

如果你有充足的资金，而且销售对象是大型企业，那么在第一天的时候，你可能就已经到了必须建立一支销售团队或设立一个新职能部门的时候了；不过也可能要等到几个月后，等到你达成的几笔交易的规模的时候才足以证明你有理由聘请一名销售代表；还可能是五年后（如 Dropbox），当你决定在免费应用中增加机构/企业版本的时候；又或者是当你决定创建一个专门的出站/客户成功/销售团队的时候。

此时此刻，可能你已经有足够的资金聘请一位销售副总裁和一群销售代表。但最有可能的是，你还没有足够的资源在前期就雇用一个完整的前端销售团队。你会希望先从雇用一位经验丰富的销售代表开始。

不过这样做只有一个问题：无论这名销售代表做得多好，你都学不到任何东西。你至少需要有两个人的时候才能学到。为什么会这样？原因就在这里：

·如果你的第一个代表表现不佳，你会不知道为什么。他可能会责怪你，责怪你的产品太差、你的公司太差、你的营销太差，这些可能都是对的。但也许销售代表不合适才是真正的原因，只是你没法知道。

·如果你的第一个代表做得很好（以我们的经验看），你仍然不知道为什么。是产品本身畅销吗？是销售代表圆滑的电话技巧吗？是因为你的交易规模大，还是你的客户能代表你未来真正能得到的客户？还是这位销售代表只擅长某一类客户，而你却错失了其他潜在客户？你也不会知道。

在回声签，一位在这方面更有经验的顾问给了杰森这样的建议，但杰森忽略了，因为他一心只想省钱。真的，他错误地试图让事情保持简单一点儿。因此，对于我们的第一位销售代表，他把候选人的范围缩小到了两个人。其中一个超级聪明，口才超级好，能很好地解释我们的产品。另一个呢？没那么能说，但非常擅长出站营销和拓客，而且从不气馁。他一个月 20 个工作日中每天打 50 个电话，即使被挂 1000 次也不后退。

你可以猜到，杰森选择了第一个人。他确实很棒，而且到现在都很棒。他让杰森可以专注于成交几个关键的战略客户，而自己负责了所有其他客户。工程团队与他合作愉快；他们喜欢他的聪明才智和洞察力，客户也很喜欢他。他至今仍在回声签和奥多比（Adobe）工作，并且表现得非常出色。

唯一的问题是，杰森什么也没学到。他没有获得任何关于为公司建立和扩展销售流程的知识。直到回声签终于有了第二位出色的销售代表，他才学到了一些知识，包括他们可以向哪些新的细分市场销售，以及如何以更低的价位和更高的销量进行销售。这时他终于可以进行比较和对比。在聘请第二位代表之前，他只能猜测，眯着眼睛看数据，但他并没有全面了解需要什么东西。

听着，如果你自己已经当了 10 年的销售副总裁，那么请忽略这一点。但你们中的大多数人都没有建立或领导过内部的销售团队，所以你们需要学习。所以即使看起来成本高，也要从雇两个人开始，然后学习，从那里出发。这样会更好，最终也会更省钱。"二人法则"适用于任何新职能，而不仅仅是销售。

> 当你要启动一件新工作时，记得要雇两个人去做。如果只有一个人，你就无法分辨是人的问题还是流程的问题。

价值 1 亿美元的 Hubspot 公司销售机器：招聘和辅导要点

马克·罗伯吉（Mark Roberge）是 Hubspot 公司的首席营收官，他将销售团队从零开始打造到创收超过 1 亿美元。他是哈佛商学院的讲师，也是《销售加速公式》(The Sales Acceleration Formula) 一书的作者。马克在将他的团队从零扩展到数百名销售代表的过程中，制定了一项包含四个部分的战略。

1. 雇用同类型的成功销售人员。

2. 以同样的方式持续培训他们。

3. 为每位销售人员提供相同数量和质量的销售线索。

4. 让销售人员使用相同的流程处理销售线索。

如果这四点做到了，这些销售员就能成功地完成任务。以下是关于马克的"销售机器"如何招聘和培训销售人员的更多细节。

招聘是关键。特别是对于小型团队来说，要想扩大规模，就必须在招聘方面下功夫，并作为重中之重。在最初的几年里，马克把40%的时间都花在了招聘上。在招聘策略上，马克制定了以销售成功为目标的招聘标准，即使员工没有销售背景也没关系。他希望聘用那些过去在销售方面取得过成功的人，以及拥有待开发潜力的人。经过数百次面试和招聘，他发现了能预示未来成功的五个指标。

1. 可塑性（这是首要条件！）

2. 有以往的成功经历

3. 有良好的职业道德

4. 有好奇心

5. 有智慧

既聘用有成功经验的人，也聘用有待开发潜力的人。他们之前的成功不一定是在销售方面。Hubspot公司有一位奥运金牌得主和一位加入过喜剧中心频道（Comedy Central）的职业喜剧演员。这些人都曾经追求某些东西并取得了成功。他们就是你要找的人。

> 既聘用有成功经验的人，也聘用有待开发潜力的人。

要投资运营一个"真正"的培训计划。太多公司的培训计划是"跟着别人学"。Hubspot公司的销售人员第一个月都是在教室里度过的。为了了解产品，他们需要从零开始创建博客和网站。他们要去体验Hubspot典型客户的实际痛苦和成功，这些客户就是那些需要在线获得潜在客户的专业营销人员。这样，Hubspot的销售人员才能够与潜在客户和意向客户建立更深层的联系。一个月后，新员工要通过一项由150个问题组成的考试和6项关于Hubspot公司的产品、销售方法和入站营销概念的认证测试。如何让你的代表站在客户的立场上，设身处地为客户着想，从而产生共鸣？

认真对待辅导。对销售效率影响最大的因素就是经理对员工的有效指导。Hubspot 公司采用的是矩阵驱动的销售辅导模式。每个月的第二天，马克都会跟销售总监们开会。这些总监每个人都要管理几名经理，手下有大约 40 名销售代表。由于马克非常重视培训工作，这些会议让整个组织都染上了辅导文化。好的辅导既要关心销售代表的成功，又要在每次会议上努力找出 1 件要探讨的事（不是 10 件），这才是最大的区别。

案例研究：如何减少面试浪费

保罗·费菲尔德（Paul Fifield）是大学时光（UNiDAYS）网站的商务总监和塞罗斯（Ceros）平台的前首席风险官。他曾在英国和美国组建销售和出站拓客团队，甚至从别的国家远程聘用他们。我们认识保罗时，他正在英国担任塞罗斯平台的首席风险官，当时他远程聘用了他们在纽约的出站拓客初始团队。在最初四周的拓客工作中，塞罗斯的出站团队（全都是新员工）与 70 多个品牌的网络营销部门进行了对话，其中包括克莱斯勒、卡地亚、通用电气和 Hugo Boss。干得还算不错！

人总是很重要的，但当你在做一件全新的事情时，第一批员工的作用往往会更大。在一个已经运行生效的系统中招聘员工更容易。但保罗想要的是"建设者"而不是"成长者"，想要他们来带领团队启动。他制定了一套实际操作流程，以有效地进行远程招聘。这比在网上发布招聘启事要花费更多的时间，但这是值得的。保罗的招聘流程并不局限于销售，它可以适用于公司的任何职位。

> 人总是重要的，但当你做一件全新的事情时，第一批员工的作用往往会更大。

第一步： 明确你要招聘的人才画像。

第二步： 撰写真实、有趣的职位描述。保罗写的职位描述读起来更像一封私人信件或邀请函，而不是大多数公司使用的枯燥乏味的通用描述。

请访问 www.fromimpossible.com/recruiting 网站查看职位描述和可下载的招聘指南。

第三步： 在职位描述中加入视频。视频让人们更容易了解保罗的为人和主张，有助于更好地吸引合适的人才，并将那些不适合公司文化的人拒之门外。

第四步：传播信息。保罗不需要进行大规模的人才搜寻；他只需在领英上发布招聘信息，并转发给朋友和熟人，就能吸引到足够多的应聘者（3个职位共获得了约400名申请者）。保罗说："下一次，除了口口相传，我会在'招聘开拓'上花更多时间去寻找合适的人选。"

第五步：布置"作业"。保罗向所有应聘者以及他认为有潜力的人发送了一封电子邮件，概述了他的面试流程步骤，并要求他们写一篇300字的文章，讲一下：（a）在数字营销领域，他们认为有趣的见解或趋势；（b）为什么他们认为自己非常适合这个职位。这么做有助于淘汰那些不认真或不合格的人，并帮助保罗迅速了解他们是否适合这个职位。

第六步：确定评估标准。保罗将他的候选人名单放入一个简单的电子表格中，并附上他的标准和排名，以及评论和注释。为了对候选人进行筛选，保罗首先通过电话对他们进行了访谈，对他们在上个步骤中写的文章以及声音的清晰度、精力水平、个性、词汇量、态度、倾听技巧、提问、文化契合度等方面进行了1～10级的评分。

第七步：面试。至少与候选人进行两次面试，第一次通过电话，第二次通过视频会议或直接见面。塞罗斯销售团队将主要通过电话和网络会议开展销售工作，因此在下一轮的淘汰中，保罗通过与候选人面谈或视频连线的方式，对候选人的沟通技巧进行区分和测试。而通过阅读候选者写的短文，他能立刻剔除写作能力差的人。在电话面试中，他会剔除那些说话明显不清楚的人。通过视频或面谈，他可以看出谁明显是"合适的人"或"不合适的人"。最后一步，要求销售（成交人员）候选人和出站拓客候选人做两场简单的演讲，一场关于自己，另一场可以关于任何其他感兴趣的话题。

第八步：设定薪酬预期。保罗通常会建议公司在开展大型新业务（新产品、新团队、新市场）时，尽可能避免采用基于提成的薪酬方案。除非你对自己的销售机器非常了解，否则你不可能制定出明智的提成方案。在你学习的过程中，最好每月向销售人员支付固定金额的工资，或酌情支付奖金，直到你有足够的经验和数据来制定包括提成在内的实用（而非随意）的薪酬方案。如果你过早地给销售团队实行了以提成为主的薪酬方案，当你随意猜测现实的销售和业务目标时（尽管参考了类似公司的情况），你也会把自己置身于一个无利可图的境地。可能会发生这样两种情况：

1. 在极少数情况下，销售团队会超额完成目标，而你（或你的董事会）会因为付给他们"太多钱"而不高兴（尽管每个人都事先同意了），然后销售指标会被提高，提成会被降低，销售代表则因此感到沮丧。

2.（95% 的新产品和新公司都会遇到这种情况）销售团队完全达不到目标，因为这些目标不切实际，而且事后看来很武断。销售团队同样会感到非常沮丧，如果他们至少需要一些提成收入来支付房租等基本费用，他们就可能会陷入经济困境（这绝不是一件好事）。

第九步：给出 offer 并庆祝新同事的加入！

保罗·费菲尔德的最后一个建议

由于过去做出过错误的招聘决定，保罗对这次的招聘工作安排和为什么行之有效也有自己的看法：

> 不要害怕亲力亲为。

- 不要害怕亲力亲为：自己做所有的招聘工作会耗费很多精力和注意力，但只有你自己才能最好地判断你需要什么以及谁适合，所以一定要自己亲自去做。找到合适的招聘人员去做当然会给你带来极大的帮助，但是你应该利用他们来协助你完成招聘工作，而不是希望他们能替你完成招聘工作。你看出其中的区别了吗？

- 不要因急躁而自毁前程：不要让急躁导致你做出错误的招聘决定，日后你会后悔的。最好是多花些时间去找到合适的人选，而一颗老鼠屎可能会坏掉一整锅粥。

- 遵循流程：流程能让你保持理智，确保你不会犯愚蠢的错误，并为包括候选人、你和你的团队在内的所有相关人员创造更好的体验。最重要的是，它可以帮助你避免冲动、急躁或者不恰当的招聘行为。

第十三章

扩大销售团队

一个糟糕的系统每次都会打败一个优秀的人。

——爱德华兹·戴明（Edwards Deming）[1]

如果你的销售人员流失率超过 10%，那问题肯定不在他们身上

与几乎所有其他职能相比，销售文化的不同之处在于，它希望大多数人几乎完全依靠自己的力量取得成功或失败。很多公司认为，"我们雇用 10 名销售人员，任其沉浮，其中四分之一到一半的人都不会成功"。

首席销售官洞察（CSO Insights）[2]研究表明，销售团队的年平均流失率约为 25%（每年的差异为几个百分点），其中一半辞职，一半被解雇。这意味着 100 名销售人员中，每年有 25 人流失。因此，你每年需要招聘（还有培训、提升、交接销售漏斗或客户账户）25 个销售人员来维持现状。

但是，这是在搞什么？你会雇用 10 名人力资源人员，然后期望解雇掉 3 到 5 个吗？那经理、供应链人员呢？如果是 1/4 的工程团队、员工或客户流失了，将肯定是董事会级别的灾难。但在销售部门，这种情况竟然是可以接受的，甚至是意料之中的。

销售团队的流失其实代价特别高，因为随之而来的还有损失时间和机会，以及客户的挫败感。哥们儿，他们是你面对客户的脸面！

回声签公司年收入从 100 万美元增长到 5000 万美元的过程中，销售副总裁布伦登·卡西迪的团队中没有任何人辞职。他们赚了很多钱，知道自己在做什么，而且很开心。那还为什么要离开呢？

---

[1] 著名质量管理专家。（译者注）
[2] CSO Insights 为美国米勒海曼销售咨询及培训公司（Milier Heiman Group）的研究部门，连年发布世界级销售实践调查报告。（译者注）

试着想象一下，你在一家成长中的公司工作，正在努力达到或超过整个团队的销售目标。但在团队内部，你却面临着成长的烦恼，例如：

· 未完成指标：销售团队 30% 到 40% 或更多的人都未能完成指标。

· 团队流失：销售人员来来去去，每年都有 10% 到 50% 的人离职（无论是自愿还是非自愿）。

· 新招聘销售人员的时间不断延长，例如从规模较小时的 2 到 4 个月延长到现在的 6 到 8 个月甚至更长。

· 销售人员的增长速度快于销售线索：随着团队规模的扩大，每个销售代表获得的销售线索越来越少。销售线索的产生跟不上销售团队或销售目标的增长。

尽管处于上面的情况，还包括其他种种原因，董事会却仍然让你继续招聘更多的销售人员来推动增长！这就像往正在加快漏水的桶里加水一样。

不是你的问题，是我的问题

现在咱们说说，一个销售团队有 30% 的人没能完成指标，这到底是人的错还是系统的错？团队中真的有 30% 的人都是雇错了吗？如果你的销售团队每年流失 25%（无论是辞职还是被解雇），这到底是人的问题还是系统的问题？如果现在几乎每个新招聘的销售人员都要花两倍的时间来提升业绩，那么是他们的问题还是你的系统的问题？看出其中的规律了吗？

谁在制定指标和激励措施？谁来定义区域、角色和责任？谁最终负责招聘和培训？谁来提拔、聘用和培训一线的销售经理？

不是销售人员。归根结底，确保销售持续成功是销售副总裁和首席执行官的责任，而不是销售人员个人的责任。你的销售"系统"和环境会对销售人员会产生巨大的影响，或有益或有害。除非你修复这些系统问题，否则你很难获得可重复的成功。

系统缺陷

你扩大销售团队规模的能力取决于你能否将每件事都变成一个系统。无论销售人员出于什么原因离职——无论是未完成指标、对工作不满意还是团队有害群之马——都意味着你的系统存在"缺陷"。

> 你扩大销售团队的能力取决于你是否能将每件事都变成一个系统。

销售团队的自然减员率应该远远低于上面说到的25%——比如每年总体减员10%或更少（自愿减员率为0%）。因为销售团队大量减员、换人不仅会耗费大量的时间、金钱和机会，还会让潜在客户和客户感到沮丧，因为接洽他们的销售人员总是在更换。通常我们预估一名销售人员流失的成本是其年薪的1.5倍到2倍。

按照年薪的2倍来计算，失去5名目标年薪为15万美元的销售人员，成本高达150万美元。

2亿美元的损失？

2013年，有传言称赛富时的3000名销售人员中走了750人（自然减员25%）。如果他们的平均薪酬为每年12.5万美元（可能偏低），那么这笔损失就高达1.875亿美元甚至更高。研究（通常由招聘公司完成）表明，员工流失的实际成本是其薪酬的倍数。

不管怎么说，这么高的离职率会把销售团队和客户的所有事都扰乱。

常见的销售人员流失原因

销售人员高流失率的背后可能有数以百万计的潜在原因，但最常见的有以下三种。

1. 销售线索生成方面：公司没有为销售代表提供足够多的高质量销售线索。
2. 专业化方面：公司的销售专业化程度不高，方法不对，或者不够深入。
3. 管理方面：领导层（主要是首席执行官和销售副总裁）游离于"销售战壕"之外，或者仍然非常传统或保守。我们很喜欢这个说法："人们离开的是经理，而不是公司。"

你的销售人员是否面临成功路上的逆风？

你需要挖掘和发现导致销售团队成员难以成功的问题根本。是他们需要更多的销售线索吗？也有可能是你的产品太弱了或针对的市场不对。

也有可能你是一家销售预期非常怪异的早期公司，或者你的目标市场非常艰难。也有可能是你的某些销售经理或销售领导的管理风格弊大于利。也有可能是你的销售副总裁有点儿疯疯癫癫，只是在一个杂乱无章的系统中随意招了一些人（这种情况时有发生），而你必须在开始工作之前重建这个系统。

不要做假设

除了关注销售线索生成、专业化和销售管理这些方面，你应该去跟你的员工逐一交谈，找出其中的规律，进而找到导致高流失率最主要的一到两个问题。

· 不要一味责怪销售人员，想一想还有哪些因素导致了系统性问题？

· 继续进行一对一辅导，不要让销售人员把整个团队出了问题作为借口而放弃。

· 优秀的销售代表如果有一个优秀的（或者是还不错的）经理以及公平的报酬，他们会更愿意选择留下来。

· 人们离开的是经理，而不是公司。哪些销售经理的团队流失率偏高，为什么？

· 自愿流失率应该为 0。

· 总体流失率应为 10% 或更低，但不会是 0，因为没有一家公司的招聘和辅导工作是完美的。

扩大规模时降低销售人员流失率并提高他们销售积极性的三种方法[1]

马克·罗伯吉（Mark Roberge）帮助 Hubspot 公司将收入从 0 美元扩展到 1 亿美元，将销售人员从 0 人扩展到遍布各国的 425 人。在这个过程中，他也学到了一些东西。在他看来，销售团队存在的最大问题和扩大销售团队时遇到的最大问题有哪些呢？

如何将销售薪酬方案与客户成功联系在一起？

马克认为当今销售领域最大的问题是：销售人员对客户成功关心得不够。在前面的"种子"一章中，我们谈到了要建立一支专门的客户成功团队，但销售的薪酬方案为何会影响客户成功？别管一开始说得多么头头是道，可是到了迫不得已的时候，平庸的销售团队会不择手段地达成交易，然后拿到支票，让其他团队去收拾烂摊子。这也不能全怪他们，高管和他们的老板、股东都希望并要求他们这样做，而交易指标也是衡量销售人员工作成效和薪酬的标准。

在马克看来，问题的根源在于销售薪资。销售团队把 99% 的精力都放在了合

---

[1] 访谈科林·斯图尔特。

同、收入和提成上，而售后服务部就只能得到些残羹冷炙。

货架软件（Shelf ware）之所以存在，就是因为销售团队达成了一百万美元的交易，但客户需要用掉 18 个月的时间才能实施下去，到那个时候，没人会真的去使用它。这种情况在 SaaS 平台之前的软件中很普遍（即使在 SaaS 平台中，这种情况依然存在）。是云订阅模式改变了一切，它减少了实际运用软件或在供应商过度承诺的情况下转向其他供应商过程中产生的摩擦。通过分阶段支付，软件公司有动力让客户满意，而不是在前期榨取尽可能多的钱。人们凭直觉就能理解这一点，但我们的销售薪酬方案制度却没有跟上。

请想一想这种情况：你有两名销售代表，他们今年都完成了 100 万美元的收入。
1. 第一位代表，他的所有客户都很满意，并因此扩大了业务并续签了合同。
2. 而第二位代表的客户却很痛苦，抱怨不断，客户流失严重。

如果你的薪酬模式设定为这两个代表的报酬是一样的，那你就有问题了。马克建议在薪酬方案中加入客户生命同期价值触发因素。

客户流失率和留存率是衡量客户生命周期价值的最佳指标，但用它们与销售薪酬挂钩的话，需要的时间太长。马克认为，如果你的客户在使用你的产品或服务的前两个月内出现了"顿悟时刻（Aha moment）"，就意味着这是一个持续存在的成功。因此，我们可以在销售代表与客户签订合同时支付他们一半的提成，而当那个"顿悟时刻"出现时，再支付他们另一半。

下面是一些关于公司如何知道客户会取得成功的例子，可以参考这些作为标志：

- Dropbox——当客户添加了一台设备、一个文件和一个用户时。
- 美国钉钉——一旦有一个团队交换了 2000 条信息。
- Hubspot——一旦客户使用了该平台 25 项可用功能中的 5 种。
- 推特——当某人关注了其他 30 个人后。

预先设定销售岗位晋升路径

对于一个成功和失败都很容易量化的岗位，通过年度绩效考核来决定每年的薪资涨幅并不合理。这种制度无法激励你的优秀员工更加努力，也无法为他们提供一条晋升更高级别的清晰路径。

取而代之的是，马克建议对销售职位进行分级，每个级别都有明确的里程碑。每个里程碑都应包含销售额、生产率和客户生命同期价值三个部分指标。如果三者都达到了，就可以晋升到更高一级。

以下是 Hubspot 公司的情况（ARR= 年度经常性收入）

- 一级销售助理：5 万美元基本工资 + 5 万美元浮动工资（按 80 万美元年度经常性收入计算 6.25% 的提成）。
  ◇ 里程碑——完成 80 万美元的年度经常性收入，保持客户流失率低于某个数字。
- 二级销售助理：5 万美元基本工资 + 6.6 万美元浮动工资（按 90 万美元年度经常性收入计算 7.33% 的提成）。
  ◇ 里程碑——完成 90 万美元的年度经常性收入，保持客户流失率低于某个数字。
- 三级销售助理：5 万美元基本工资 + 8 万美元浮动工资（按 100 万美元年度经常性收入计算 8% 的提成）。
  ◇ 里程碑——完成 100 万美元的年度经常性收入，保持客户流失率低于某个数字。

你会注意到，我们没有在里程碑中加入任期要求这一项。马克最好的销售代表用了 7 个月就完成第一次晋升，其他人有的则用了 20 个月。这完全取决于他们自己。销售明星们无须等待年度（或任何）绩效考核，就能更快地提升级别。此外，提供清晰而公开的期望值，可以让每个人清楚地了解管理层重视什么。

让销售代表帮助重新设计薪酬方案

马克总是让销售团队参与薪酬方案的重新设计。他会先召开一场"全体大会（town meeting）"，在传达薪酬方案的目标之后，他会让大家畅所欲言，就薪酬结构提出自己的想法。头脑风暴就此开始。随着会议进行，他会分享一些正在考虑优化的结构，并邀请大家提供反馈意见。

作为后续行动，他在公司内网上创建了一个页面，重申了改变薪酬方案的原因，陈述了目标，并描述了一些正在考虑优化的结构。然后，大家会在网上继续讨论，各种想法和反应都会出现。他对大多数意见都给出了回应，而这种形式的在线讨论也让销售人员能在闲暇时及时了解并参与其中。

让销售代表参与帮助重新设计他们的薪酬方案可以减少方案改变可能引发的摩擦：他们有发言权，可以提出自己的疑虑和想法。这种做法可以减少薪酬方案变化带来的冲击，并在新的薪酬方案推出前预先对销售人员进行教育。

奖励：像优步/来福车（Lyft）的司机一样为销售人员评级

这虽然不是马克的建议，但在这里却很适用。你知道哪些销售人员创造了良好的客户体验，哪些过于激进或过度承诺吗？（记住：大喇叭。）如果你不能做到把薪酬与客户的"顿悟一刻"进行挂钩，那么你也许可以让客户给你的销售人员打分。在经历了一连串痛苦的 SaaS 购买经历之后，杰森建议：

1. **问卷调查**：在售出 90 天后，向买家发送一份自动调查问卷，问卷只有一个问题："如果从 1 到 5 分进行打分，您认为您的购买过程能打几分？"在售出后 90 天以内就发送这个问卷会有些为时过早，因为那些由于将产品卖给不需要的客户造成的"流失交易和烧毁型交易"，以及销售代表过度承诺产品功能造成的"虚假宣传交易"，并不会在交易完成后就马上体现出来。

2. **销售得分**：销售代表在个人交易中的销售得分达到 5 星，或总体得分达到 4.8 或更高，就能获得"加速器"奖励分，奖励分可能高达 20%。这个比例已经足够高了。这个加速器可能会替代其他加速器，也可能是唯一的加速器。

3. **公开**：每个销售人员的得分都会对内公布，因此每个人都会知道。当评分较低的销售人员在促成交易时，客户成功部和首席执行官都会收到提醒。这些销售人员与客户的电话也会被监听，以便必要时予以纠正。

最重要的是：让销售人员与客户和公司管理层所关心的成功指标保持一致。即使有了上面这些例子，你仍然需要发挥创造力，因为不同市场的销售团队和客户千差万别。但只要做到这一点，你在短期和长期都将获得回报。

给首席执行官的建议：让非销售部门的负责人也参与灵活薪酬方案

如何让每一位能够对收入产生重大影响的员工的薪酬方案都包含可变收入部分？

我们都同意，销售部门的每个人都必须有提成和高度可变的薪酬结构。我们的意思是，每个对年度计划有重大影响的人都应该有一些可变的薪酬。

· 你的产品副总裁应该有些物质奖励，以激励他们构建正确的功能，这不仅是为了制造出色的产品，也是为了完成年度计划。15% 的可变现金部分和 15% 的超额完成年度计划的奖金；如果没能完成计划，在薪资方面也会有所削减。这个方案如何？

- 你的营销副总裁最好把他的薪酬方案与可以促成年度计划实现的线索或机会承诺挂钩。20% 的可变现金部分如何？如果没有销售线索，他的收入就会不足。但如果计划完成了，他就能分享到额外的收入。

- 最好将你的客户成功副总裁的薪酬方案与实现追加销售、客户保留率或实现负净流失的目标挂钩。30% 以上的可变部分如何？当金钱岌岌可危时，看着他为失去的客户挥洒 10 倍的汗水吧。

- 你的工程副总裁和工程总监需要创建我们需要的东西来实现今年的计划。这里有一个 10%/15%/20% 的可变薪酬方案，怎么样？

- 你的财务总监超额完成了我们的收款目标，银行里多了 30 万美元现金？发点儿奖金怎么样？

"不，我的工程总监不需要可变薪酬，"你说，"我们都是一起的，他有很多的股权。"

也许吧。

> 营收是每个人都可以而且应该支持的具体团队目标。

但不出意外的话，即使对于那些不做销售的专业人员来说，营收也是每个人都可以而且应该支持的具体团队目标。根据工作表现支付薪资是我们每个人都能理解的事情，即使我们从未扛过业绩指标。我们一起完成了计划，你得到了回报，你的资产也更值钱了，这很好。但是，如果他们能因此再多得到 2 万美元——看看这些人会如何改变吧。也许一些资深员工不会改变。但如果奖励是 0 美元，只有资产增值，你很可能无法让团队在达成年度营收计划方面达成一致。

未来，这可能会变得更加困难，你可能需要制定次一级的目标。但在目前，要为所有关键员工制定超额完成营收的奖金方案。

杰森曾与一家公司做过这样的练习：他们在工程副总裁的薪酬方案中加入了可变部分。如果没有完成计划，他的工资就会下降 10%。如果他们完全达到了计划，他就会得到超出基本工资 5% 的奖金。如果超出计划 10%，他就能得到 20% 的奖金。

谈完大约 15 分钟后，工程副总裁就回来找到他，并彻底改变了当年的产品路线图。

你可能会说这是不对的，有可能导致员工过于注重短期利益而忽视长期影响。

也许是这样。但这么做至少给公司创造了达成一致、辩论和讨论的新氛围，一种大家真正共同关注如何实现年度计划的新感觉。

杰森也有过类似的亲身经历。在回声签公司差点儿破产的那段地狱般的日子里，他放弃了自己的工资。在募集到风险资本后，他无薪（只拿股权）工作了大约一年。

然后，在雷曼兄弟公司倒闭、红杉资本（Sequoia Capital）发布《安息吧，黄金时代》（RIP Good Times）的日子里，他做了一件非常自豪的事。他从他的苹果电脑后面走了出来，让两位客户额外预付了60万美元现金。这是在没有任何合同的情况下发生的，而当时"世界正处于末日"。公司净消耗率很低，这笔钱为公司争取到了9个月的时间。

因此，他要求获得10000美元的奖金。他可以不要工资工作，但他需要这笔奖金，因为他为公司带来了资金。他需要一个实实在在的、真正的认可，而只有支票才能做到这一点。

关于这笔奖金的讨论让投资者很迷惘：你需要1万美元的奖金，但你放弃12万美元的薪水？但杰森需要它，因为这证明了他的努力对于完成年度计划是有意义的，也证明了他在世界末日时带来的60万美元额外收入对于年度计划本身也是有意义的。

你团队的其他成员也是如此，他们也需要这样的奖金。

不仅仅是销售人员。

让他们直接考虑营收，这将有助于实现营收。

你的企业交易是否需要很长时间？

早在亚伦创建赛富时的出站拓客团队时，他就知道自己在第四个月已经破解了出站拓客的密码，因为那时的业绩就激增了5倍。这对他来说是显而易见的。但是，赛富时又花了8个月的时间，才下定决心对该团队增加3倍的投资。那真是令人沮丧的8个月！他真希望自己能更了解复杂的购买决策是如何做出的，以及是什么导致了有时进展迅速而有时却很拖沓。

也许你也有类似的苦恼：大公司似乎要花很长的时间（6～12个月或更长）才能决定购买你那"毫无疑问他们需要"的服务。

然而，如果你是一家刚起步的公司，你可能没有意识到，你其实还在摸索自己对于这些公司来说是必需品还是可有可无，你需要锚定一个（新的）细分。也可能是由于你经历过几次早期采用者快速下单购买，让你对主流买家大公司的决策速度产生了完全奇怪的预期。

要记住，大公司通常是集体决策，需要规避风险，而且决策过程可能会变得非常复杂。参与的人越多，决策时间越长。在购买新产品或重要产品时，大公司可能需要6～9个月的时间，因为牵扯的人更多、更复杂、受影响的系统和团队更多，而且风险承受能力更低。这种本质使他们更难购买。

因此，在向他们销售时，你的工作之一不是去"卖"，而是帮助他们去买。这通常意味着你需要帮助公司的主要负责人，也就是想要你的东西的人，在公司内部向他们的同事和老板推销你的东西。

> 你的工作之一不是去"卖"，而是帮助他们去买。

你可能偶尔会遇到一个早期采用者或有远见的首席执行官，他们可以更快地推动事情的发展，但你还是要做好准备，这个过程可能会比你希望的时间更长。嘿，他们关心的是他们自己的时间表，可不是你的。

以下是加快大单销售周期的五个技巧。

1. 找到内部支持者并帮助他们在内部销售：如果你能找到一个在公司有影响力的人，与其向这个人推销，不如帮助他们把你推销给他们的团队。如果没有这样的拥护者或教练员，至少也要找到一个能帮你引路的人，否则你就会卡在那里。深挖你的人际关系网，争取获得更高级别的推荐，把你介绍给首席执行官和/或董事会成员。如果你的人际网络较小，可以查找目标公司的高层管理人员，并尝试采用直接推荐的方式。你传递的信息或方案要能吸引这些高层人士，而不仅仅是个人用户。首席信息官关心的问题与工程师关心的问题往往大相径庭。

2. 关注那些需要你并能更快购买的潜在客户：请忘记所有关于"加快销售周期"的技巧和窍门，要知道让潜在客户加快决策过程就像试图加快解决交通堵塞一样。首先要避免这种情况出现。重点是找到那种更有可能快速购买的潜在客户，这与下一点也有关。

3. 明确你的理想客户画像，并确定它与那些只看不买的公司有什么不同。更新你的细分市场矩阵，搞清楚购买者和试探性买家之间的区别。要具体，不要陷入"人人都想要这个"的误区，不要把精力分散到太多种类的客户身上。

4. 困惑的潜在客户会说"不"。无论你写了什么想去打动你的教授或投资者，但在现实世界中听起来都是废话。如果潜在客户不清楚你的产品能如何帮助他们，他们就会说"不"，即使你知道他们需要你的产品。你要让潜在客户明白你在说什么，最好的办法不是给他们留下深刻的印象，而是保持信息足够简单。也许你需要重新跟潜在客户做一组访谈来帮助你更新你所传递的信息。

5. 展示，不要讲述。他们为什么要相信你和你的说法？你解释得越少、证明得越多，效果就越好。特别是对于大公司来说，人们往往希望看到大量的证明：比如其他和他们相似的公司都取得了成果。

你的潜在客户们不仅会考虑规避风险，同时还会受到其他公司的信息轰炸。这些公司不断吹捧自己所有能想到的优势，但其中很多都虚有其表。我们建议：

· 用案例研究去证明你并非空谈：详细介绍你是如何帮助 ACME 公司在两年内将营业收入从 1000 万美元增长到 5000 万美元的，这比"我们可以帮助你在 12 个月内增长 500%"更具体。

· 得到别人的推荐，尤其是当他们的人际关系网当中有知道你业务的人的时候。

· 你能否为他们免费做些具体工作来证明你的说法，而不是让他们去猜？

· 用演示或仪表盘来开始你的推销，展示你的产品能给他们带来什么，而不用啰唆地介绍你公司的历史。

· 你有没有可以直接展示的样品或视觉资料？有没有可以讲的故事、可以画出来的图表、可以拍出来的视频？

· 你能否让他们亲手使用你的产品，比如，试用版或免费试用期？这两者都可能是一把双刃剑。如果你提供试用，不要指望他们能自己找出精妙之处。在开始之前，先确定成功的试用是什么样的，以及达到目标所需的步骤。

五个关键销售指标[1]

使用这五个经典指标，但要比以往更有洞察力地使用它们。

1. 开放机会的总数和每位销售代表分别持有的数量：统计每个代表在任何给定时间中处理的开放机会的总数，并了解他们每月应该获得多少新机会——不能太少，也不能太多。

如何使用这个指标： 你的销售代表应该获得足够多的新机会，以便在他们渠道中的机会保持一个稳定的数量，（a）让他们有足够多的机会达到他们的业绩数

---

[1] 弗莱德·希尔莫弗（Fred Shilmover），洞察方（InsightSquared）首席执行官。

字，但（b）又不会让他们过于疲惫，以至于开始掉链子。

一个 SaaS 公司的销售代表通常要处理 25～30 个不超过五位数的交易机会。你的情况可能一样，也可能不同。你需要看看你自己的销售历史：你们最好的销售代表应对多少个机会？机会的数量是否因不同的细分市场、客户类型或平均交易规模而有很大差异？什么情况下会出现机会数量太多的问题？

这个指标还可以帮你进行团队健康诊断，判断是否需要大量增加开放机会（通过增加出站拓客），或者团队已经不堪重负（需要增加销售人员）。

2. 最终完成的机会总数和每位销售代表完成的机会数量：计算已完成的机会总数，包括已交易成功和交易失败的机会。

如何使用这个指标：你的销售代表每个月都会完成一定数量的销售交易（无论成功还是失败）。这是一种"通过率"。如果他们没有达成足够多的销售机会，那就要深入研究一下：他们的交易量不够多吗？还是成交效率不够高？他们的销售渠道中是不是满是"希望"，但却一事无成？他们是否没有更新销售系统？

> 高胜率不一定是好事，低胜率也不是坏事。

3. 交易规模：衡量已成功达成交易的平均价值。

如何使用这个指标：掌握这一指标后，你就能轻松地找出那些高于正常交易规模的机会（比如超出平均值 3 倍的），并将它们标记为需要特别关注的机会。此外，如果趋势显示出较小交易达成量有所增加，则可能是一些销售代表把重点放在了"小鱼"上。或者，你的销售代表正在增加折扣。

如果你发现平均交易规模出现了新趋势，那么你就要深入研究你的渠道组合或折扣方案，以便了解发生变化的原因。

4. 交易成功率：衡量在特定的成交期内，你交易成功的机会数量（交易成功的机会）/（交易机会总数：包括交易成功和交易失败的机会）。这个数据没什么大用，除非你能观察到它的发展趋势，或利用它对类似细分市场中的销售代表进行测试，或与类似公司进行比较。

如何使用这个指标：交易成功率"高"不是好事，"低"也不是坏事。无论是哪种情况，你都有机会对自己的销售系统做出明智的判断，发现成功或存在问题的地方。例如，如果你的交易成功率很高，也许是因为你的定价太低！

提高销售团队交易成功率的最简单方法是找到流程中最容易出问题的一两个

步骤，然后从团队"内部"（如采用更好的演示流程）和"外部"（如简化免费试用手续或让定价更简洁明了）两方面着手。

刚开始扩大规模的销售团队经常会出现交易成功率下降的情况。这是因为引进了新人吗？或是销售线索的质量或管理质量发生了变化？还是因为包装、定价或网站发生了变化？你需要深入调查，看清是什么导致了交易机会减少，才能找到根本原因。

> 不要去假设，而是要去调查。

查看你的销售漏斗，了解从每个阶段到交易成功的转化率。如果大多数销售代表都在同一领域遇到困难，那么不要责怪他们，这可能是他们无法控制的因素导致的。指定一名调查员，找出其中的真相，看看究竟发生了什么。

如果某些人的交易成功率一直很高或很低，不要急于下结论，或去批评、指责他们。首先查看他们的数据，找出原因并从中学习。成功率最高的销售代表可能在销售方面很有天赋，也可能是很擅长夸夸其谈或挑好的说。

不要去假设，而是要去调查。将赢单率与其他数据结合起来看，了解完整的情况。例如，口碑营销线索（种子）的赢单率应该远远高于市场营销线索（网）或出站销售线索（矛）。

5. 销售周期：统计你的团队达成一笔交易所需要的平均持续时间（通常以天为单位），最好有每个销售阶段花费时间的统计。

如何使用这个指标：使用这一指标的最佳目的不是了解你的速度有多快；而是机敏地去了解你当前的交易是在正轨上还是遇到了麻烦。如果某个交易机会停滞在某一阶段的时间是平均水平的3倍，啊哦，赶紧标记它！

更快并不总是更好；重要的是要了解怎样的时间框架才能创造成功的交易和赢得客户。例如，有时客户会因操之过急而导致交易失败，因为他们自己也没有尽到责任。

我们计分并不是为了评判这些指标的高低好坏，而是要利用它们来深入了解你的销售系统，并找出最能影响它们的因素。

有关更多在线资源，如与马克·罗伯吉的完整视频访谈，请访问：www.fromimpossible.com/resources。

153

第十四章

写给初创公司

初创公司是一个特殊的类别。

每家科技公司都应提供服务

许多公司，尤其是早期的科技公司，不敢建立专业的服务团队（或用人工方式做任何事情），因为害怕这无法扩展。但是，你不可能扩展那些还不能运作的东西。要了解如何才能让客户满意，最好的办法莫过于与客户携手合作。

特别是如果你是第一次（甚至是第二次）做 SaaS 公司，那么收取"服务"费用的想法可能会像是一种诅咒。我在回声签公司的时候就是这样。

· 如果你的产品非常容易使用，甚至几乎不需要销售人员，我凭什么收取安装费、支持费或者培训费呢？

· 收取服务费是不是有点儿不体面？这会不会给产品贴上老派、笨拙、低级或复杂的标签？

· 服务收入难道不是一种浪费吗？例如，它不是经常性的，也不是真正的年度经常性收入。这还算数吗？

毕竟，我是一家 SaaS 公司。

也许吧，也许对于世界上那 15% 的超级工程师或早期采用者来说，收取服务费毫无意义。

首先，让我们假设你已经把产品做好了。但很可能你还没有，或者还没有达到你认为的程度。服务可以让你的员工直接接触到客户，这是了解哪些客户容易从你的产品中获得价值、哪些客户难以从你的产品中获得价值的最佳途径。

好的，那么你已经搞定了你的产品，正在进军高端市场。让我们来谈谈钱的问题。

事实证明，在绝大多数的 6 位数合同、几乎所有的 7 位数合同和相当多的 5

位数合同中，总是有服务费的部分，而且服务费用几乎总是平均占年度合同价值的15%～20%。

杰森还记得他第一次遇到这种困惑时的情景，那是他在回声签公司时遇到的一份价值高达5位数的合同。他们遭遇激烈的讨价还价。在最后时刻，他们给对方发了一份服务明细表。在年度合同价格被打压之后，他们未经客户的要求就发送的服务明细表，却让他以每小时250美元的服务价格，每年多收获了2万美元的服务费收入。直到成为一家《财富》500强的科技公司副总裁之后，杰森才完全明白这是怎么回事。一旦你明白了，答案就变得非常简单。

首先，中型和大型客户在引入新供应商时，总是需要面临管理上的变化，他们明白这些变化不仅需要成本（软性成本甚至高于硬性成本），也希望能尽可能减少这些变化带来的工作量。如果你能让他们只花几块钱就得到培训，为他们节省大量时间，对他们来说这是一笔非常划算的交易。

> 你的买家希望自己管理上的变化尽可能少。

其次，对于中型和大型客户，他们通常没有人可以自己完成安装落实工作。所以，即使你想为他们省钱，不提供安装落实、推广、支持等服务，他们内部可能也没人能做。如果你可以为他们完成一部分、大部分或全部工作，他们愿意为此付费，至少企业用户是这样。

最重要的是，生意本应如此，服务费用的预算也本来就存在。大多数大公司在将新供应商输入企业资源规划（ERP）系统时，通常会在核心合同价格之外预留一两个额外的预算项目。其中一项就是为成功安装落实软件所需要的其他附加组件（如在赛富时系统上添加回声签组件）增加一个细列项目。这两项的预算通常为产品核心合同价值的15%～20%。因此：

• 对于每月99美元的产品，你可能无法再收取15%～20%的服务、安装落实和培训费用。也许你可以，但这可能无利可图，也不值得。

• 但是，只要销售额达到5位数，就可以考虑增加15%～20%的服务费。你也很可能会得到它。

• 另外，应为5位数以上的交易准备好收取额外服务费并提供额外服务的方案。客户会乐于付费，事实上，他们会期待付费。

如果不收这笔钱你就亏了。因为无论如何，你都必须去收这笔费用。否则你就可能会给客户留下一个负面印象，似乎自己还不那么"企业"，不是一个严肃的供应商。

更重要的是，即使额外的服务收入少于总收入的25%，它仍然应被计算为经常性收入。华尔街、风险投资公司、收购者和所有人都会认为，即使你的收入中只有不到25%的服务收入，你仍然是一家100%的SaaS公司。你将从这些额外的服务收入中获得相同的SaaS年度经常性收入估值倍数：相同的估值倍数，却没有额外的工作，还会多出10%～25%的收入，为企业带来额外的、不会稀释的现金流入。何乐而不为呢？

所以，不要轻易放弃服务收入。

杰森投资了什么，你需要筹集资金来扩大规模吗？

根据我在自己的风险投资基金SaaStr的经验，我在投资其他公司时会看重的点有两个半：一是优秀的创始人，二是优于平均水平的经济效益（他们赚钱有多容易），还有另外"半个点"就是公司的业务领域在一两年后会不会有可能变得很有趣。

1. 伟大的创始人：因为我自己也曾是SaaS公司的创始人，所以我希望投资那些相比之下比我更优秀的创始人。他们现在可能不如我知道得多，但他们会不会比我在同样年龄时更优秀？

2. 优于平均水平的经济效益：我想寻找的公司必须比我在回声签时的经济效益更好。如果你在以1000美元的价格出售东西，但同样的工作量却可以收取10000美元的费用，那就简单了10倍。

> 如果你在以1000美元的价格出售东西，但同样的工作量却可以收取10000美元的费用，那就简单了10倍。

3. 有趣的领域：我希望找到一些总体来说处于良好发展领域的东西。市场总是在变化，但我希望我支持的企业所处的领域未来有可能吸引到其他人的投资。

既容易又困难

最优秀的初创企业，如祖睿科技、美国钉钉或会谈桌，一旦找对了细分市场，就能以前所未有的速度成长。另外，产品与市场的契合却比以往任何时候都更难。市场上杂音越来越多，几十家公司都在追逐同一个市场领域，用户的期望值也变得更高。好创意过去是一毛钱一打，现在已经是一分钱一打了。

做大

专业的风险投资公司需要 10 亿美元的退出资金才能算是获得了成功。因此，风险投资公司只关注那些至少试图建立价值数十亿美元的企业的人。天使投资人和做超级早期项目的投资人则有着更广泛的目标。但对于更大的风险投资公司来说，他们必须投资给那些非常疯狂的人，他们的想法看似疯狂，但只有在事后看来才是绝妙的。爱彼迎（Airbnb）一开始听起来就很疯狂，但现在他们做得非常好。

是什么让你获得资助？

最简单的方法就是用两两矩阵来思考这个问题：驱动力（市场驱动或用户驱动）和团队。创始人经常犯的错误是，他们没有意识到没有团队或没有牵引力都意味着没有支票。他们一度认为，只要有两者其中之一，就能筹到钱。如果你在 SaaS 领域还没有客户，就不要向风险投资人甚至老练的天使投资人要钱。他们不会出资的。你的团队必须在社会上得到一些证明或者搞出点儿名堂，才可能获得投资。

初创企业没有资金也能发展吗？

要想在没有资金的情况下发展壮大，通常必须先专注于低端业务，然后再从低端业务发展壮大。最初先专注于小型交易，然后再努力转向企业级交易，这才是 SaaS 最赚钱的部分。

> 最初先专注于小型交易，然后再努力转向企业级交易，这才是 SaaS 最赚钱的部分。

如果你能经常达成 6 位数、7 位数或 8 位数的交易，这些交易的利润就非常可观。但你需要一支专业的销售团队。你需要一个光鲜的品牌、一个时尚的网站，以及各种材料物资。你需要一个能处理额外要求的开发团队、服务人员和专业的客户成功人员。所以你需要投入资金——比如为了给那些拿 6 位数薪水的人支付薪酬。没有数百万的资金，很难做到这一点。

如果你想在没有任何资金（或极少资金）的情况下开展业务，你几乎总是要从底层做起。但你不必永远只做小生意，你可以在起步后向高端发展。Box 就是以免费产品起家的，但现在免费产品只占其收入的不到 1%。但对于我们中的大多数人来说，如果你经营的是真正的企业，没有资金是不可能运转的，因为我们需要有人干活。

给希望我投资的人的建议

到 SaaStr.com 网站上了解我的基金的最新情况以及联系方式。给我发一封详细的电子邮件，附上演示文稿、每个指标以及为什么说你正在创建一个伟大的东西。

我几乎都会看。这些我都做过很多，因此会在线下推进很多项目。说服我的诀窍不在于台词的精彩，所以不要给我发固定的标准文档或没有实质内容的预告片。

初创企业的关键指标

很多 SaaS 业内人士其实比我更关心指标，但我的经验是很多指标在早期并不重要。我并不关心你的客户生命同期价值（LTV）是多少，也不在乎你的获客成本（CAC）是多少，因为如果你有一个很棒的初创公司，那么在早期，这些指标总是很低，之后就会变得很高。

如果你拥有真正的企业客户，他们会维持大约 5 到 7 年。如果你是在向使用信用卡的小型企业销售，那么他们每月的流失率约为 3% 至 4%。这听起来似乎不多，但每月 4% 的流失率意味着一年内你会失去约 48% 的客户。

我只需要知道：

1. 你的增长最高纪录是多少？
2. 你烧了多少钱？

有了这两个指标，我就能知道你的公司总体来说怎么样。我只对一件事感兴趣：那就是一家初创公司在收入达到 100 万美元之后，在不大出血的前提下，是否能每月至少增长 15%。只要烧钱率还可以忍受，如果你的公司能每月增长 15% 或更多，能有 100 万美元的收入，有着优秀的创始人并处于一个很棒的业务领域，那我很可能就要给你写支票了。

比我更出色的创始人，以及能在 5 个季度或更短时间内让年度经常性收入从 100 万美元增长到 1000 万美元的能力——这才是能吸引我的注意力的东西。除此之外，我并不关心你的 SaaS 产品是做什么的。

第十四章　写给初创公司

美国钉钉公司和会谈桌公司在 5 个季度或更短时间内做到了这一点。最优秀的企业都能做到。这不仅仅是因为他们的创始人更优秀（事实上，他们并没有比其他人优秀多少），而是因为所有市场都在不断变大。首席信息官用于 SaaS 产品的预算比例比以往任何时候都要高，而且还在不断增长。现在，只要这些预算的 1% 被用于 SaaS，这个市场规模就可以养活许多数十亿美元的初创企业。

> 你是否能在 5 个季度或更短的时间内将年度经常性收入从 100 万美元增长到 1000 万美元？

一家 100 人左右的 SaaS 公司是什么样子？

对于早期阶段的公司（年收入 200 万美元以下），当他们试图将年收入提升至 1000 万美元甚至更高时，往往会对公司所需的人员和角色数量感到震惊。SaaS 公司需要许多工程以外的职能，尤其是在销售驱动的情况下：出站营销、SDR、入站营销、现场销售、市场营销、客户成功、客户支持、更复杂的产品管理，等等。粗略来说，大多数创始人需要招聘的人数往往是最初计划的两倍。让我们来详细分析一下。

假设你的公司资金状况良好，一般当年度经常性收入达到 1000 万美元时，你可能有 100 名员工，或者至少有 1500 万美元的年度经常性收入。如果公司是销售驱动的模式，那会是个什么样子？你不再排斥销售，不会只是等待销售线索自然产生，而是会积极投资，加快销售线索和销售额的增长。

假设销售额每年以 100% 的速度增长，并且你希望年度经常性收入在下一年达到 2000 万美元。

> 不要将此作为招聘路线图。这些指导原则只是帮助你了解可能的人员数量，而不是告诉你要招聘谁和招聘多少人。

在销售方面，年度经常性收入为 1000 万美元时我们需要大约 40 名员工（假设第二年要增长 100%）：

- 我们需要 1 名销售副总裁，可能还需要 1 名销售运营副总裁或销售运营总监，以及他手下至少1名分析师（已经达到3人）。假设需要20名销售代表来完成2000万美元的年度经常性收入计划，因为我们明年的年收入将增加1000万美元，到年底时需要的人还会更多（这就是适宜产出的指标）。实际上，随着新的预算/年度经常性收入的增加，到年中时，我们就会需要更多的人手了。所以，我们得把人员预算设为25个。

·我们至少需要8名SDR来处理销售线索生成、出站拓客和入站销售线索响应。不同公司情况千差万别，但就建立模型而言，1∶3的比例是不错的选择。许多公司都在市场营销部内设立SDR团队，这样市场营销部就可以全权负责销售线索生成的配额。

·我们大概需要3～4名销售总监来管理25名销售代表（每名总监管理8名销售代表的标准比例效果比较好）。

·我甚至没有把这个问题细分为小型企业和大型企业，内部销售和现场销售。当年度经常性收入达到1000万美元时，你可能希望有2～3人专门负责大宗交易的现场销售。

在客户成功部门，我们很可能需要大约20名员工：

·假设每150万美元年度经常性收入配置1位客户成功经理，我们将需要大约15名客户成功经理来完成明年的计划。不过我们也可以在今年晚些时候再招聘一些，因此我们可以暂时定为15名。

·我们需要1名副总裁负责管理客户成功，2名总监分别各管一半的客户成功经理，可能还需要1名分析师提供数据分析支持等（共4人）。

在市场营销方面，根据外部供应商的不同，员工人数也会有所不同，但我估计会有4～8名员工：

·营销副总裁

·需求生成总监

·现场营销（活动等）总监

·内容营销专员

·产品营销专员

·可能需要市场营销部自己的"销售线索质量管理"代表（2～3名），负责管理合格的营销销售线索。

在客户支持方面，我们想要提供7×24全天候的客户支持，包括电话支持。假设需要至少5名员工，最好是6名。

好了，我们现在都已经有将近70人了，却连1个工程师都没有！

现在，让我们看看产品和工程部门。

产品部门至少需要4名员工，即便如此人数也可能不太够：

- 1个产品副总裁进行整体管理
- 2～3名产品经理，负责管理产品的细分、集成、发布等工作

在我们可能需要3～4个人负责开发运营/技术运营，以确保7×24全天候覆盖。说真的，4个人比3个人要好得多。呼叫轮班制真的很累人，弄不好会需要6～7个人。

工程部需要20人，包括2个5～8人的小团队，外加几个疯狂开发新一代产品的工程师，以及几个专门负责修修补补、后端工作等的人。我们还希望工程部能有2名设计师，来与前端团队进行衔接。

最后，我们还需要质检工程师，至少8名质检工程师和1名质检经理。你可以使用雨林质检（RainforestQA）或其他软件工具来减少质检人数。否则，最好假定1∶2的覆盖率。也就是说如果有20名工程师在写代码，我们的质检团队至少需要8个人，一旦工作忙起来了，还要再配1个团队负责人。

因此，在年度经常性收入达到1000万美元左右的情况下，你需要40名产品和工程设计人员。这样总人数就达到110人了，还要再加上行政、财务等部门的人手。

我们知道人数已经超过之前所说的100人了，那么就按比例削减一些。但如果你想实现你的增长计划，你就需要这些额外的人手。

请注意，我们在销售、市场营销和客户服务方面的投入要比一般的上市公司业绩模型多得多（一般模型中，销售和市场营销的投入约占收入的30%）。但这往往是因为在同样阶段他们的增长速度比你们慢，他们的指标更大，以及/或者他们在客户成功方面的投入没有你们那么积极。

换句话说，你要考虑到，在年度经常性收入为1000万美元的SaaS企业中，大部分员工并不是在开发产品，而是在直接或间接地参与或支持销售和营销。

> 在年度经常性收入为1000万美元的SaaS企业中，大部分员工并不是在开发产品，而是在直接或间接地参与或支持销售和营销。

更多在线资源，如《前1000名员工：与祖睿科技一起打造真正优秀的团队》，请访问：www.fromimpossible.com/resources。

04

第四部分
CHAPTER
让你的交易规模翻倍

> 令人痛苦的真相：小交易难以成就大事业。

第十五章

关于交易规模的数学问题

尽快推动自己进入高端市场。这一章将告诉你理由。

你需要5000万用户才能让免费服务奏效

杰森在回声签公司用了6年多的时间打造了网上领先的免费增值模式的电子签名服务。他明白了一件重要的事：在假设免费产品能带来多少收入以及有多少用户会选择从免费版本升级到付费版本时，几乎所有人都会算错账。人们总是试图相信这样一个童话——发布免费产品就会产生一波波的入站粉丝，这些粉丝又很大概率会转化为付费用户。

然而现实情况是，指望免费增值模式给你带来大部分收入十有八九是靠不住的，尤其是当你想做大的时候。在第一世界[1]，依靠免费增值模式获得1亿美元收入的企业可没几个。

我们来算一笔账：

· 假设你每月能从每个付费用户身上获得10美元的收入（很多时候还做不到）。

· 要做到1亿美元的业务，你需要将近100万个付费用户才能达到这个数字。

· 为简单起见，假设活跃用户转化为付费用户的转化率为2%，则你需要5000万个活跃用户——不是虚假的用户，不是注册后从未回访的那些人，也不是那些一年只用一次的用户，而是5000万活跃、有激情、认真参与并规律地使用你的业务的用户。这极其困难，但可以实现。脸书现在有10亿用户，推特用户已经超过了10亿，缤趣（Pinterest）用户也可能会达到10亿，但对于SOHO（小型

---

[1] The First World，指世界上最富有的国家，这些国家的工业和贸易都非常发达。有些人认为这种表达方式令人反感。（译者注）

办公或家庭办公）或 SMB（中小型企业）应用来说，100 万付费用户几乎是不可能达到的。除了财捷软件（Intuit）、微软、奥多比（Adobe）和贝宝，拥有 100 万企业客户或 5000 万活跃用户的企业并不多。即使你只想创建一个价值 1000 万美元的企业，你仍然需要 500 万的活跃（不是总数）免费用户。这也很困难。

那么，免费增值模式是否无望创造 1 亿美元的业务呢？绝对不是。它可以创造、建立并播种它。

例如，在回声签公司，纯粹的免费增值（即没有人工参与，人们从免费版本开始，然后自动购买某种升级）收入从未超过收入的 40%。当他们的年度经常性收入突破 1000 万美元时，免费增值模式带来的销售额比例就开始下降，而且从未超过收入的三分之一。

另一个很好的例子是 Box 公司。Box 为了突破 1 亿美元的收入，从免费产品为主逐渐向企业级产品倾斜过渡，以达成 6 位数和 7 位数的年度订阅交易。如今，免费产品只占其收入的一小部分。

Dropbox 的免费增值产品收入超过了 1 亿美元，但他们当时的用户数量已接近 5 亿。这证明，要想让免费增值服务达到 9 位数的规模，你需要有好几亿的用户真正、积极地使用你的产品。最重要的是，Dropbox 的增长依靠的是个人消费者，而不是企业。

> 免费增值模式本身有局限性，但它有助于打造你的品牌。

免费增值模式可以让你接触到数百万人，从而创造出销售线索。其中一些线索很差，有一些质量合格，其中大部分线索都应该交给销售人员。这些人已经使用过产品，也喜欢这个产品，几乎已经准备好要购买了。但在购买之前，他们有些问题还是需要得到回答。

纯粹的、自动化的免费增值模式——你建立一个网站，然后钱就自动滚进来了——如果能奏效，会是一个非常美好的愿景。然而如果你还没有做过，你会发现要实现它比你想象的要难得多。

仅靠这个模式做出来，然后等人高价收购？有可能，但可能性很小。重要的是，不要去相信某个免费的东西就能带来神奇增长曲线的梦话。免费的产品只是一个起点。你可以从这里开始起步，并在此基础上继续发展，增加更多的定价层级，推动更大的公司购买更大的套餐。

小交易助你起步，大交易推动增长

哪种方式能最快实现 500 万美元的收入：以每份 5 美元的价格销售 100 万份订单，还是以每份 5 万美元的价格销售 100 份订单，还是以每份 50 万美元的价格销售 10 份订单？

不用非得有数百万用户，你也能赚到数百万美元。

赛富时、回声签、会谈桌、Twilio 或任何其他快速增长的 SaaS 公司，如果坚持以每个月几块钱或几十块钱的价格销售少量订阅，就不会发展得那么快。

它们都从简单的产品起步，然后走向高端市场。赛富时最初一笔交易只包含几个用户，每个用户 50 美元。3 年内，他们就开始做每笔包含 1000 个用户的交易，每个用户 125 美元。再过了几年，他们一笔交易就包含数万个用户，而每个用户 300 美元（标价）。赛富时非常重视销售（和交付）用户量大的交易，同时想方设法创建更高端的套餐——这两者结合在一起，创造了巨大的收入加速。

当你试图实现飞跃式增长时，努力将你的平均销售规模翻一番，就像你努力寻找和达成两倍金额的交易一样。或者，如果你已经有了运转良好的销售线索生成机器，那么你就可以实现四倍增长——在销售线索翻倍的同时，交易规模也翻倍。

> 努力将平均销售规模翻一番的同时，也要努力寻找和达成两倍金额的交易。

你可以通过有针对性的线索生成、改变定价、设计更高端套餐、提供企业级的优质产品、精心开发渠道合作伙伴等多种方式来实现这一目标。这不会一蹴而就，但你可以采取具体的步骤来实现。

让我们先从这个问题开始："要完成比我们现在规模大 10 倍的交易，必须具备哪些条件？"

许多创业者，尤其是初次创业者，对人们愿意支付的金额期望过低。经验丰富的高管也很容易因为惰性或习惯而在部门或团队中陷入刻板的认识。想要突破自己的局限，找到办法让来自每名客户的收入翻上一番或两番，就还要提出下面的问题：

· 怎样才能让我们的收入增长 10 倍？

·怎样才能使我们最大的销售规模增长10倍？

·在什么样的客户眼中，我们的解决方案价值是目前收费的10倍？我们怎样才能找到他们并与他们合作？

这种方法适用于正在努力实现百万美元销售额的初创公司——这些公司需要进行"理智检查"，因为他们正在追逐500美元或1000美元的客户，却没有进行过漏斗计算，没有意识到他们可能需要成百上千个客户才能实现营收目标！

这种方法适用于那些沉迷于获取新客户而忽略了增加收入的公司，而增加收入与获取新客户不是同一件事。

除了苹果应用商店的前0.1%，大多数公司都在努力营销和销售大量的小额交易。如何才能让交易额大一些呢？举些例子：

·SaaS产品：要卖掉50个、500个或5000个用户席位的套餐，需要哪些管理功能？

·免费增值或廉价产品：企业用户急需什么产品，以至于愿意支付5位数、6位数甚至7位数的年度订阅费？或者，什么样的渠道和分销合作伙伴会拥有大量渴望得到你产品的受众呢？

·智能手机应用程序：有没有办法向企业出售批量套餐？或者将技术或你的独特专长转售给其他企业？

·书籍、在线课程或工作坊：有没有合作伙伴可以帮助销售大宗订单？怎样才能让咨询/服务费用达到5位数，然后达到6位数，再到7位数？

·牛仔裤或T恤：什么样的公司会批量购买这些产品？或者成为你销售大量产品获利的绝佳渠道？［每出现一个"Threadless（无线T恤）"[1]的成功案例，就可能同时还有另外50家公司在艰难地直销单件T恤和其他小商品来赚钱。］

我们对小订单的爱与恨

无论是软件、产品还是服务，当大多数人开始创业时，我们自然都想尽可能地获得客户。这通常意味着较小的交易，经常是从免费的到几千美元的不等。"小"是一个很好的起点，因为它更容易让事情开展起来，也更容易随时调整。此外，你还可以从小客户那里获得宝贵的反馈、案例研究和社区效应。

此外，小企业可能更容易缺乏组织，更容易对自身的规划不确定。他们往往

---

[1] Threadless（无线T恤），是一家美国在线创意T恤发布销售平台。网站每星期都会收到1000件以上的T恤设计，经过几十万的社群会员票选然后再生产上市。

只能求生存而无法思考如何发展。他们无法一次性投入太多，不能提前支付现金，还可能会冲动购买，或者缺乏时间、人员或资金来 100% 地跟进业务。

我们并不是说小生意不好，它们很好，也是我们经济的支柱。但不要指望通过小交易或小客户能做成大生意。

> 不要指望通过小订单或小客户能做成大生意。

我们为什么喜欢大订单

当你的业务开始起步时，在不增加工作时间的情况下实现翻倍增长的最佳方法之一就是达成更大的订单。

有了更大的订单，你将：(a) 赚到更多的钱，(b) 付出更少的努力，(c) 帮助客户取得更大的成功。如果你的销售对象很接近你的理想客户，那么达成一笔 10 万美元的订单应该不会比达成一笔 1 万美元的订单费力多少，甚至可能不会花费更多时间。因此，如果需要花费 2~3 倍的时间和精力但能获得 10 倍的收入，而你的客户也能获得 10 倍价值，那么这一切都是值得的！

在向有更大需求的大公司销售时，不要害怕提高价格。更大的订单可能需要更长的时间才能达成，但它们值得等待。

交易规模并不决定销售周期的长短。影响销售周期的因素有：

- 明确细分市场定位，尤其是要成为对方高管的真正需求，而不是可有可无、锦上添花的东西；
- 对方参与购买决策的人数（公司越大，参与的人数越多，决策越复杂，需要的时间也就越长）；
- 以价值而非价格进行销售，要拥有客户从其他地方无法获得的独特优势；
- 有足够的能力来展示可信的成果证明。

此外，更大的订单可以为客户带来更好的成果：

- 更好的服务：你可以将客户服务 / 客户成功人员的工作重点放在更少的客户身上，确保客户从你的产品中获得最大的价值。
- 更多承诺：只要你不是把产品卖给那些不合适或还没准备好的人，那么更大的订单应该会导致公司有更大的需求、承诺和资源来充分利用你的产品。
- 更多预付现金：大公司往往意味着有大量现金或资金，这些公司可以为

1～3年的合同预付现金，这对成长中的企业非常重要！

两全其美

我们要明确一点：我们不是要你放弃小订单。你要利用小订单起步，感谢并爱护这些客户，但不要把自己限制在小订单上。在互联网出现之前，企业要么专注于大量的小订单客户，要么专注于大客户和大订单。而现在，企业可以将它们相互融合，建立一个由小型、中型和大型客户组成的客户群。诀窍在于将其中一种客户作为主营业务，同时将其他的作为有益的补充。

第十六章

不要太大，也不要太小

小交易会让你沉沦，但大交易也一样。马克·萨斯特（Mark Suster）把客户想象成三种动物：兔子、鹿和大象，并提出了一个比喻："大多数初创公司都应该是猎鹿人。"他的意思是对于处于早期阶段的公司来说，要专注于鹿（规模合适的交易），避开兔子（规模太小）和大象（是指最大型的公司和交易，这些公司和交易很难去做销售，也很难做好服务，他们要求很高，也很难帮助他们取得成功）。

马克写道："成为大象猎人在很多方面都很诱人。如果你能杀死一头大象，它身上的肉够你吃上很长时间。但大象很难捕捉，需要一整队的人才能把它制服，还需要特殊的工具。如果不成功，你可能就会饿死。如果你真的抓住了它们，情况可能会更糟。所以在早期阶段要避开大象。"

牧羊少年大卫可以战胜巨人战士歌利亚[1]，但你的人生可不是神话。对待最大的交易和公司一定要机灵点，这样你才能：

- 切合实际地达成交易；
- 切合实际地帮助大客户取得巨大的成功；
- 不会因为大客户新的产品要求或过高的服务水平期望而使你的业务偏离正轨。

当你无法将小交易变成大交易时

如果你与大公司做了很多小交易，但都没有转化为更大的机会，那一定是出了问题。可能是因为你的销售额还不够高，或者产品不符合客户需求；也可能是因为你没有用正确的方法向客户解释；也可能是你太过急躁而事情还不够火候。

找出改进方法可能很简单，只需让销售人员围坐在一张桌子旁，聊一聊在将小交易转化为大交易的过程中，哪些方法有效，哪些方法行不通，然后再提出新的计划。例如，你可能急于在大公司进行试点/试用，但这动作太快了，在启动试

---

[1] 源自《圣经·旧约·撒母耳记》中的著名故事。（译者注）

用或付费试点之前，最好放慢速度，让更多高管参与进来。或者，你可能认为大公司的小交易也很重要。但实际上，如果 IBM 的某个人购买了你一个或五个产品许可证，他的副总裁不大可能会知道，甚至也不会关心。

你不能因为公司的某个部门使用了你的产品，就想当然认为其他部门的人会自动发现。让事情自行发生往往需要很长时间，甚至根本不会发生。不要害怕把事情掌握在自己手中，系统而明确地要求别人推荐你，如果推荐无效，就直接对其他部门的高级管理人员进行开发。耐心与被动可不是一回事。

> 耐心和被动可不是一回事儿。

忽视我们的建议

如果你在争取更大交易的过程中遇到了某个问题，那么你可以忽视我们在这里或整本书中所讲到的任何事情或全部建议，不用为此感到害怕。不要因为我们这么说，或者某个投资人、某个大人物（比如马克·贝尼奥夫或你的兄弟鲍勃）这么说，你就去做某件事情。扎克伯格的做法只对扎克伯格有用。一定要独立思考，根据自己的具体情况采纳别人的主意并加以调整。嘿，如果你能把小额交易合并处理而且进展顺利，那就继续做下去！或者，你的经验仅限于小额交易或更多消费者类型的客户，那就发挥你的优势：多做已经成功过的事情。

在已经成功的基础上再接再厉，比从头做起要容易得多。

如果你有各种规模的客户

有一次，我们与一位优秀的企业家 / 首席执行官交谈，他当时的年收入只有几百万，但增长很快。他的客户构成大致分为三类（见图 16.1）。

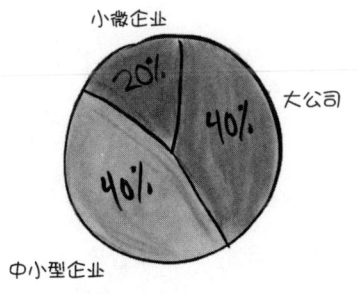

图 16.1 你分别有多少收入来自不同的客户群？

1. 大客户（财富500强/全球2000强类型）——数量不多，但每个客户都支付很多钱；

2. 中小型企业，每家每年支付四、五位数；

3. 一大批非常小的企业，单个企业支付的费用很少，但作为一个群体支付的费用很高。

他问我们应该把赌注压在哪里。一方面，他们最大的客户非常重要，并且正在创造6位数的交易。但另一方面，这些大客户却并不占收入的大部分，而且需要的工作量很大。

他给我们看了按收入排名的客户名单。他最大的客户是一家财富500强企业的领头羊，每年向他支付10万美元。杰森告诉他，鉴于他所解决问题的重要性及其对整个企业的影响，他非常确信，这个排名第一的客户每年至少可以支付给他们30万美元。首席执行官转过身来点了点头："太神奇了！事实上，前几天他们也是这么告诉我们的——我们值30万美元！"

事实上，这并不难。因为他的SaaS公司拥有的东西，你的公司可能也拥有：一个可被各种规模的企业使用的应用程序。如果你的公司确实有，那你就要决定你销售的是工具还是解决方案。

选择哪种方式并不总是显而易见。上图中的40/40/20的比例却出乎意料地常见。这基本上就是回声签、网讯（WebEx）和赛富时早年的情况。许多能被各种规模企业使用的应用程序都有着类似的情况。

但是，一旦你的年度经常性收入达到哪怕100万美元，你就需要下一个重大的赌注：哪个细分市场将作为你销售团队的首要目标？

如果你有多个占收入10%或更多的业务板块，你需要以某种方式为它们全部提供服务。如果在12个月、24个月或30个月后，你还在努力寻找可以让你的业务再增长10%的渠道，那么你肯定会后悔曾经任由它们萎缩！

> 如果你有多个占收入10%或更多的业务板块，你需要以某种方式为它们全部提供服务。但必须有一个业务板块是最重要的，即"第一优先级"。

必须选出一个板块作为核心业务。当你看到这个细分市场的发展时，你必须做出决定。我是应该像Dropbox一样，主要面向小用户的大众市场，覆盖尽可能多的区域？还是应该像 Box 一样，瞄准更大的交易来实现收入增长？我是更像 Hubspot（中型）或邮件猩猩（MailChimp）（小型）为主，还是更像 Marketo（大型）？也许此时你觉得选哪种都可以。归根结底，有两个主要因素要考虑：

1. 要明白，与工具相比，通过销售解决方案，你可以在特定企业客户身上获得 3 到 20 倍的收入。杰森曾在一家财富 500 强公司担任副总裁，他可以告诉你，作为副总裁，他基本上不可能为一个网络工具支付 10 万美元。当需求到达采购部时，很难找到人会为一个工具支付超过 2 万美元的费用。从来不会有多余的预算来购买一个 6 位数的工具，好让员工更方便（虽然可悲）。但如果是个解决方案呢？可以解决计费问题呢？可以围绕配置报价软件（CPQ）解决客户成功问题呢？如果你全力以赴，彻底解决一个企业经营的核心问题，你可以获得 2000 万美元。赛富时就从许多大客户那里获得了 2000 万美元（甚至更高）的收入。

我们的观点是，如果你能给大公司解决一个真正的业务流程痛点，那么获得 6 位数金额的合同是比较容易的（相对而言）。在大公司，解决这些问题的成本非常高。如果我是《财富》500 强公司的副总裁，雇人做成任何事情都要花费 20 万到 50 万美元，而且要花很长时间。如果你能为我解决掉一个真正的问题，我有 2000 万美元的预算，花个 1%~2% 用来解决问题对我来说很简单。使用另一种工具？这不在我的清单上。如果只是工具，预算就低得可以忽略不计了。5000 美元还行，花 10000~15000 美元买一个工具，也许还行。超过这个数就别烦我了，我是公司副总裁——我有真正的问题要解决。

2. 你需要更多的人员和流程（以及功能和软件开发）来提供真正的解决方案。即使你针对的业务流程基本相同，你也无法像销售工具一样同时拥有销售、供给、实施和支持解决方案的功能。你很可能会需要几位解决方案架构师，可能需要坐飞机去现场工作，可能需要客户经理、专职的专业服务团队和成熟的客户成功经理。你可能需要更复杂的技术操作和网络操作方法，以及灾难恢复方案和企业级安全措施。你可能需要己方的首席信息官与对方的首席信息官进行沟通。你可能需要更多更昂贵的销售人员。Dropbox 在营收达到 1 亿美元之前，其实并不需要销售人员，后来他们决定增加解决方案的销售。但 Box 很早就在这方面加倍努力，虽然他们达到 1 亿美元的速度稍慢，但他们更快地拥有了第 100 万个用户。

举例说明两者的区别：回声签是一个可以让你在互联网上签署合同的工具，同时也作为一个非常复杂的解决方案进行销售。它可以完全自动化地创建、签署、传输和管理由数千份动态文档组成的数百万份合同，让整个企业的数百个业务流程实现自动化。这两款产品共享一套核心功能，但外延功能和支持却大相径庭。前者价值约为每月 15 美元，后者的价值可能是每年 100 万美元。

如果你的客户类型非常宽泛且混杂，我们不会告诉你该选择哪种方式。但从计算结果来看，站在那些可以一次支付超过 10 万美元的大客户肩上，要达到 1 亿美元的年度经常性收入并实现 IPO 还是很容易的。毕竟，你只需要 1000 个这样的客户，就能达到 1 亿美元的年度经常性收入。想达到 6 位数和 7 位数的价位，你要卖的是解决重大问题的方案，而不仅仅是一个工具。

> 站在那些可以一次支付超过 10 万美元的大客户肩上，要达到 1 亿美元的年度经常性收入并实现 IPO 还是很容易的。

不要惧怕解决方案。不要惧怕专业服务团队、解决方案架构师或销售工程师。在内心深处，我们中的许多人更愿意坐在自己的办公桌或 iPad 前，看着客户来来往往，而不与人交流。如果你能以这种方式获得 100 万个付费客户，那也许也是个不错的选择。

但无论你做什么，都不要将高成本做出的解决方案困在一个工具类的低价位上——那是死亡之吻。

第十七章

走向高端市场

你已经拥有了一个好东西？那也许是时候推动自己在销售人员、定价方面加大投入，以及争取更大、更复杂的客户了。

如果你不想要销售人员……

很多人都想避免雇用销售人员。他们会问："我到底需不需要销售人员？美国钉钉（Slack）和Atlassian（目前）都还没有销售人员，我就不能采用Basecamp[1]的模式吗？难道我就不能有几个'首席幸福官'[2]来让客户非常满意，从而不断推荐新客户给我，人们直接购买我的产品，这样我不就什么都不用做，也不需要销售吗？"

呃，也许你能行，祝你成功。只要你的企业有足够的动力在没有真正的销售团队的情况下继续实现你的收入目标，那么从字面上来说，你就不"需要"销售团队，但你很可能"想要"一个销售团队。也许你（现在）的目标太低了。

很多没有管理过企业收入的创始人可能会反销售的。如果他们没有亲自参与过优秀的销售团队或与他们共事过，在他们眼中销售就是业务中令人不快的一部分。

"销售不就是一群人通过虚拟电话试图让人们购买他们并非真正需要的东西吗？如果我的产品如此出色，只要我有'幸福官'回答客户问题并推动事情发展，我的产品难道不应该自动卖出去吗？"

而且，我们已经在这样做了。但这样做明智吗？

依赖"幸福官"带来的问题有三个方面。

---

[1] Basecamp模式强调以小为美，注重产品的简单性和用户体验，以及通过口碑传播来吸引客户。（译者注）
[2] 客户幸福官主要关注客户的整体幸福感和满意度，致力于通过提供卓越的服务与支持，增强客户的情感连接和忠诚度。与客户成功经理虽然都致力于提升客户体验，但职责重心、工作内容和评估标准存在明显差异。（译者注）

首先，在市场底端行得通的策略，在向高端市场倾斜时可能就行不通了。自助服务（和近乎自助服务）模式可以与"幸福官"配合得很好。"幸福官"的部分工作目标是提供夸张的客户支持，即不仅要被动反应，还要主动出击。不仅要回复单子，还要确保客户对产品感到满意并忠实于产品。这是市场底端的好策略。

> 在市场底端行得通的策略，在向高端市场倾斜时可能就行不通了。

虽然在稍高一些的价位上，比如99美元/月或299美元/月，甚至5000美元/年的合同价值，这种策略可能都仍然有效，但在许多高于这个价位的交易中，你的潜在客户——至少其中一部分人会希望与真正的销售人员交谈。在这方面，"幸福官"也许可以做得不错，但对于那些希望与销售人员交谈的人来说，销售人员才是最合适的人选，尤其是当他们希望你能帮助他们向高管推销你的产品时！

其次，也许是最重要的一点，"客户幸福官"是很好的中间人，但他们不是交易的开拓者或成交者。中间人都是些很聪明、很有吸引力的人，他们热爱产品，但没有实际的销售经验。他们不知道该如何拿起电话或发送电子邮件去寻找可能的销售机会。他们默认："如果我和某人交谈，我就会告诉他可以买什么，如果我的客户需要或想要，他们就会买。"他们的工具不称手，感觉也不自在，也没有实践过强推别人成交。如果不习惯，伸手要钱可不是件容易的事，这一点上专业人士比业余人士要擅长得多。业余选手（没有受过正规销售培训的人）不知道该如何成交，他们等待并希望成交会自己奇迹般地发生。有时确实会如此。但你会发现，一旦你有一个懂得如何成交的人在管理潜在客户，交易就会变得更多、更快。

最后，拥有一支真正的销售团队，你会赚到更多的钱。这只是一个基本的数学问题。如前所述，当你有训练有素的专业销售人员与潜在客户或现有客户合作时，就会有更多的交易达成。同样重要的是，专业的销售人员知道如何最大限度地提高每个机会的收益，如何计算出现在和以后可以成交的最大账户席位数量。他们懂得如何说服客户购买更全面的版本或服务套餐，达成比客户在无人指导时更大的交易。他们知道如何在前期完成更大的交易，并收取更高而不是更低的费用，从而增加日后客户成功的机会，因为客户从第一天起就已经全情投入了。

因为有时向客户收取较少的费用意味着客户投入较少，这会让他们更容易半途而废。

在创业初期，你可能不会太在意。一旦你的年度经常性收入达到 100 万美元或 200 万美元，你很快就要在意了。因为线索弥足珍贵，如果平均一个优秀的销售代表能把一个销售线索转化为 40 美元，而一个"客户幸福官"平均只能转化为 20 美元，而且销售代表的成交率比"客户幸福官"能高出 50%，那么，说真的，还是用专业的人吧。让真正的专业销售人员接手这些销售线索，至少在你的细分市场里会让你的每条销售线索的收入增加 300%，这是值得的（例如，能够带来 99 美元至 299 美元及更高月度经常性收入的客户群）。

此刻，如果你还在犹豫不决，因为你非常重视以客户为中心，并且相信客户有足够的智慧自己解决一切问题，那么我们就知道你在想什么了。你不想让一个卖二手车的那种销售代表在这里负责销售。但一个优秀的 SaaS 销售代表不是在卖二手车，他卖的是一辆漂亮的、闪闪发光的特斯拉 Model S，或者至少是一辆闪亮的全新奥迪 A4。我们的意思是，客户已经喜欢上你的产品了。而销售代表的工作不是撒谎、欺骗或偷窃，也不是让你相信 05 款雪佛兰羚羊只是表面有点儿生锈。相反，销售代表要成为一个值得信赖的向导和顾问，陪伴客户通过复杂的评估和购买过程，帮助他们买到会对他们产生重大影响的产品。这关系到学习、建立联系、增加真正的价值——并相信这个价值，传递这个价值。此外，还要有信心要求尽可能高的成交额。

> 销售代表的工作是成为一名值得信赖的向导和顾问，帮助潜在客户完成往往十分复杂的评估和购买过程。

增加另一个最高定价层

有数不清的杰出企业家在市场底层建立自助式的 SaaS 业务，客户群由规模很小的企业和规模稍大的公司中的个人业务购买者组成。

无论如何，如果你能在没有销售团队、没有客户成功团队、没有网络研讨会、不外出拜访客户的情况下，建立一个价值 1 亿美元的自助式 SaaS 公司，那就去做吧。

小客户的价值远比他们带来的任何收入要高得多。他们可以成为你公司的拥趸，可以向别人推荐你的业务。他们经常会给你提供有用的产品反馈，愿意为你开发可附加的创意、代码、功能和内容。与小客户合作是件愉快的事，他们乐于为你提供帮助，而且他们可能会为你促成更大的交易。

在创造销售线索方面，最好能有一些免费、简单或经济实惠的方式，让潜在客户试用并了解你。这可以是免费或低价产品、免费试用期或免费内容。在最初的几年里，亚伦将 Kindle 上《可预测的收入》电子书的价格从 10 美元降至 0.99 美元，好让人们毫不犹豫地购买。虽然这看起来损失了数千美元的图书利润，但让受众增加了两倍，还帮助我找到了需要主题演讲和开场演讲的客户，以及价值五六位数的咨询项目，这一切都是值得的。

> 在创造销售线索方面，最好能有一些免费、简单或经济实惠的方式，让潜在客户试用并了解你。

不要指望小客户带来大量收入。正如我之前提到的，无论我在回声签如何努力提高自助免费增值模式在营收中所占的比例，数学定律和地心引力[1]还是将其限制在了我们收入的三分之一以下。就像 Box、Yammer（企业内部社交软件）和其他许多公司一样，它们都是从简单的自助服务模式起步，然后才想出如何将交易规模翻倍，然后不断翻倍再翻倍。

如果你的产品 100% 以个人为中心，而你添加的功能恰好可以卖给一个团队，可以向略高一点儿的市场倾斜，那么你的收入，至少一部分收入就可以增长 20 到 30 倍。因为交易规模可以大幅增加，客户与你合作的时间也会更长。

几乎所有自助式的、个人席位形式的互联网服务，其用户流失率都相对较高，最好的每月流失 2.5%，很多时候每月流失高达 3.5% 或 4.0%，甚至更高（也有极少数的例外情况）。每月 4% 的客户流失率意味着你必须每年更换一半的客户才能保持收入不变。

那么现在，让我们对同一产品进行轻微的扩展，让整个企业的某些团队或部门可以共同使用，先从把 1 个席位变成 5 个席位开始（见图 17.1）。也许你还可以添加管理层级的分析功能，然后添加某种协作功能。我不确定你管他们叫什么，

---

[1] 这里是一种比喻，表示难以抗拒的自然规律或趋势。（译者注）

但我们可以称之为满足团队或团体购买的最基本的必要功能，而不是针对单个用户的。这经常涉及额外的报告、管理、安全或配置控制等功能。

这么做，你会发现用户流失率会发生史诗般的变化。随着交易规模的扩大，用户流失率将下降 50% ~ 80%，即下降到每月 1% ~ 1.5%。随着你增加更多的用户席位，流失率将趋向于 0，甚至变成负数——也就是你的客户增加的席位将多于取消的过期席位。

由于 SaaS 是一种复合型的长期游戏，因此，在 3 年多的时间里，你将遥遥领先。那个在 8 个月后离开的单个席位用户可能永远消失了，但是在第二年和第三年，那个拥有 5 个用户席位的团队版客户却还在那里向你付钱，甚至有可能会增加席位数量。

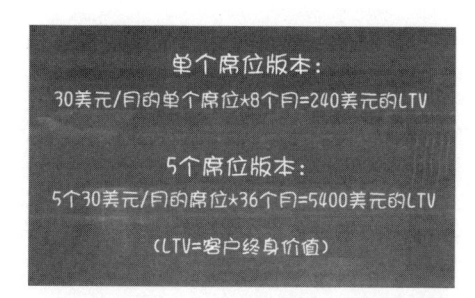

```
单个席位版本：
30美元/月的单个席位*8个月=240美元的LTV

5个席位版本：
5个30美元/月的席位*36个月=5400美元的LTV

（LTV=客户终身价值）
```

图 17.1　走向高端市场可以提高客户成功率和收入

以 30 美元 / 月的产品为例，你的客户生命同期价值一下子从单席位购买的 240 美元增加到了 3 年的 5400 美元。这 5400 美元来自同一客户，来自相同的基础核心产品，你只是增加了团队版或企业版所需的附加功能。当你支持的团队规模更大一点儿时，算出来的结果会更好。

而如果你创建一个每月 50 美元、100 美元或更高的高端版本，数字涨得会更快。即使客户与你的高端产品不匹配，但你 30 美元的产品也会增值。例如，每月 10000 美元的顶级套餐可以让你每月 1000 美元的报价感觉更实惠（心理学原理称为"锚定"）。赛富时从每月每个用户 65 美元的产品开始，最终开发出每月 125 美元和 250 美元的版本。

重点是什么？如果你正在构建一个免费增值的自助服务产品，你并不需要立即转向企业级。我们建议的是你至少可以考虑增加一个层级：如果你的单个席位的免费增值产品能赚得到钱，那就增加一个团队版或所谓的企业版，哪怕只是针对 5 个人的企业。

> 考虑增加一个层级：如果你的单个席位的免费增值产品能赚得到钱，那就增加一个团队版或企业版。

雇用一名销售代表（最好是两名）与这些客户进行实际交谈，并尝试与他们达成交易，而不是仅做客户支持。如果能做到这一点，只需增加一点儿功能，增加一个版本，就能大幅提高增长率。突然之间，同样的客户、同样的潜在客户、同样是访问过你的网站或应用程序的人，其价值一下子提高了 20 到 30 倍。为了让他们访问你的网站或应用程序付出同样的努力，但回报却是原来的 20 到 30 倍。

定价总是件麻烦事

如果你正在为定价而苦恼，请记住：

· 定价总是会令人沮丧，它永远都不会完美。

· 当你不确定时，开始定价高然后再降低，比开始时定价低然后再提高要容易得多。

想要定价恰到好处常常甚至一直是一件令人困扰的事，通常需要进行大量的反复测试。许多公司最终会因为定价过低而错失大量收入。以下是几种你可以采用的方法。

"自下而上"的比较定价更容易入门

首先，看看人们为那些与你类似的产品支付多少。这将为你提供一个有用的预期基准。例如，大多数 B2B SaaS 公司对普通用户的月收费在 10 美元到 60 美元之间。在看过很多这样定价的服务后，买家自然会期望类似的服务也能收取类似的费用。你可以收取更高的费用，但你需要一个合理的理由，并找到有迫切需求的用户。

准备好几种产品或套餐，连估带猜定下一个价格，然后去向潜在客户推销。这没有什么秘诀，也没有什么七个步骤就能成功的魔法系统；只要边做边想，看看什么有效就可以了。（嗯，就像你解决生活中的问题一样。）用不了多长时间，你就能获得所需的数据，或者感觉到哪些可以，哪些需要调整。

所以，这并不是什么新想法。那么，我们来看看许多初次创业者都会忽略的一个问题。

"自上而下"的价值定价法

如果你对自己的产品或服务能给客户带来的影响有很好的认识，可以尝试倒过来定价：首先确定价格，然后找出谁会需要你的产品或服务，并看重其中的价值，愿意支付你决定的价格。在这种情况下，你的成本就不重要了。如果你知道某样东西对于理想买家来说价值 100 万美元，而且他们愿意为此买单，那么你的成本是 10 万美元还是 1 万美元又有什么关系呢？收 100 万美元吧！

> 也许任何人都可以使用你的东西，但谁会觉得它特别有价值？谁需要它？

也许任何人都可以使用你的东西，但谁会觉得它特别有价值？谁需要它？你东西能产生什么影响？这种影响价值多少美元？你能证明吗？

反思这一点将帮助你（重新）锁定一个细分市场，从谁可能是或应该是最好的客户开始倒推。

这些想法既适用于 50 美元的普通用户——也许你应该重新考虑一下，然后收 125 美元；也适用于 15 万美元的企业客户——也许你收 75 万美元才对！

只有当你是独一无二的，而且人们相信你的价值和预期结果时，这种做法才会奏效。在互联网上，任何人都可以声称任何事情——你如何证明这一点，让人们相信你呢？

这样做的另一个好处是：当你想象设定一个更高的价格时，就会迫使你想象如何为客户提供足够的价值来证明你的定价是合理的。对许多人来说，尤其是当你还没有太多客户群的时候，这种"逆向"/基于价值的定价方法仍然有用，甚至可以作为一种思维练习，让你重新思考该如何看待客户及你对于他们的价值。

简单而非完美

高端定价和交易会变得复杂。复杂的定价结构理论上可能会"完美"地获得收入，但在现实中，复杂的定价会让客户更难做出购买决定，更难跟踪已交付或未交付的内容。这种混乱会拖慢工作进度，包括当你在客户侧的拥护者需要向首席财务官或最终决策者解释这种定价结构时。

> 复杂的定价会让客户更难做出购买决定，也更难跟踪已交付的内容。

要在定制化交易与定价尽可能易懂之间找到平衡。当你需要在更简单的定价和完整的定价之间做出选择时，请选择简单的定价，为了达成交易，不要害怕吃点儿小亏。

不要害怕定价实验

找到恰到好处的定价是一件很难的事。即使你确定了价格，市场也会发生变化，你可能会推出新产品，你的竞争对手也可能推出新产品，这些都会迫使你重新审视定价或折扣的方式。

不要因为害怕失去交易，就不敢在潜在客户身上尝试新的定价。

进军财富 1000 强[1]

SaaS 以及许多在线应用程序都有一个幻想：产品是如此之出色、易用且便于部署，那么产品应该自动就能卖出去，你根本不需要销售人员。但愿到了现在，我们已经帮你戳穿了这种幻想。

鉴于 SaaS"先试后买"和"从免费增值模式到付费模式"的套路大行其道，我们不难理解这种幻想的来源。许多初创公司在获得用户后，会试图把业务扩展到大公司或政府机构的更多部门。这时，他们会惊恐地发现幻想与事实相去甚远。

但钱就在那里。

你必须学会如何向那些拥有成百上千名员工的公司推销产品。这是一项新技能。因为想要达成一个会波及整个企业范围的交易很像在国会通过一项法案。由于传统技术部署、内部政治、根深蒂固的自研解决方案、集成的沉没成本、现有供应商对客户的控制以及所涉及的庞大规模等原因，大型企业的决策过程总是漫长而曲折的。

从很多方面来说，企业销售的目的就是帮助客户完成他们自己的内部购买

---

[1] 作者：马克·克兰尼（Mark Cranney），安德里森·霍罗威茨（Andreessen Horowitz），风投公司合伙人。

流程。即使是最好、最受欢迎的产品，也无法让典型的企业买家改变他们的采购方式。

即使 SaaS 公司赢得了一个《财富》500 强 / 全球 2000 强的客户，也并不意味着它就能保住这一小部分业务，更不用说追加销售、交叉销售或跨越多个地区在更多不同部门销售了。

除了在总部工作的内部销售人员，可能还需要雇用居住在不同国家或世界各地的销售人员才能实现上述目标。产品展现出自行销售能力的那一刻，也正是建立销售团队和销售流程的最佳时机，这一点尤为重要：因为如果在这个时候停止脚步或踌躇不前，可能会让公司暴露在竞争对手面前，从而失去成为同类产品头把交椅的竞争优势。

销售的真正意义

有些人认为销售人员的工作就是向客户传递价值。对这些人来说，销售就是购买一堆搜索广告词、鹦鹉学舌地传达公司信息，或者以某种方式迫使或操纵不感兴趣的潜在客户购买产品。他们错了。

销售人员的真正目的应该是为客户创造新的价值，特别是当他们为一家初创公司或成长型公司工作时，因为这些公司正在应对一个新市场或试图解决一个复杂的问题。这就是为什么企业级 /SaaS 销售需要一个完善的流程和指导原则。我分享的一些建议源自我在奥伯斯维尔（Opsware）公司的经验，当时我们销售的是数据中心自动化产品，尽管领域发生了变化，原则却没有改变。无论企业家是否愿意承认，新的企业客户以及他们的购买方式，与过去的企业客户还是很相似的。

> 销售人员的真正目的应该是为客户创造新的价值。

不过，这种销售方式确实要求经验丰富的销售人员采用不同的思维方式。我在奥伯斯维尔工作时，假如销售代表回来对我说："看，某某公司没有数据中心自动化的预算。"我会说："这样的话我会再给你一次机会，因为你显然培训的时候没认真听。但如果你再回来跟我说同样的话，你就别想继续在这里工作了。"我这么说的原因是，当时的企业还没有关于数据中心自动化的预算是很正常的，这个市场还没有建立起来。我们的工作就是要走出去，向客户展示一种不同的、更好的经营方式。

然后，我会向销售代表们展示一份长长的清单，里面是要他们在那些公司中寻找的工作计划，而缺失的数据中心自动化预算很可能就藏在这些计划里。我们的产品不会与其他产品争夺同样的预算，而是在最高战略层面进行竞争。这就是为客户创造新的价值，帮助他们用过去没见过或不了解的新方式来经营业务。

每个企业客户都想知道的三件事

尽管企业销售流程有许多步骤和阶段，但它最终必须回答客户的三个问题：为什么要买、为什么从你这里买以及为什么现在买。

客户问题1："为什么要买？"要帮助客户回答这个问题，最简单的方法就是确定他们的重要工作计划。每家大公司都有自己的战略业务计划，这些计划总是需要资金支持，并推动公司的信息技术投资。一旦销售和营销团队发现了这些计划（以及确保计划成功所需的关键能力），他们就可以开始制定独特的价值主张。

这里的关键是，要先寻求了解对方，然后再寻求被对方了解。先倾听，后推销。如果你在了解客户自己认为自己需要什么之前，就告诉他们你认为他们需要什么，就会产生以下问题：

·你的立场是建立在很多公司的已知、宽泛需求的基础之上，而不是建立在未知的、针对这个公司的特定需求之上。

·这个立场会让你的角色更像一个商品演示者或产品供应商，而不是能够帮助他们改变经营方式的合作伙伴。

客户问题2："为什么从你这里买？"没有人比你更了解你的解决方案，因此你应该成为客户的顾问，帮助客户描绘出成功的样子。这样做，你就更有可能在制定标准的战斗中获胜，因为你实质上是在预先定位你的企业/SaaS产品，并使之区别于竞争对手的产品。这有助于阻击其他公司的竞争，因为你在帮助潜在客户学会从你的视角看待世界和成功。

因此，销售团队在这里的工作是帮助潜在客户从三个不同的方面定义成功：（1）业务标准，（2）架构/规模标准，（3）特征和功能标准。

这也是准备信息传递、衡量标准和市场推广的最佳时机，以满足三类受众的需求：（1）企业主层级（CXO、高级副总裁）；（2）工作组层级（副总裁、总监、经理）；（3）用户层级（个体使用者及其直接上级）。因为大多数初创企业和大公司都把大部分时间花在了上述的1级或3级人员的沟通上，而如果能强迫你的公司坚持不懈地从这三个不同层级的视角来观察你的潜在客户和客户，就能影响你的输赢。

在销售周期的这个阶段，有许多任务必须由项目负责人——通常是销售人员——来指导。这就是销售人员的价值所在：在正确的时间、正确的层面协调正确的资源、行动或信息，以决定成败。在这方面，最优秀的企业销售人员就是教练或企业家，他们能确保潜在客户得到所需的东西，确保公司内部的资源得到有效调配。他们还能发现并去除绊脚石，以及消除意外情况。

> 最优秀的企业销售人员都是教练，他们能确保潜在客户得到所需的东西，确保公司内部的资源得到有效调配。他们还能发现并去除绊脚石，以及消除意外情况。

这一点很关键，因为你最大的竞争对手不仅仅是其他初创企业、永久许可的本地软件包、自研解决方案或现有供应商，而是惯性。一家大公司要决定并成功实施一个新的解决方案，需要付出很多努力。针对企业客户的销售人员往往难以使大客户迅速接受新方案，他们败给大企业"什么都不做"以及"没有做出决定"的次数，比输给任何其他竞争对手的次数都要多。

客户问题3："为什么现在购买？"一旦你排除了竞争对手，并走到了技术验证阶段，你就必须将价值主张转化为可量化的商业案例。使用这种"投资回报率（ROI）诊断"作为销售工具可以给你带来三个优势：

1. 与公司关键战略举措对齐：可以让产品的功能、运营效益和财务价值与客户公司的关键战略计划保持一致。这有助于你涉及整个企业的提案与所有其他提案、计划和项目竞争资金。

2. 提高当前运营环境的可见性：可以就客户公司目前出现的运营低效和遇到的挑战给出简要的描述，让客户更清楚公司当前的运营环境。不仅可以向客户公司表明你提供的东西对他们来说很重要，还有助于减轻你的定价压力。

3. 确保实施计划的优先级：可确保你的解决方案首先用于最重要的业务目标，进而缩短实现价值的时间。

如果你以前没有争取过这些大客户，那么你就必须配备大量的客户界面的资源，比如专业服务、客户支持等，并且要比你曾经预期或想要配备的数量更多。

特别是如果一开始你曾梦想过自助销售。在这些岗位和人员上投资，将有益于你留住和扩展此类客户，还能帮助你获得最好的营销资源——满意客户的转介绍。

新客户固然很好，但最好的销售地点是你已经成功销售过的地方：增加更多用户或新服务，或者进入同一客户的其他部门。因此，不要只顾着争取新客户，而忘记了对现有客户进行投资，要努力把他们变成你不可动摇的拥趸和对外引荐人。因为好的产品——甚至很多伟大的产品——并不会自动卖出去。你需要能帮你推销的拥趸。

欲获得更多在线资源，如菲尔·费曼德斯（Phil Fernandez，Marketo CEO）关于"走向成功、IPO和上行市场"的看法，请访问 www.fromimpossible.com/resources。

05 第五部分
CHAPTER
坚守足够长的时间

令人痛苦的真相是: 走向成功需要的时间比你希望的更长。

C：你认为成功需要什么

B：你希望发生什么

A：现实——如果你幸运

第十八章

拥抱挫折

你对获得成功将需要多长时间，或者它将有多难的任何期望，几乎可以肯定都是错误的。你的任何预期都会与实际情况大相径庭。但这一切都是值得的。

你确定你准备好了吗？

一天晚上，杰森与一家相当成功的网络公司创始人共进晚餐，那位创始人问他在回声签公司工作了多久。杰森回答后，那位创始人点点头说："是的，我也一样。差不多要七年时间才能退出。"软件/SaaS 行业是这样，许多企业甚至职业道路也是这样。你必须做好准备，在实现你的远大目标之前，你需要花费的时间会比你希望或想要的更长。

你可能听说过，SaaS 公司通常比消费互联网公司需要更长的时间才能达到 7500 万至 1 亿美元的收入。但究竟要多长时间并不总是很清楚。

让我们来看一些基本的数学计算：假设你需要几年的时间才能起步并锁定一个细分市场，然后每年增长 100%，实现 5000 万美元左右的收入（当然，这并不容易）：

- 第一年收入：0
- 第二年收入：100 万美元
- 第二年收入：300 万美元
- 第三年收入：600 万美元
- 第四年收入：1200 万美元
- 第五年收入：2400 万美元
- 第六年收入：4800 万美元
- 第七年收入：8000 万美元

如果你做得极其好，在第 7 年就达到 8000 万美元的年度经常性收入，那么你已经为第 8 年的 IPO 做好了准备。如果你做得很好但还没有达到上述水平，那你可能需要花上 10 年——令你焦头烂额的 10 年。

要不要并购呢？这里的挑战是，在大多数 SaaS 公司的并购中，除非你的公司被认为是个微不足道的东西，否则收购方会希望等你达到一定的规模再并购——他们希望你至少有 1000 万至 2000 万美元的经常性收入。按照上面的计算，这也需要五六年的时间才能实现健康退出。大卫·乌莱维奇（David Ulevitch）从创立开放网域名称系统公司（OpenDNS）到实现超速增长，再到以 6.35 亿美元的价格卖给思科，花了 10 年的时间。这还不包括早些年准备创建开放网域名称系统公司（OpenDNS）时花费的时间。

我们作为买方、卖方和顾问做过很多并购交易，我们想告诉你：永远不要指望卖掉你的公司。出售公司，尤其是科技公司，风险很大也很复杂。这就像结婚，但比结婚要复杂 10 倍。而且一旦完成，就再也无法回头。

这些计算方法并不新鲜。过去，每个人都在谈论 7 年实现 IPO（首次公开募股）。问题是，很多初次创业的人，或者从消费互联网领域走出来的人并不明白这一点。在消费互联网公司，你可以按照 18 到 24 个月的时间框架来设想。对于面向消费者销售的公司来说，业务周期要快得多：建立产品、尝试销售、调整方向、找到细分市场。一般来说，你很快就能知道某件事是否会成功。也许成功的速度更快，但成功或退出的风险也更大，因为与 B2B 的公司相比，成功的模版更少。

你必须愿意坚守足够的时间，要花更长的时间来组建团队、做好产品、锁定细分市场并实现销售周期的飞跃。反馈周期也需要更长的时间。

如果你是其他类型的公司，这种时间框架似乎仍然适用：花上 5 到 9 年取得"成功"，你开始真的在赚钱，也不再觉得赚来的钱随时可能消失。即使是职业道路、生活和收入上的重大飞跃，通常也需要这么长时间。

媒体为了赚取更多的浏览量，会经常报道"强尼 13 岁时创造了一个苹果手机应用程序，一夜之间赚了 10 亿美元"这种实属罕见的故事。这只是特例，而不是规则。当美国钉钉（Slack）以 10 亿美元的估值融资 1.2 亿美元时，媒体大肆宣扬："不到一年，从零到十亿！"没有人提到美国钉钉（Slack）早在 6 年前（2008 年）就已经开始创业了，在取得融资成功这一重大突破前的 5 年里，他们一直在苦苦挣扎。即使在那篇报道之后，他们也仍在继续奋斗，虽然这次是为了跟上节奏并保持增长。

读到这些振奋人心的新闻报道，你会感到先是兴奋，然后是沮丧：除了你，所有人都成功了（"比较然后绝望"）。媒体喜欢把人捧上天，然后又把他们贬得一文不值，但他们很少刊登完整、平衡的故事，因为这样的报道比较单调，通常读者也比较少。

> 读到这些振奋人心的新闻报道，你会感到先是兴奋，然后是沮丧：除了你，所有人都成功了（"比较然后绝望"）。

因此，你可以兴奋地听听这些一夜成名的故事，但要慎重对待，而且要做好坚守足够时间的准备，无论需要多少年。

你需要 24 个月才够刚刚起步

这一节是为所有销售副总裁和产品副总裁以及那些有抱负的、觉得是时候独自创办一家快速发展的公司的创始人准备的。其他人都在自己开公司，而且（根据社交媒体的报道）都在短时间内做得很好，为什么你不行呢？

太棒了。我们懂了。为老板打工可以是一个临时赚钱、养家糊口和有偿学习的好方法。但是，没有一个真正有抱负的人愿意永远为别人打工。如果你想知道是否应该开始创办你自己的 SaaS 公司或快速成长型公司，那么有三个问题你要问问自己：

第一，你是否准备好付出 24 个月的时间来完成"初始启动"？"初始启动"需要的时间不是 12 个月，也不是 18 个月，而是 24 个月，整整两年。6 个月肯定不行，12 个月也不够，因为光是把产品做好就得花上 9 到 12 个月的时间，之后再花上 6 到 12 个月才能获得可观的收入。

也许 Instagram、WhatsApp 或缤趣能在短短 12 个月内爆发，不过，它们也是经过多年的发展和不断尝试才一夜成名的。在 B2B 软件、服务以及其他任何领域，你都不能期待这样的奇迹。你是否能承担得起花费 24 个月的时间来做成点儿什么，来完成真正的初始启动？如果不能，你就应该放弃。美国钉钉（Slack）在 1 年内（2014 年）让营业收入从 0 美元涨到了 1200 万美元。牛！但它可不是在 2014 年 1 月 1 日成立的。

给自己 12 个月的时间来完成初始启动是行不通的。你最终会放弃。仅仅 12 个月，你没办法获得足够的收入来养活自己——如果你还能有收入的话。实际情况是，由于财力、个人或其他原因，大多数人无法真正押上 24 个月。这是有道理的。然而，如果你不能押上 24 个月的时间来完成"初始启动"，你就会失败。

> 如果你不能押上 24 个月的时间来完成"初始启动"，你就会失败。

第二，你能否能够保证每年拿出 8760 个小时？也就是每年 365 天，每天 24 个小时。我们并不是说要你每天在办公室工作 14 个小时——那其实没有必要，那是为 YC 创业加速器（Y Combinator，美国创业投资公司）的人们准备的。但是，你是否真的能够做到每时每刻都在为那些看起来不可能实现的目标不停地思考、忧虑并承受沉重的压力？

你会无时无刻不想着工作，甚至在和孩子玩耍或与丈夫共进晚餐时也是如此。这就是你接下来需要做到的。如果你没有足够的心理承受能力，你就应该放弃这个想法。

当今的一切竞争都异常激烈。在创办公司的初期，你必须担任销售副总裁、客户成功副总裁、市场营销副总裁，可能还包括产品副总裁。你与付费客户之间会有无休止的争吵，你甚至可能会失去最好的客户。你必须全身心地投入到这些工作中。

后来，一旦你公司的年度经常性收入达到 500 万美元左右，你就能宽松一些了。随着你公司的成长，很多事情都会变得更容易（但也有一些事情会更难），但是让收入引擎运转起来还是很难。

第三，你愿意实现飞跃吗？这可能是最重要的一点。如果你抱着"只是试试看"的心态，同时保留其他选择，那就永远不会成功。"我先试一段时间，如果不行再回到赛富时"，或者"我先做大量的咨询工作，看看行不行"，或者"我先筹 50 万美元，看看情况如何"。这永远都行不通，至少对高增长的初创企业来说行不通。伟大的创始人必须勇于飞跃。不是因为他们是疯狂的冒险家，而是因为他们看到了风险，并决定无论如何都要去做。他们知道会遇到很多挑战——资金、客户、家庭，但他们决定在前进的道路上解决这些问题。他们有疑虑、有恐惧，也有金钱上的烦恼，但他们看到了未来，相信自己（最终）会成功。如果你还没有做好准备迈出那一步，你就还没有做好创业的准备。

如果你接近准备好了呢？

好吧，如果你还没有达到上面说的这些呢？如果你无法通过上述 3 项测试，但又很接近，那就先暂停一下，不要马上就说不行。相反，你要去做更多的功课：做 20 次客户访谈，找到一个能通过三项测试的优秀联合创始人，一个能够付出 7 到 10 年的时间，愿意拿出至少 24 个月时间来完成初始牵引的人。自己单干几乎肯定是不行的，那就先做这些，然后再看看感觉如何。即使是能预见未来的伟大创始人，有时也需要帮助。20 次访谈和 1 位出色的联合创始人，可能正是你无法创建自己公司所缺少的因素。

> 即使是能预见未来的伟大创始人也需要帮助。

再问自己一次：你真的确定吗？

过去十年里，"创业"发生了巨大的变化。不，我们不是在说互联网创业比以往任何时候都更便宜。就连这句话也不是真的。过去，当软件装在磁盘或光盘上时，成本甚至比现在更低，你甚至连一台服务器都不需要就能启动微软、财捷软件（Intuit）、宝蓝软件（Borland）或莲花软件（Lotus）。而今天的软件与其说更便宜，不如说传播范围更广。

我们也不是在说网络和技术的规模扩大很多，并创造出非常多的新机会。这句话本身没错，但即使在技术规模较小的时候，你也有可能迅速扩大规模。在算过通货膨胀之后，莲花 1-2-3（Lotus 1-2-3）电子表格软件在第一年就取得了超过 1 亿美元的业绩，并在第二年实现 IPO。有哪家 SaaS 公司能做到这样呢？

我们想说的变化是指创业文化的变化。十年前，要想成为公司创始人，你得是个疯子，比如一个疯狂的科学家或一个疯狂的怪人，一个不知道成功概率只有十万分之一（0.00001%）的人。这种人是如此聪明、如此有天赋、如此疯狂，以至于做出了疯狂的举动。创始人是一个与众不同的群体。你可能见过他们中的一些人，但你永远无法想象会成为其中的一员。十年前，如果你加入了一家已经度过初始牵引期的初创公司，你仍然要冒很大的风险。你跳出了一条公认的职业道路，可能会遭受巨大的打击；而且你的薪水肯定会大幅减少。

相比之下，如今，即使是萌芽期的创业者也是超酷的。即使只是一个想创业的人，也能让你感觉很酷。风险很低，失败也没什么，如果不成功，你可以随时加入脸书／谷歌／星佳（Zynga）/Square。加入一家已经度过初始创业期的公司呢？你也无须减薪。你的简历呢？你的简历会因为那家超酷、超大规模的初创

第十八章　拥抱挫折

公司而增色不少，而且零风险。这对我来说都没问题，但科技博客 TC（TechCrunch，美国科技类博客）、YC 创业加速器、社交网络等都过度美化了创业家精神。

我们只有一条建议：除非你百分之百地清楚这是世界上最值得做的事情，否则你绝对不应该创办一家科技初创公司并试图筹集资金。为什么呢？

> 除非你百分之百地清楚这是世界上最值得做的事情，否则你绝对不应该创办一家科技初创公司并试图筹集资金。

首先，你的初创公司几乎肯定会失败，虽然这没什么，但你并不会因此获得任何荣誉。没有人会关心你失败的初创公司，因为它没有任何吸引力，也没有人听说过它。他们不会批判你，但也不会关心你。

其次，初创公司的风险控制从经济学角度看很差劲。如果你聪明、有干劲，但不是很擅长控制风险，那就加入一家顶级网络公司，留下来并获得晋升，你会赚到更多钱。虽然在非领导层，初创公司和大公司之间的薪酬差距似乎并不大，但当你晋升到管理层时，差距就会真正拉大。

再次，即使你想加入一家初创公司，最好也是选择一个已经成型的超强团队加入。优秀的初创企业需要优秀的团队，而这样的团队很少见。加入一个团队总比白手起家好，因为白手起家几乎是干不成的。

最后，创业比你想象的要难得多。巅峰当然更高，但低谷也更低。大多数人都无法承受这种低谷，甚至会根本无法正确应对。比如当所有资金都无法到位时（就像杰森在他的第一家初创公司所经历的），你有办法签下 75 万美元的全额期票来支付工资吗？

虽然初创公司会给你更多的"自由"，但这是一项耗费心力的艰苦工作，以至于你可能根本无法享受这种自由，至少在你经历它的时候不会。当你目不转睛地盯着屏幕时，很难欣赏到美景。

讲了这么多，如果这就是你的使命，那就放手去做吧。不过，使命感确实是创办科技初创企业的唯一重要的、合乎逻辑的理由。尽管使命感并不是某种合乎逻辑的东西，但激情本来就是没什么逻辑的！

你必须看到世界上其他人看不到的东西，并对它拥有足够的信心，以至于即使你看不到所有的风险，也在综合考虑后，认为没有什么比原始创业能带来"更

193

好/更高"的投资回报率。

每个人都有地狱般的一年

曾经有一位首席执行官，他显然过得很苦。他的企业营业额达到3000万美元，增长势头良好。他即将推出一款新产品，他认为这款产品有机会改变游戏规则，而且他拥有一支强大的团队（据他说），他非常喜欢与这支团队共事。

到底哪里不好？我们不得而知。但我们知道的是，他正在经历"地狱之年"，几乎所有创始人在7到10年创业历程中都会至少经历一次的"地狱之年"。

地狱之年往往不是第一年。虽然第一年也很艰难，但那仍然是一次探索。你能看到无限的潜力，你的长期愿景不会被短期现实削弱。你们在学习，只是想把事情做好。你有一个小而紧密的团队。这一年可能会带给你难以置信的压力，充满戏剧性的经历，还有一些濒临死亡的体验。但那种挣扎也是它该有的样子，你可以成功，也可以失败，而你还处于创造力的亢奋期，不断摸索新的东西，这总是令人振奋的。

地狱之年不是第一年，地狱之年晚一些才会到来（见图18.1）。它通常在初始牵引期之后出现，有时也会在规模扩大后出现，就像上面提到的那位首席执行官一样。

图18.1 地狱之年是旅程的一部分

这一年里，你在各个层面上都遇到了重重困难，甚至无法继续坚持下去，太多的战线都在遭受攻击。

这并不是什么特别深刻的见解，我只是想说，相信我，这是旅程的一部分，你并没有做错什么。请坚持下去。我们与许多SaaS公司的CEO和创始人交谈过，几乎所有做得足够久的人都经历过地狱之年。如果你正处于地狱之年，要相信你会熬过去的。我们都曾经历过。

杰森的地狱之年是 2008 年。那一年，销售线索有了，客户群也有了，我们开始大幅支出，但结果却不尽如人意。那真是艰难的一年。

奇怪的是，几乎每个人都有自己的地狱之年。同样很奇怪的是，当人们熬过地狱之年后（如果真的熬过了），大多数情况下，公司业务不仅会得到改善，还会重新焕发生机，增长速度会比以往任何时候都更快。

公司能重焕生机的原因在于，你所经历的地狱之年会迫使你重新调整过去困住你的地方。你会拥抱它、适应它，而不是保持一成不变。开放网络域名系统（Open DNS）公司的大卫·乌莱维奇（David Ulevitch）曾经历了两个不同的"地狱之年"（他可真走运）。2010 年，大卫刚刚重任首席执行官就经历了公司文化地狱之年，因为经过了前任职业首席执行官的一年领导，员工们都不太听话。2012 年，他又经历了增长地狱之年，因为公司的增长速度不够快，他们不得不重新调整整个销售和营销系统，并运用我们在本书前面章节中介绍过的许多理念。在这两种情况下，开放网络域名系统公司还是走出了地狱时光，变得更加强大——首先是员工再次充满活力，然后是拥有了可预测、可扩展的销售系统。

如果你在"地狱之年"坚持住了，你就会重生。你的公司增长会再次加速，地狱年之后的一整年（如回声签公司）可能都会如此，这种事确实经常发生。如果你有好的客户、像样的产品、坚定的团队，并以百分之百的奉献精神坚持下去，除非整个市场崩溃（在真正的 SaaS 行业中非常少见），你一定会见到涅槃重生的一刻。

耐心和奉献精神将见证你的成功。

不要放弃。坚守足够长的时间，你就会看到重生。

> 不要放弃。坚守足够长的时间，你就会看到重生。

舒适是增长的敌人

在你的人生旅途中，总会遇到瓶颈。或是销售，或是个人精力，或是创新方面，而且瓶颈出现可能不止一次。每个人都会遇到瓶颈。你感到公司停滞不前，似乎没有什么能再次启动增长。如果收入陷入了停滞，那经常是因为：

- 你的网络和人际关系已经枯竭。

・你或你的企业并不突出；你听起来和其他人没啥区别。

・你过分依赖某个具体的人来履行关键职能，如带来销售线索、达成交易或工程设计。

・市场或客户需求发生了变化，但改变业务让你感觉不太可能或不切实际。你遇到了商业模式或市场障碍，但不知道该怎么办。

有些企业能打破这种停滞状态，最终实现数亿美元的增长。而也有企业则举步维艰，无法冲出低谷。它们的区别在哪里？

在所有这些案例中，"舒适"才是问题所在：我们说的"舒适"不是"轻松愉快"的那种舒适，而是从一直在做的事中所找到的舒适区，无论你是做得很好还是没什么效果。我们说的舒适是指"熟悉、已知或理所当然"。

不幸的是，这种舒适是增长的敌人。

讽刺的是，迄今为止对你最有效的东西（那些你熟悉的、让你感到舒适的东西）可能会成为阻碍你增长的敌人，因为你会变得依赖、自满，或者只是太忙而跟不上新的发展。

把价格提高两倍、重新设计产品、重建销售团队、解雇负责销售的高管，然后花 6 个月的时间寻找新的销售人员、争取 10 倍的交易量、创造全新的销售渠道、更换销售自动化系统、用并不存在的业余时间写 1 本书……这些有可能改变游戏规则的举措让人感觉不可能实现，因为你的精力已被其他许多需求所占据。要想锚定一个细分市场，或跟着书中其他课程走上可扩展的增长之路，你可能需要做出重大改变。

> 要锚定一个细分市场或走上可扩展的增长之路，你可能需要做出重大改变。

对于任何重大变革或投资，你都会纠结于需要多长时间、花费多少钱以及它是否会影响销售。从字面上来看，我们就知道这是一项风险巨大、回报不明的"冒险"，否则你早就做了。老实说，大多数人都无法承受这么大的不确定性，因此，与其"放手一搏"，还不如继续与自己熟悉的事物为伴，这样会更容易些。

在自行车比赛中，当你的车胎漏气但还没有瘪的时候，你会觉得继续往前骑更容易些。因为你不想损失时间。你很难觉得在比赛中途停下来、下车摆弄一下、最后把车修好继续出发是一件值得的事。

第十八章 拥抱挫折

> 当你的自行车轮胎漏气但还没瘪时，你会觉得继续往前骑更容易。

同样地，你也会推迟重组销售团队，或推迟解雇你认为该走人的高管，或推迟重塑品牌、重新包装，或推迟在目标市场双倍下注，或推迟从"您需要解决什么问题"向"我们能解决 X 问题，您有这样的问题吗"转变。

你一拖再拖，直到最后陷入地狱之年，背靠墙壁，别无选择，不得不做出改变。

同样的，这也是员工对自己的经理或工作抱怨连连，却无动于衷的原因——因为至少在短期内，比起找一份新工作、正面与经理沟通或改变自己的态度，留在自己的工作岗位上会更容易，也更舒服。

动机：亚伦如何实现突破，达到"逃逸速度"

正如我们在第一部分提到的：在结婚成家之前，亚伦个人的收入和业务增长动力并没有达到"逃逸速度"（Escape Velocity），直到他的孩子在不到 10 年时间里从 0 个增加到 10 个（这是另一个故事了）。

由于家庭迅速变大，金钱也需要快速增长。他们选择靠挣钱来支撑生活，而不是让生活去适应经济条件。这就是他们的财产增长很快的原因——他有一个无法躲避的史诗级的"强迫机制"。

那些成功实现大飞跃的人都能找到自己的动机，无论是通过外部驱动还是自发激情，都能支撑他们坚守足够长的时间或度过地狱之年。

你必须像溺水的人渴望空气一样渴望得到某样东西。

如果没有那种类似"我需要呼吸"的动力——这种动力来自野心、激情、绝望或恐惧的混合——你就会不断回到你的习惯、你的常规和你的舒适区。

为了什么你会愿意失去肢体？为了得到什么，你会不顾你的朋友、家人或员工怎么看你？

如果你不能找到什么东西来促使你改变自己的生活或对工作的投入，那么你最终只会得到更多你已经拥有的东西。

如果读到这里，你正在想"这很有道理，但我并没有那么想要的东西"，请深入阅读下一部分，即第六和第七部分。围绕"强迫机制"的各种方法是亚伦激励自己去做不想做但又必须做的事情的主要方法。

第十九章

成功并非一条直线

一夜成名的故事让人津津乐道，但人们如何取得成功以及如何看待成功，在现实中却是很复杂的。要有一个计划，但不要过于拘泥于它。

焦虑经济与创业者的抑郁情绪

实际增长和所感知增长的本质都在因为焦虑经济而改变。重要的是理解其背后的原因，以及为什么这种改变所需的时间比你希望的要长。

这是最好的时代，也是最坏的时代

现在是创业最容易的时候——即使只有不到 100 美元也可以创业。

企业的发展速度比以往任何时候都快。

似乎每周都有公司在以破纪录的速度从一无所有发展到 1 亿美元，或者被人以诸如 10 亿美元的重金收购。

虽然未来几年经济会有所起伏，但随着我们的联系越来越紧密，"创业更容易，发展更迅速"的总体趋势将继续下去。

然而，人们的焦虑、挫折和沮丧也从未像如今这样严重，尤其是对于首席执行官和有抱负的创业者。

无论你是初涉商海，还是已经摸爬滚打数十年，每个人都会因为现时存在的过多选择而纠结，你可以做什么、建立什么、使用什么以及如何发展……而这些都还在不断发生变化，比如：

- 我们应该如何营销？有入站营销、出站营销、网络搜索、谷歌广告、视频、上千种不同种类的社交媒体、现场活动、应用程序商店和市场、会议以及无数其他创造线索的方式。

- 我们下一步该做什么？软件、应用程序、SaaS、产品、市场、媒体公司……

第十九章　成功并非一条直线

·我们如何相互沟通，如何与客户沟通？电子邮件、电话、语音邮件、推特、脸书、直邮、Instagram、聊天、Skype、问答平台（Quora）、消息应用程序以及其他数十种方式都可以用来与人们和潜在客户进行更新和沟通。

你不可能所有的都用，而且都用得很好。

此外，我们还要应对代际变化：

·现在的年轻员工期望马上获得高职位、高薪和快速晋升。

·而公司仍然希望员工像机器人一样上班，没有发言权，也没有选择权。

·那些在公司干了10年或20年的高管和销售人员还想继续按部就班……无论这样的方式是否奏效。

所有这些焦虑和不确定性正是增长和可预测性变得越来越重要的原因之一。人们希望减少不确定性。

为什么你（以及你的朋友们，尽管他们的社交图片很美）的焦虑感越来越强？

尽管与数十亿人相比，我们的生活相对奢侈，但焦虑却有增无减，这是有原因的：

·过去行得通的现在行不通了：你不能再依赖同样的方式实现业务增长。由于焦虑、超负荷和惰性，人们和企业倾向于抵制变化，而不是张开双臂拥抱变化。你只愿意付出更少的精力去应对变化，直到你无法再回避它，公司也面临着生存危机。这就是为什么地狱之年能带来涅槃重生，只要你更早做出艰难的决定而不是进行逃避。

·人们普遍不堪重负：每天发布和更新的新业务、新应用和新创意的数量令人目不暇接。每天的电子邮件、社交信息和警报数量也是如此。任何人都不可能完全掌握这些信息，这让人筋疲力尽。

·决策竞争：超负荷的信息使人们更难做出决策，你的客户也是。他们的"决策精力"有限。你不仅要与其他公司竞争，还要与他们收到的所有其他电子邮件、信息和短信竞争，还要与他们需要做出的那些决定竞争。

·现实扭曲，或称"比较然后绝望"：如果你使用社交媒体，并关注许多新闻来源，你就会被其他人的成功故事轰炸：创办或发展公司、完成铁人三项、结婚、拥有幸福的孩子，等等。这就产生了一个"现实扭曲场"，在这个场域中，每个人似乎都经历了95%的成功和5%的挣扎。但你的生活却像是完全相反的比例，因为你每天 95% 的时间都在处理各种问题。你开始觉得"别人都能如愿以偿，那一定是我做错了什么"。有趣的是，你所看到的每个人都有同样的感觉。

这些问题一直存在，但是，互联网、移动电话和社交网络进一步激化了它们。

> 我们总是在集中精力解决公司中无休无止的问题，所以我们只看到了自己公司的问题。同时我们也只看到了其他公司向外界展示的成功。
>
> ——肯·罗斯（Ken Ross），企业家 / 投资人

这些因素在共同发挥作用。首先，你在工作中遇到了一些变化或挑战；但同时，你又被各种信息和待办事项淹没，没有精力去处理它们；另外，你在网上、社交媒体或新闻中看到的其他人似乎都很成功。这是三重打击。

我要说的可不是什么关于"哦，你并不是真的在挣扎，这都是假象"的鸡汤。这些因素会真实直接影响收入的增长。因为不仅仅是你，你的员工和客户也会有同样的经历。现实扭曲场会扭曲他们自己的期望和决定，包括他们是否应该在你的公司工作、是否应该从你的公司购买产品或是否应该长期与你的公司合作。

当你不堪重负时请记住三件事：

1. 拥抱你的挣扎，因为它是真实的，不会消失。每个人都有挣扎，即使看起来不像。你的焦虑仿佛热锅上的蚂蚁，利用它逼迫自己去改变现状，而不是抗拒它。把它变成你的优势！

2. 不要让"攀比"（无论是和朋友还是和竞争对手）分散你的注意力，使你无法专心做自己、团队和客户需要的重要事情。不要因为别人做了什么，你就去筹钱、雇一大堆人、写一本书或花钱参加会议。

3. 在与员工和客户的沟通中减少没用的废话。让自己的语言"简单易懂、便于行动"。你的信息应该对读者（而不仅是发件人）诚实而有价值，可以帮助他们走出混乱，找到清晰的路径。所以你的信息要直接、诚实、有用。

抑郁与创业精神

这对许多创业者来说可能是四重打击，尤其是在技术领域的创业者。一些早期研究报告显示，创业者的大脑和 / 或情绪的工作方式更有可能异于常人。加州大

学旧金山分校临床教授迈克尔·弗里曼博士（Dr. Michael Freeman，也是一名企业家）在同类研究中最早将心理健康问题高发率与创业联系在一起。

在接受调查的 242 名创业者中，49% 的人表示有心理健康问题。抑郁症是最多的，占所有创业者的 30%，其次是多动症（29%）和焦虑症（27%）。而相比之下，美国普通民众认为自己患有抑郁症的比例只有 7%。是的，部分抑郁症是由于经营公司的压力造成的，但追踪研究显示，这些创业者的近亲属中，出现精神问题的比例也高于普通民众。

这里有一个小建议：如果你说，或者有人说，你有某种精神问题（不管这对别人意味着什么），不要自动就认为这需要治疗。因为这个精神问题既可能是一种烦恼，也可能是一种奇妙的天赋。所以，与其考虑着要消除它，你更应该思考一下要如何与它合作。许多最成功的艺术家都是这样与众不同地工作的——精神问题能带来额外的优势，比如突破性的创造力，也能带来额外的问题，比如令人窒息的抑郁。但往往去掉其中一个，就会同时失去两个。一旦你看清了它是如何作为拼图的一块融入整体画面的，今天令人难以置信的挫折在未来就可能变成巨大的优势。

相信我们，我们的家人都认为我们是无可救药的疯子（不是开玩笑）。我们每个人都有自己的"疯狂"，但我们欣然接受。否则，我们就不会在这里写这本书了。

有关该研究的详情和最新进展，请参阅 www.MichaelAFreemanMD.com/Research.html。

马克·萨斯特的问题："一个人应该学习还是赚钱？"

马克·萨斯特（Mark Suster）是我们共同的朋友，他曾是连续创业者，现在是洛杉矶风险投资公司前沿投资（Upfront Ventures）的合伙人，也是广受欢迎的博客"桌子两边"（Both Sides of the Table）的作者。

马克：我经常与正在考虑加入一家公司的年轻或成熟创业者讨论职业问题。我通常会耍一个老把戏，用一个问题来回答另一个问题"现在是你学习的时候还是赚钱的时候？"

让我们面对现实吧：如果你想加入一家已经融资 500 万美元的初创公司（担任市场总监，或产品管理经理、高级架构师、国际业务开发负责人等），那么在那里赚到养老钱的机会非常小。没关系，并不是每份工作都能让你一鸣惊人，你可以在这份工作中学习。

然而，人们经常问我是否认为某家公司会大获成功。很明显，他们把学习和赚钱混为一谈。因此，我为他们做了一个简单的计算：假设你有这家公司0.25%的股份。他们在B轮融资中筹集了500万美元。我们假设该公司以正常的风险投资估值融资，并放弃了公司33%的股份，因此500万美元/33%=1500万美元，这是该公司的投后估值。如果不再筹集新一轮风险投资（很可能如此），而你的公司以正常的风险投资退出价格被出售（每年有200家左右的公司以5000万美元的平均价格被出售），那么你的股份价值多少？125000美元？是的。通过简单的计算就能回答这个问题，但人们很少去计算或思考。

假设退出需要4年时间，就相当于每年31250美元。回到眼前，你拥有的这些是股票期权，而不是限制性股票，所以你可能要按短期资本收益率纳税。如我所在的加利福尼亚州，平均税率约为42.5%。因此，税后你每年将多赚18000美元；这还是在结果是好的情况下！此外，我们还忽略了清算优先权，这意味着实际上你挣到的更少。

现在我们来做一个疯狂的假设。假设你有1%的股份，以1.5亿美元的价格卖出，而且是在3年后（那时就像你中了彩票）。那么这两年的税后收益就是287500美元/年。这还不错。但是，请等一下，股票的归属期是4年。你没有加速变更股票的控制权？对不起，我们要么必须把你的收入减半至143750美元，要么你必须在收购你们的那家大公司里再工作两年，才能赚到所有的钱。无论哪种方式，这笔钱都是在4年内赚到的，所以4年内每年的收入是143750美元。

别误会我的意思，这笔钱并不寒酸。大多数人都希望能在4年内赚到这么多钱。但不要把获得公司股份和退休混为一谈。考虑到要在帕洛阿尔托或圣莫尼卡等高档社区买一套像样的房子就要200万美元，这点收入很难让你安享晚年。这就是为什么杰森会说"初创公司的风险控制从经济学角度看很差劲"。

我不是想让你沮丧，只是想现实一点儿。如果你想赚钱，我说的赚钱是指有机会全款买房，你就必须创办一家公司或加入公司担任高级管理人员。或者，你必须中彩票，或者成为谷歌、脸书、聚友网（MySpace）或推特等公司的早期中层管理者。说实话吧：整个国家每年会诞生多少这样的公司？一个？最多两个？我最近和一位投资人聊过，他告诉我，美国每年有1500宗交易获得融资；其中80宗（5.3%）最终以5000万美元的价格成交，只有8宗（0.5%）最终以1.5亿美元或更高的价格成交。

因此，当斯坦福大学的MBA、前高级技术开发人员或公司的前首席营收官打电话给我，就他们的下一份工作征求我的建议时，你就能明白我为什么会上来就问："你是要去赚钱还是去学习？"

> 你是要去赚钱还是去学习？

对大多数人来说，答案是学习。我之所以强调这个问题，是因为我发现带着现实的期望加入一家公司会更有帮助。我的建议通常是这样的：确保你在这家公司工作可以收获以下一项或几项：一个由优秀的高管和风险投资人组成的人脉网络、承担比你上一份工作更多的责任、对你下一步工作有帮助的特定行业技能或技术技能，或者是与不同公司合作的机会，以快速扩展你的行业关系网，等等。现在学习，将来才能赚得更多。

当我还是第一家公司的首席执行官时（我承认，在想清楚之前，我在那儿搞得一塌糊涂），我们最初为员工计算了他们的期权最终会值多少钱。那是1999年，公司名叫万特洛（Ventro），营收只有200万美元，但交易估值却高达80亿美元。做这些计算很容易，但随着时间的推移，我意识到这造成了一种腐朽的文化。

后来，我开始跟人们这样说："加入构建在线（BuildOnline），是因为你认为你会获得很好的经验，是因为你喜欢我们的使命，是因为如果你做得好，我们会帮助你超越自己，担任更高级的职位。如果你觉得在未来的一年里，你的简历不会增值，也没有乐趣，那就走吧。加入我们，也因为我们的薪酬不错，但也并没有那么多。股票期权只是锦上添花。它们永远不会让你致富。不要为了股票期权而加入我们。"

显然，你应该只做自己喜欢的工作，让自己对每天上班都充满热情。这是必然的。不要在不知道为什么加入或没有问对问题的情况下盲目加入一家公司。

最近，一位朋友打电话来咨询如何成为一家初创公司的首席技术官。他是这家公司的第三号员工，而这家公司正在从一家更大的公司中分离出来。我问他，公司有多少股份归母公司所有，有多少股份归管理层所有。他没想到应该去问这个问题。我们下次对话时，他已经知道首席执行官拥有大约5%的股份，而公司没有给管理层分配期权池。我给他的建议是赶紧跑路！我说："未来都是艰苦的努力。为什么要在一个结构很可能失败的公司里开始游戏呢？"

还有另一位才华横溢的年轻人打电话给我。他在纽约有一个工作机会，在海湾地区的一家知名初创公司也有一个工作机会，第三份工作邀请是在洛杉矶的一家初创公司。他还拥有自己的公司，那是他 6 个月前创办的。他还不到 21 岁，想知道自己该怎么做。我告诉他，他要先决定是要学习还是要赚钱。他还年轻，可以做其中任何一件事，但他必须知道为什么要做这件事。我建议他不要去洛杉矶，因为那是一家更大的公司，他的工作就是把文件从办公桌的一边推到另一边。如果你要学习，那么至少要去一个令人兴奋的地方工作。如果公司干得不错，你可以留下来再发展 5 年。如果不怎么样，到 26 岁时，你自己已经参与了 3 家初创公司。那时，你就可以准备好去赚钱了。

另外，也可以先不去学习。在 21 岁之前，如果你有意愿，也认为自己有技能和想法，你就有能力突破阻碍去尝试赚钱。而当你 40 岁时，有 3 个孩子还要还房贷，这就难上加难了。

现在，说说赚钱这部分。我的朋友是一位非常有才华的高管。他上过哈佛商学院，在 3 家著名的初创公司和 2 家知名大公司工作过，有在美国本土和跨国工作的经历。他今年 40 岁出头。每次他给我打电话，他都会觉得我是个坏掉的答录机，因为我总是说："老兄，是时候赚钱了。别再理那些只能当老二的工作了（他总是能得到公司的第二把交椅），是时候让你自己当家作主了。要么开一家公司，要么去个需要首席执行官的地方。"

如果你真的想赚钱，就必须成为公司排名前三或前四的领导者，最好是当创始人。但很少有人能做到这一点，这是一种罕见的技能。所以我们对自己的技能、背景和想法要实事求是。

我并不只看重钱——我认为在初创公司工作是一种非常有回报的经历，否则我不会推荐你这样做。但你需要将自己的才能、年龄、技能、抱负和经济状况与当前的现实情况相匹配，至少，要对可能的结果有现实的预期，而且一定要扪心自问："我是来学习的还是来赚钱的？"

> 将你的才能、年龄、技能、抱负和经济状况与你当前的现实情况相匹配。

当直线不是通往成功的最短路径时

仅有一颗善良的心是不够的，你需要学习如何赚钱来发展你的组织，无论是盈利还是非营利的组织。

阿瓦诺（Avanoo）公司是由丹尼尔·雅各布（Daniel Jacobs）和普罗斯帕·恩万克帕（Prosper Nwankpa）共同创办的。尤其是丹尼尔，他在共同创办的过程中走了一条曲折的道路。期间他与孤儿、艺术家以及哈里·克里希纳教徒（Hari Krishnas）都有过接触。

丹尼尔一直希望能改变世界。他曾经相信（或希望），只要有一颗善良的心和高尚的价值观，就足以创造一场与众不同的运动。

而现在，他深刻地认识到，无论一个组织的愿景和价值观有多么美好，除非它的创始人能够接受并重视金钱，包括懂得如何营销、如何销售和如何实现可预见地增长，否则这个组织是不可能存在的。

在创建阿瓦诺之前，丹尼尔曾在2006年至2010年间创办并经营一家名为每温（Everywun）的"慈善技术公司"。每温是一个志愿服务平台，企业通过这个平台为自己的员工提供志愿服务积分。员工可以通过植树、喂养孩子或在非洲防治疟疾来获得积分。这些员工还可以将这些积分兑换成非常具体的行善结果，比如"用50积分喂养一个孩子一天"。企业向每温支付使用服务的费用，作为员工福利。这是行善者的梦想。

但后来经济衰退袭来，2010年，每温倒闭了。丹尼尔觉得自己跌入了谷底。

6年来，我倾注我毕生拥有的一切，几乎耗尽了所有精力，我相信自己会做出一番事业，会对世界产生强大而持久的影响。然后，它消失了。我陷入了巨大的空虚。这感觉很糟糕，很可怕。但我也从这空虚中看到了机会。当我在经营每温时，我无法接触到任何我想要服务的人。技术横亘在我和我希望融入的人们之间。但是，当技术被迫退出时，我就有机会以另一种方式提供服务：用我的双手，用我的心，作为一个默默无闻的助人者，在一线提供服务。

他断舍离了自己所有的东西，去南美和中美洲旅行了几年。

他曾在布宜诺斯艾利斯郊外的一个由哈里·克里希纳教徒经营的阿根廷有机农场工作。他曾在阿根廷的科尔多瓦指导企业家，并为摩门教传教士朋友做助理。在智利圣地亚哥，他与街头艺术家一起生活，一起创作艺术。

最后，他来到危地马拉的一个古老山城，帮助那些收养孤儿并与之生活的单身中年妇女盖房子，这样社区就不用建一个单一的机构式孤儿院了。

2012年，丹尼尔来到这个小镇，周围的孩子们虽然很穷，但看起来都很快乐。这让他感到不可思议，因为美国的孩子们拥有如此丰富的资源，却有着非常多的行为问题，而且看起来也没那么快乐。"我突然明白了：我应该带着物质资源来帮助这里的孩子们，但家乡的孩子们也同样有需求，只是需求的类型不同。我在想，有没有一种可衡量的方式，可以支持人们从内到外的转变？并且可以展示出转变真的在发生？"

对他来说，这是一个令人兴奋的问题，这让他花了一年多的时间来研究这个问题。这项研究引导他与自己17岁时认识的老朋友普罗斯帕·恩万克帕成为合作伙伴，共同创立了阿瓦诺。

丹尼尔和亚伦的教训

不要因为执着于快速获得成功而忽略了自己固有的兴趣，忽略了脑袋深处那些你通常认为不切实际的"低语"——它们几乎与你所有的待办事项清单或你眼前的事业和家庭问题都无关。每当你说"我想做X，但因为Y而不能做"时，想象一下，如果没有Y的阻碍，会是什么样子？如何才能实现你年轻时的梦想，比如搬到另一个国家、从事艺术创作、创作音乐或诗歌、生孩子或领养孩子？

> 不要因为执着于快速获得成功而忽略了自己固有的兴趣。

从长远来看，那些看起来是浪费时间的活动和一些古怪行为都可能会帮助你更快地走向成功。至少，它们可以帮助你脱颖而出，成为一个独特而有趣的灵魂。先去探索一下那些内心的低语，然后你就会找到把它们带入商业生活的方法。

亚伦从不认为自己是个艺术家，但在离开赛富时一年后，他开始用蜡笔乱涂乱画，然后是彩色铅笔，再后来是粉彩，最后他给《可预测的收入》和《从不可能到不可避免》等商业书籍绘制了插图。

可能是科技新闻、社交媒体，甚至就是这本书让你有了"比较然后绝望"的感受，认为自己要么成就一番大事业，要么索性回家。你可能觉得自己从事的咨询、服务、小企业或其他工作不够大、不够快、不够好。

别管别人怎么说、怎么做，任何适合你的生意都是完美的。你可能需要不断探索，才能发现适合你的到底是什么。一路走着，就像丹尼尔和亚伦一样，也许你会改变主意，重新看待更快的增长对你来说有多重要。也许会比你之前想的要大得多，也可能小得多。

我们只是说，如果你决定要做得更大，是有办法让你做到的。

改变你的世界，而不是这个世界

在硅谷，你会经常听到的一句话是："我们要改变世界！""我们要彻底改变（这里填入某个使命）的世界！"棒极了。我们理解这很令人兴奋，你们也希望自己的使命是有意义的。但我们认为，真正改变世界的是那些研发出脊髓灰质炎疫苗、无线电、食品冷藏、电力系统的人，或是那些激励数百万人进行非暴力革命的人。如果你正在重塑一个基于网络的销售工具、发票解决方案、移动文档同步解决方案、旅游应用程序，或者一种与人分享图片的新方式，也许你并不能那么大程度地改变世界。

对你和你的团队来说，有意义的工作非常重要。并不是说这些东西不伟大，只是没有它们，世界也会以这样或那样的方式继续运转。谢尔盖·布林（Sergey Brin）研究自动驾驶汽车，埃隆·马斯克（Elon Musk）研究无限太阳能，都是有原因的。

你能做的是让你的世界变得更好。你已经在用真实可见的方式在帮助那些与你共事的、你为其服务的或你激励过的人，你的所作所为都值得被赞赏。

> 你已经在用真实可见的方式在帮助那些与你共事的、你为其服务的或你激励过的人，肯定自己的这些作为可以让你的世界变得更好。

· 你可以为团队中的杰出人才创造新公司和新机遇，从而形成创新的良性循环。当杰森回顾他共同创办的第一家初创公司时，他的管理团队已经衍生出三家有风险投资支持的创新型初创公司。

· 你可以为人们创造真正的新工作机会。真正创造全新的好工作机会，不仅仅是从其他初创企业挖来工程师，那不过是一种零和就业游戏。要创造出以前不存在的全新的好工作机会，包括能让员工养家糊口的工作机会。

· 你可以帮助人们买房。钱总是好东西，通过某种方式让人们有足够的钱购买第一套住房是件好事。大卫·乌莱维奇非常自豪，就因为销售开放网络域名系统公司（OpenDNS）让自己的员工得到了实惠：除了让许多员工成为百万富翁，还帮助他们中的许多人偿还了债务，比如学生贷款。

· 你可以促进许多人的职业发展。初创企业如果取得成功，对于那些拥有聪明才智和胆识但简历不那么完美甚至有些简陋的人来说，是职业生涯的加速器。你可以让那些可能从未从事过管理工作的人成为出色的管理者，让那些充满热情的人成为非常成功的销售人员，让那些负责客户支持和客户成功的人成为主管——如果没有你的初创企业，这些机会可能永远都不会存在。然后，他们会继续在其他伟大的公司发挥领导作用。你团队中的人还会创建自己的初创公司、小企业、非营利组织和咨询公司。

・你可以培植其他伟大的公司和初创企业。我并不认为赛富时真的改变了世界。虽然很接近，但是还不够。不过它确实帮助创建了许多其他的成功公司。没有赛富时，回声签就不可能达到最初的体量，也不可能取得成功。

・你可以成就一段伟大的旅程。初创企业、公司或团队不会永远存在，它们会以这样或那样的方式成长或消亡。但你可以完成一次伟大的旅程，人生只有那么几次旅行，一段美好的经历会伴随一个人直到永远。

无论你在你的旅程中走到了哪里，我们从初创企业和财富 500 强企业都学到了一点，那就是经过风险调整后，初创企业的利润可能会更低。初创企业甚至并不比大公司里最优秀的团队更灵活。但看着自己的初创企业一天天成长壮大，你会更容易体会到世界变好的感觉。

更多在线资源，请访问：www.fromimpossible.com/resources。

06 第六部分
CHAPTER
拥抱员工所有制

> **残酷的真相**：你的员工只是在"租借"工作，而非"拥有"工作。

第二十章

审视现实

你对自己的工作充满热情并全身心投入,这让你忘记了许多其他人并非如此,或者他们还没有学会像你一样执行。

除非你接受"岗位所有制"(Functional Ownership),否则他们永远都学不会。

亲爱的高管(来自一名员工)

亲爱的高管:

我喜欢在这家公司工作。我喜欢这里的人际氛围,公司的文化,并且我相信我们的产品!

我希望在这里取得成功,而且是巨大的成功,并为自己扬名。我想做出贡献,我想在这里成长,和你们一起进一步发展我的事业。我想帮助公司,但我并不总是知道该怎么做。

我经常感到沮丧。我很难有时间和你进行真正的交流。我觉得你并不会听我或其他员工的意见——我们也有想法。我也试着分享我的想法,但尝试了三次之后,什么都没发生,也没人关心或倾听,我就放弃了。

在这里,要改变任何事情(哪怕是很小的事情)都很难,我不知道我的职业生涯在你们这里会走向何方,也没有信心你们会关心我或我的职业生涯。

换句话说,虽然我现在在这里赚的钱还不错,但我感觉不到自己的价值,这让我觉得自己在这里没有未来。因此,我只想在这里做最基本的事情,而不是超越自我——因为,这有什么意义呢?我在利用课余时间阅读有关寻找理想工作、创业和网络营销等主题的书籍。

> 我只想在这里做最基本的事情,而不是超越自我——因为,这有什么意义呢?

我常常觉得在自己的岗位上受限，我不被允许尝试任何新事物或做任何试验。与其被日常工作所困，我不如把它作为一个跳板，去发现我还能学到什么，如何做出更大的贡献。我对我们业务和市场的其他部分了解得越多，我就越能做出更多贡献。

我知道我需要在我的"本职工作"（我受雇的工作）上表现出色，但难道没有办法让我在其他领域继续学习，包括为公司赚更多的钱吗？不要把这些其他兴趣看作对我工作的干扰，而应看作可能的补充。

这里的职业发展道路似乎是一个谜，或者更糟糕的是，它是武断的。在这里，高管的宠儿们得到了所有的关注和晋升，即使其中不少人看起来并不是那么出色，有些人的表现甚至堪称灾难。

亲爱的员工（来自高管）

亲爱的员工：

你希望在事业上取得成功。也许你现在就认为自己应该升职或加薪。或者你只是觉得工作无聊。也许人们不尊重你（很棒的）想法，或者根本不听取你的意见。也许你认为自己没有得到老板甚至客户的公平对待。也许我们的管理制度确实有问题，让员工的最大努力落了空（虽然我们不能公开承认这一点）。

事实是，虽然我们喜欢你的为人，认为你表现出色，工作出色，但是这些都是最基本的要求。我们看不出你在其他方面有什么不遗余力的贡献。（你做的那些副业不算数，你以为我们不知道你有副业吗？）

事情就是这样的。如果事情没有按照你的意愿发展，那么是时候掌握自己的命运了，而不是认为这是"别人的错"，归咎于经理、老板或团队。不要责怪别人没有认识到你的伟大。如果你只是待在这里或任何地方等待别人认可或发现你，那你很可能要等上很长一段时间。时间永远不会完美，机会也永远不会完美，你必须利用你所拥有的一切，无论你感到多么沮丧或失败。

> 如果你只是待在这里或任何地方等待人们认可或"发现"你，你很可能会等上很长一段时间。

公司里有很多需要帮助的人。推出产品、开展营销活动、完成销售、雇用员工、服务客户、支付账单等，要解决的问题总是数不胜数；你可以挑出一个，然后去做点儿什么。

你必须能够在不影响"日常工作"成果的情况下做到这一点，日常工作指的是你现在的经理、团队和岗位描述对你的期望。如果你不能完成我们雇你来做的事，我们就不可能相信你能完成其他任何事情。一个真正肩负责任的人不会只在方便的时候才交付成果。

如果你的反应是"我该怎么做"，那么，这就是问题的关键了，因为我们无法告诉你。如果我们知道，我们早就在做了。你怎样才能以我们没见过或还未实践过的方式改进业务？

如果你的反应是"我已经尝试过了，但总是被驳回"，那么我们能说的最好的办法就是：找一个相信你的人，在身边指导你。哪怕是私下里找人指导你，因为这个人可能不会是你现在的经理。但你不能等着公司（或任何人）来帮你解决这个问题。

如果你不知道从何入手，可以从与我们和其他员工交谈开始。有什么问题需要解决，有什么职能需要一名负责人，或者有谁愿意帮助你？

没有什么神奇的秘诀可以遵循，没有人可以"告诉你该怎么做"。你必须自己摸索，这也是主动出击的一部分！请记住：你周围许多成功故事都是现实扭曲场的一部分，它们省略了大部分的非戏剧（也很无聊）的日常奋斗部分，可是98%的成功都来自于这些细节。

我们知道你有令人难以置信的潜力，所以别再只是说说而已了，行动起来，向我们展现你能做出些什么。放下你的智能手机和Instagram，从电脑后面走出来，去和客户或同事交谈，然后拿出你的第一份提案。我们和你一样希望你在这里取得成功。

附注："亲爱的高管们，请不要落在后面"
（来自首席执行官和董事会）

亲爱的高管们：

我知道你是你所在领域的专家，有着一长串成功的业绩。我知道你们被视为行业专家，受邀发表演讲、撰写文章、在小组讨论会上发言。但这种成功现在却阻碍了你自己的职业发展。我知道你是你所在领域的专家，但我也需要你成为我们所有职能部门如何协同工作以增加收入的专家。我需要你了解我们的销售、线索生成、客户成功、招聘和主人翁文化是如何运作的。你正在做哪些会让董事会欣赏的工作？

据我所知，你还应该让我们随时了解你所在领域的新趋势，比如：

·**在IT领域**，SaaS行业的软件世界正在改变你们团队的需求以及技术构建、销售和维护的方式。

·**在营销领域**，现在营销的关键是数据、分析和指标，而不仅仅是创意和品牌。

·**在销售领域**，销售需要的不仅仅是人际关系、渠道合作伙伴和销售预期，还有指标、角色专业化和可预测性。

·**在人力资源方面**，还要考虑到员工的参与度、满意度和个人发展，而不仅仅是福利和合规性。

·**在制造或研发领域**，我们需要更快的产品上市时间、敏捷的创造和需求的满足。

我知道我们有既定的做事方法，但不要让这些方法成为你陷入惰性或找借口的理由。

1. 你不能等到有了更多的人手和预算之后才去发展和适应变化。利用已有的时间和资源，总是有办法向前推进的。

2. 更快做出决策。在做出决定之前，一切都不会发生。你是否因为害怕做错决定或担心自己的形象受损，所以就回避做出一项重要决定（或无限期地将其搁置在委员会中讨论，或去聘请麦肯锡公司……）？

3. 不要打击新想法。当销售人员有意尝试新技术，但却失去了一笔大生意或搞砸了一个客户时，你是该惩罚他们的失败，还是奖励他们的勇于尝试？只要你能从中学到东西，这种尝试就不是损失。对于那些（a）屡次犯同样错误的人和（b）撒谎的人，你才需要采取更严厉的措施。

> 如果你因为员工尝试新想法而惩罚他们（或者置之不理），他们就会停止尝试。

4. 亲力亲为——说"我"，而不是"我们"。你认为"我们"应该开博客，应该开始拓展业务，或是应该提出新的愿景？那就先自己动手去做这些基础工作吧。

你要先树立榜样，并更多地了解这件事需要什么才能够发挥作用。

5. 你和你的团队如何增加收入？也许以前没有人关心过人力资源、采购、IT、制造或会计部门如何影响营收。但我需要你们了解增长需要什么，这样你们才能提供帮助。至少你可以教我们的销售团队，让他们更清楚地了解你的部门会对客户发生什么作用。你的工作领域与财务业绩的关系越密切，对你的职业生涯和责任就越有利。

如果你觉得自己已经落后于他人，或者已经精疲力竭，那么你有机会重塑自我。你想了解哪些趋势，你对哪些东西感兴趣？

我的核心观点是：是的，你已经克服了职业生涯中的重重挑战，才取得了今天的成就。那么在你的领域里，接下来会发生什么，它对收入增长或客户服务有什么帮助？因为如果你不能改变思维方式或管理团队的方式，你就会被时代抛弃。

你的员工是在租借工作，还是拥有工作？

如果员工总是知道他们下一步需要做什么，而不需要一直被告知或管理，那会怎么样？

作为一名高管，除非你的员工接受关于增长的新理念，否则你不可能以你想要的速度和需要的速度落实这些理念。如果员工不接受，你就会陷入泥潭。这些想法可能是销售角色的专业化、创建更大的企业套餐或更小的中小型企业产品，可能是产品转向、采用免费增值模式、放弃免费增值模式、改变企业文化，等等。

你的团队对你的想法、动机和执行力的依赖程度如何？他们提出自己的新想法并主动去搞定这些问题的频率如何？如果你因为员工尝试新想法而惩罚他们（或者置之不理），他们就会停止尝试。

你是否觉得自己经常要出面为员工解决问题，告诉他们该怎么做，一次又一次地回答同样的问题，还是他们会采取行动？

如果你放两周假，不带充电器（完全不插手公司事务），会发生什么？

> 如果你放两周假，不带充电器（完全不插手公司事务），会发生什么？

如何帮助员工超越他们的岗位职责？不是在工作时间上，而是在主动性上。只有让员工感觉他们是公司的主人，并像经营自己的事业一样行动才能做到。一个非高管人员有多少机会能突然想出并执行一些能增加销售线索、提高销售效率、提升客户留存率的措施呢？

主人翁是不需要被管理的。他们不会坐等别人告诉他们该怎么做，而是主动去做。因为当他们在感情上真正拥有某样东西时，当他们非常在意某件事情时，他们自己就会去好好打理它。

> 如何帮助员工超越他们的岗位职责？不是在工作时间上，而是在主动性上。

听着，如果大多数销售经理都抱怨他们的销售人员挖掘潜在客户不够积极，那么问题就不在销售人员身上，而是拓客系统需要改变。这就是为什么销售角色的专业化如此有效。明白了吗？

同样，如果大多数首席执行官和高管都希望他们的员工更加积极主动，像主人翁一样行事，那么问题也不在员工身上，而是管理系统需要改变。

> 问题不在员工身上，而是管理系统需要改变。

因为事实真相是，你的员工是在租借他们的工作：
- 你如何对待自己的汽车和租来的汽车？
- 你如何投资自己的房子和租赁的公寓？
- 照看别人的孩子和自己的孩子有什么不同的感觉？

你认为你的员工不会像公司的老板一样行动，因为他们不是公司的主人。其实不然。

当你听到"主人"时，你是否会立即想到财务所有权（股权、佣金、员工持股方案）？如果"财务所有权"与你设定的目标、责任和认可相结合，就足以将学习、行动、主动性、结果和决策等事项系统化解决了，那么你和其他所有管理者都会拥有一支充满主人翁精神和"小CEO"一样的团队。但事实并非如此。

因为员工的财务所有权很重要，但它不足以带来满意的效果。

仅有财务所有权，并不能同时创造出岗位所有制和那种"哦，天哪，这真的全靠我了"的百分百责任感时刻，这种责任感会激励人们做出超越岗位描述的表现。

授权不是真正的所有权。员工需要岗位所有权，感觉他们真正掌控某些东西，需要学会如何像公司主人一样行动。

> 员工需要"岗位所有权"来激发他们做出像老板一样的行为。

岗位所有制

首先,不存在什么"神奇事物"能让你实现所有的愿望,就像某种神奇的闪闪发光的紫色独角兽一样。如果有人声称"某样东西"能解决你所有的问题,那他一定是在骗你或骗他自己。

员工需要岗位所有制来激发他们像公司主人一样行事。对以下两类人来说,岗位所有制可改变他们的生活。

- 那些想要将自己的贡献提升到一个新水平,但不知道如何做的员工。
- 那些一直在寻找可靠方法来激励和鼓舞员工的高管。

当一个人明确、公开地拥有业务运作的一部分时,无论是数十亿美元部门的损益表,还是办公室冰箱日常清洁,他(她)就拥有了该职能的主人翁责任感,以及随之而来的情感上的承诺。他(她)对这个部分负 100% 的责任,包括其结果、相关决策以及改进措施。

人们会支持自己参与创造的事物,他们所拥有的事物大小并不重要,重要的是他们拥有所有权的这个现实。这种所有权还包括个人再也无法躲避他的责任,这就是为什么共同承担责任往往会造成人们互相指责。

因此,"岗位所有制"是激励机制中的关键一环。然后,再把它与无法逃避的最后期限和强迫机制(我们将在本章后面讲到)结合起来。这时,可预见的奇迹就发生了。

这并不是对每个人都有效。除了小 CEO 型员工和职业型员工,你还会遇到抱怨型员工和钟点工型员工(我们将在后面第二十二章介绍这四种类型的员工)。但是,如果你直接管理 10 个人,哪怕只有 1 个人像公司主人一样行事,那也会产生巨大的变化。如果 1 个管理者能让自己团队中像公司主人一样的员工从 0 个变成哪怕只有 1 个,或者从 1 个变成 2 个,那就太棒了!

即使你今天能够应付得过去,那明天呢?

变化是不可避免的。那么,你是要被动应对市场变化做出反应,还是要走在变化的前面，主动参与推动变化的产业呢？如果你的员工总是坐等命令，而不是自己主动出击，那么增长将永远困难重重，而你将承担全部责任。

> 你是要被动应对市场的变化做出反应，还是要走在它们前面，主动参与创造变化？

要做到这一点，最好的办法莫过于培养更多有主人翁意识的人，并不断用令人不舒服的挑战来激励他们，推动他们学习。是的，正如字面上的意思，你和你的员工在走出舒适区后应该感受到挫折。只要这些新的挫折来自新的问题，而不是来自那些从未得到解决或改进的老问题，那就没有问题。

你不是在克隆自己

没有人会成为你。他们的工作不是像你一样去销售，不是像你一样去创造，也不是像你一样去领导。有时他们会比你做得更差，有时会比你做得更好，但永远不会一样。每个人都有独一无二的天赋，他们可以把这种天赋带到工作中，并利用它来改变现状。

> 每个人都有独一无二的天赋，他们可以把这种天赋带到工作中，并利用它来改变现状。

如果你不挖掘员工的想法、能量和动力，不建立起相应的系统促使他们行动，让他们摆脱惯性并推动事情发展，那么你就是在浪费他们的潜力和你的时间。

这并不是什么单方面的说教，告诉你为什么要善待员工，给他们爱，给他们欢乐等，因为员工正是问题症结的所在。大多数人都在等待别人告诉他们该怎么做。在学校和大多数工作岗位上，他们从小接受的就是这样的训练——"按照别人告诉你的去做""只要按照这10个步骤去做，就能通过课程并获得奖励"。他们迫不及待想要获得这些奖励（包括不劳而获的那些）。他们容易感到无聊，喜欢抱怨，还指望你不断给他们新挑战，满足他们的各种需求，而这还只是那些表现较好的员工的状态。

第二十一章

针对高管：创建岗位所有制

让我们来分析一下如何在团队中启动和创建岗位所有制。

如果你是一名员工，对这些内容不感兴趣，可以跳到第七部分：定义你的命运。那是为你准备的。

简 单 调 查

让我们先给公司把把脉，看看是否存在士气或信任问题。如果员工不信任管理层和公司，所有的一切都会受到影响。员工不信任管理层，就不会去听你在讲什么，也不会关心和跟进公司要做什么。如果员工感觉不到公司在他们身上的投入，他们就不会为了帮助公司而投入。

一份简单的调查问卷：六个问题

1. 背景：你的职位是什么？你的上级是谁？

2. 喜欢之处：你喜欢（在这里工作 / 你的工作 / 你的上级 / 我们的产品 / 我们的销售方式……）的哪些方面？请详细说明或具体举例。

3. 不喜欢之处：你不喜欢（在这里工作 / 你的工作 / 你的经理 / 我们的产品 / 我们的销售方式……）的哪些方面？请详细说明或具体举例。

4. 设想环节：如果由你来管理，你会采取哪些不同的做法？请详细说明或具体举例。

5. 其他想法：你还有什么想法？还有什么是我们应该知道的？

6. 可选：如果我们对你的回答有后续问题，该如何与你联系？

请注意如何通过聚焦"喜欢"和"不喜欢"的问题，来指向任何具体或宽泛的主题。

你希望得到人们诚实的反馈，因此他们的身份信息要设为可选项，而不是必需项。

> 你希望得到人们诚实的反馈，因此他们的身份信息要设为可选项，而不是必须项。

如果只把这封信发给一两个员工/合作伙伴，那显然这就不是匿名的了。他们可能不会100%愿意提供信息。尽你所能向你自己和接受调查的人保证，这些答案只会被用来改进业务，而不会对他们造成不利。

为什么你可能会不想发起调查问卷

人们都害怕从他人那里得到真实的反馈，这是很自然的。选择回避可能感觉更容易，但现在知道总比在员工离职面谈时才发现要好。

他们可能会说一些对你和公司的批评意见，那感觉肯定不怎么好。如果你发现这种恐惧阻碍了你发起调查，那就多想想：(a) 也会有人对你说很多正面的话；(b) 如果有问题在表面之下发酵，最好现在就发现并处理，而不是让它们悄悄成长为一颗更大的定时炸弹，直到有一天在你面前爆炸，而且很可能会在最糟糕的时机爆炸。

你的工作

当你收到反馈后，你一定要采取行动，哪怕第一步只是先承认你收到了调查反馈。在理想情况下，你应该在公告或调查问卷中公布你将确认收到答复的日期。

如果你不尽快确认收到调查反馈，就会让员工更加坚信，"我就知道这毫无意义，反正他们从来都不听我们的，也不会去做任何事情"。

小贴士

· 为了获得诚实的反馈，可以考虑请外部人士作为中立方。

· 调查的频率不要过高，要留出足够的时间向大家说明你收到了什么样的信息，正在反思什么，听取大家的意见后正在采取怎样的行动。

· 每次挑选一两件事情重点解决，这样很快就能证明你在取得进展。

· 召开团队或员工会议，回顾存在的问题，提出建议，找到自愿负责的人，并确定"强迫机制"。

> 不要试图一次性解决、回应或改进所有的问题。

"零意外"的文化

要改变公司文化可能很难。这也是为什么有成千上万本书和几百万篇文章都在讨论这个问题。那些想法中又有多少对你的公司产生了影响呢？进行文化变革是个巨大的挑战——因为文化和人都是由习惯构成的，而习惯是很难改变的。

让我们从一个简单的想法开始，那就是透明度：如果你坚持建设公司的透明度，将有助于提升信任，有助于员工更多了解公司的情况和快速推进工作。因为一旦取得了最初几个"胜利"，就很容易继续做出改进。让我们围绕"零意外！"这个口号团结起来！

为什么人们讨厌意外

首先，想一想在工作或金钱方面有多少令人开心的意外。你想得出来吗？我猜它们肯定比工作中糟心的意外要少得多。

客户讨厌销售人员带来的意外，销售人员讨厌客户制造的意外，销售副总裁讨厌销售人员搞出意外，首席执行官讨厌执行团队搞出意外，董事会讨厌首席执行官搞出意外。

如何创建"零意外"的公司文化？那就要考虑一下如何才能消除意外情况。

你不得不改进公司内部的沟通方式：市场营销、销售、开发和客户支持等团队如何协同工作，共同进步。我们再说说客户：如何确保客户不会对提案、产品变更、宕机、人员变动感到惊讶？

> 如何才能消除员工、客户、投资者、管理团队之间的意外？

Hubspot 公司的透明度有多高

即使是还未上市的私营公司，Hubspot 也与公司里的所有人分享公司的财务数据，正常来讲这些数据都是由公司高管谨慎保管的。这些数据包括：现金余额、资金消耗率、损益表、董事会会议纪要、管理层会议纪要以及战略话题等。他们这么做的目标是促使员工做出更明智的行为和更好的决策。

只有在以下两种情况下，他们才会保密：（a）法律要求或（b）信息不完全属于自己（如员工个人信息）。

何处入手

在公司里走走，问问员工他们的工作重点是什么。他们觉得哪些方面自己一无所知？他们最想知道什么？无论你认为他们是否需要知道或是知道了对他们有没有帮助，你都要考虑一下他们是如何被排除在信息圈之外的。

再比如说，如果你正在应对一项挑战——尤其是财务方面的挑战——从分享有关这个挑战或其他重要问题的最新信息开始，你就可以通过当面说、打电话、社交网络应用和电子邮件等最容易维持的沟通方式来构建共享信息圈。你必须保持这种状态，在"最初"的几个月里，尽可能定期进行。随着时间的推移，定期更新的方式和节奏会发生变化，但在开始阶段，你必须建立起一种态度：你是认真的，要让每个人都了解情况。如果你有董事会，可以套用董事会的演示模板定期更新公司的信息。

这有助于避免意外：那些通常觉得自己被排除在信息圈之外的员工会更加投入，也更清楚自己能在哪些方面做出贡献。

> 随着时间的推移，定期更新的方式和节奏会发生变化，但在开始阶段，你必须建立起你的认真态度。

举例说明：财务透明度

你公司的财务状况大多保密吗？如果是，为什么？保密是否有特定的商业原因，还是出于习惯？为了了解如何帮助公司赚钱，员工也需要了解公司如今是如何赚钱（和亏钱）的，以及其中的原因。要让员工对公司财务情况有一定的了解。

你不需要一开始就突然向每个人提供（或倾倒）完整的财务信息，先分享对大家有帮助的信息就行。

> 教你的员工了解财务。

举例说明：职业发展透明度

公司是否有员工可以期待的成熟的职业发展道路？晋升或职位变动是怎么决定的？公司除了对外公布新的职位空缺，是否会对内公布？是否允许内部人员申请这些空缺？如果不允许，原因是什么？

举例说明：销售透明度

你有销售流程吗？为什么不稍微更新一下，然后开始与潜在客户分享呢？这样他们就能看到你和他们要遵循怎样的路线图，以此判断双方是否适合合作。

例如，以下是一个简单的流程大纲，它能使买卖双方目标一致：

1. 关于"我们合适吗"的首次通话：在向前推进之前，要先确定这是不是在浪费时间。这个环节可能包括向买方做首次简单演示，以便他们决定是否还要进行下一次通话，以及该邀请他们团队中的哪些人参与下一次通话。

2. 演示或探索通话：这次通话会有买方的几个人参与，其中一位要是决策者，这样我们才能就是否值得推进交易做出决定。

3. 提案：在提案中列清产品条款，让买方可以了解所有相关细节，知道产品将如何满足他们的期望、定价、选项和条款。诚实地提出卖方产品的替代方案（包括"如果不这么做"的后果或"某竞争对手"的解决方案），以帮助买方做出最佳决定。

4. 决策者同意：对决策者的所有问题和异议都要给出回应。怎样才能让决策者对项目感到兴奋？

5. 敲定条款：对大多数人来说，"谈判"一词意味着总有人会输、有人会赢。而现实中，双方都应该努力以对彼此都有意义的方式去敲定细节。

6. 签署合同（或文书）：双方当天庆祝合作达成，然后第二天就回归工作，履行各自承诺。

7. 启动/实施/开始：客户开始使用新的产品或服务。

8. 客户成功跟踪：帮助客户衡量迄今为止取得的成果，并评估一下与他们的期望相比，项目取得了多大的成功。

现在你明白这种买卖双方共同参与的过程能如何帮助双方取得成功了吧？

岗位所有制

前面两节讲述了如何让员工在接下来的工作中取得成功。但如果你在执

第二十一章　针对高管：创建岗位所有制

行（或逃避执行）这些内容时遇到阻碍，那你可以暂时先跳过它们，先做下面这些事。

当主人与协助者之间存在着巨大差异，就像拥有和租用之间的差异一样。当一个人在情感上拥有某件东西时，他对这件事的思考、努力和投入，比他只是一个兼职玩家或只能粗浅涉猎时要深刻得多。这就好比做父母和做保姆之间的区别。

如果你有一位营销副总裁，那么回答"谁是市场营销的主人"这个问题就很容易。通常，市场营销的所有事都归他们管，所有重要决策都要由他们做出或经过他们的确认。

但公司博客归谁管？不会是营销副总裁，除非营销部门只有副总裁一个人，他只能自己管理一切。团队中运营博客的那个人应该"拥有"博客。这就意味着，市场营销主管在做出有关博客的决定时，会听从这个人的意见，包括要决定视觉效果发布、节奏、格式、内容和风格的时候。这个人"拥有"博客，对有关博客的指标承担百分之百的责任。

于是，员工再不会总是带着各种选择来找你、要求你做决定了，而是只在他们需要的时候向你寻求建议，然后由他们来做出决定。在可预测的收入团队，各项决策都会分散到整个团队，而不是全都堆给高层等他们艰难地做出抉择，这种做法让管理负荷产生了巨大的变化。

请记住，我们关心的是两种所有权（我们真正关心的是情感上的所有权，但这只是推行下面两种所有权的附属作用）：

1. **岗位所有权**：谁拥有哪些职责：销售？销售线索？信息技术？
2. **财务所有权**：谁是公司的股权所有者？如何赚取提成或分享利润？

上面的两种所有权，高管通常两者都有，但许多员工一个都没有，或只有些象征性的份额。

财务所有权也很重要，但它更为复杂。它通常能激励员工超越自己的常规工作，却很难让员工为了让公司更好而不断超越自我。奖励员工正在做的事，比奖励他们能做到的事要容易得多。因而员工层面的职能自主并不常见。

为了鼓励员工对自己的工作成果负责并拥有更多的创业精神，你可以让他们拥有点儿什么，任何东西都行，哪怕是厨房里的冰箱。

> 为了鼓励你的员工对自己的生活负责并拥有更多的创业精神，你可以让他们拥有点儿什么，任何东西都行，哪怕是厨房里的冰箱。

所有权的五个方面

不是每个人天生就积极进取。你也不可能神奇地创造出一支由理查德·布兰森[1]（Richard Bransons）或埃隆·马斯克组成的团队。但只要改变他们的环境，你就能让一些人的进取心指数从 5 分提升到 7.5 分。

1. 单一的、公开的所有权——首席执行官无法隐藏。每个人都要知道谁才是最终负责人。对于一个职能或项目，谁是大家都认可的唯一所有者？即使有委员会或合作伙伴参与，也得有个人是选定的最终决策者，这并不完全取决于资历。一位高管可以负责整幅拼图，比如市场营销，但其他人可以拥有这幅拼图的一块，比如内部会议和系统、操作手册、内容、活动、工具、报告、活动、职业发展路径等。

作为所有者并不意味着你必须做所有的工作，但你有责任确保这些工作完成，不管是你自己做还是让其他人来做。

2. 强迫机制——首席执行官有他们无法逃避的义务，比如给员工发工资。像这种公开的、具体的最后期限比任何其他东西都能推动进步工作进展。为了改善身材，以下哪种方法更好：（a）办一张健身房会员卡，（b）向朋友宣布自己要参加马拉松比赛？高管们一直在创造各种各样的"强迫机制"：创业、融资、举债、宣布产品发布或出版日期。诀窍在于要把"强迫机制"向下推广到整个组织，应用到员工身上，让他们也有"必须按时发工资"的感觉（下一节将详细介绍如何做到这一点）。

3. 决策——单一负责人要做所有的决策，并要承担决策的所有后果，但也会根据需要听取他人的建议。决策是一种技能，通过练习会变得更加容易。只有当老板允许员工自己做决定，然后从后果中吸取教训时，他们才会在决策方面做得更好。

> 只有当老板让他们自己做决定，然后从后果中吸取教训时，他们才能更好地做出决策。

4. 明确的成果：首席执行官有他们固有且无法忽视的业务成果指标，如销售业绩和现金流目标。对于岗位所有者来说，哪些成果对他们和他们负责的领域至关重要？我们该如何评估这些成果？我们如何判断工作是否有效？我们可以用哪些指标、第三方评级或里程碑来评估进展？

---

[1] 维珍集团创始人。（译者注）

5. 学习的循环：有董事会的首席执行官会有一套系统来帮助他们实现循环、衡量成果、接收反馈、避免盲点并走出舒适区。公司内部的所有者（指员工）也需要同样的东西。公司的各种职能必须下放，但不是推卸给员工。

举例说明

围绕前文"锚定细分市场"这一主题，亚伦提出了大部分原创内容，但可预测的收入团队的罗布·赫弗（Rob Hever）才"拥有"我们的锚定细分市场计划，如举行研讨会和制定客户工作手册。所以：

1. 所有者：罗布。

2. 强迫机制：通常是承诺的日期，如执行研讨会、私人或公开演讲的日期。没有什么比宣布活动日期更能激发人们的热情了！

3. 决策：罗布决定举办研讨会的地点、方式和时间，研讨会内容的形式和顺序，以及如何对其进行改进。

4. 明确的成果：客户可以对他们的体验进行评分，并提供价值反馈。细分市场的结果可以发展成新的对外营销活动并进行测试。

5. 学习循环：在研讨会或项目结束后，罗布会收集参与者的反馈，并将其纳入行动总结报告。

现在，作为一个示例，我们要为罗布创建一个强迫机制，那就是告诉读者可以在 www.fromimpossible.com/niche 网站下载我们最新的《锚定细分市场》工作手册并阅读相关文章。

在我们写下你现在正在阅读的这些文字的那天，这个链接还并不存在。但是，只要我们把这些文字打出来，一个不可逃避的、公开的最后期限就出现了。（罗布，不用谢！）

从三个问题开始

1. 什么事务需要一个负责人？你可以列一个清单：你希望别人负责的事情有哪些？还有哪些事情需要有专人负责？

2. 负责人应该是谁？关于几项最重要的职能，谁是那个应该成为负责人的人？负责人可以是自愿的，也可以是指定的，或者是通过小组共识选出来的。决定的依据应该是这个人是否合适和是否热心，而不是他的资历。

3. 最初的强迫机制是什么？负责人应在必要的帮助下（或必要时在管理者的

挑战下）提出下一步要做什么，要在什么时间完成。保持"强迫机制"，在强迫机制的不断推动下，成果、决策和学习循环都会建立起来。

> 当你有一个无法逃避的最终期限作为强迫机制时，在它的推动下，其他的一切，成果、决策和学习循环，都会建立起来。

即使毫无头绪，也要开始行动

如果你希望你的员工开始实践这些想法，但有人却完全不知所措，那么他们的第一个强迫机制就可以是（在一个特定日期之前）找到一些自己要负责的东西。"6月5日，我要宣布我要负责的事情"。你可能要跟团队沟通一起找到合适的项目。

然后，下一个"强迫机制"可能就是提出另一个"强迫机制"！"6月12日，我将宣布我/我们下一步要做什么"。

高管们：让员工决定

每当员工来找你做决定时，你都在剥夺他们锻炼自主决策能力的机会。你是在教他们依赖你。

> 每当员工找你做决定时，你都在剥夺他们锻炼自主决策能力的机会。你是在教他们依赖你。

首先，你们要一起决定这件事是否需要你来决定或授权。如果不需要，那就让员工自己做决定，即使他们不愿意！新的责任可能令人兴奋，也可能令人畏惧。决策决定命运。岗位所有者需要提高自己的果断性和自信心，而这来自于实践和指导。

因此，尽可能多地为他们寻找机会，让他们自己做出更多决定，并承担相应的责任。有一条规则要遵守：他们只需在做决定之前，询问别人的建议。

如果他们的决策"失败"了或没起作用，不要惩罚他们。惩罚会让他们学会不再冒险。给他们些指导，帮助他们从这次经历中吸取经验教训，这样他们下次就能做得更好——还要确保会有下次。

当你替员工做决定时，你就剥夺了他们自己实践和学习的机会。即使决定最终带来了痛苦的结果，犯错也是尝试新事物的代价——尤其是在学习如何培养创业精神的时候。

将决策权力下放，这样既能培养你的员工，又有减少高层的决策瓶颈（见图 21.1）。

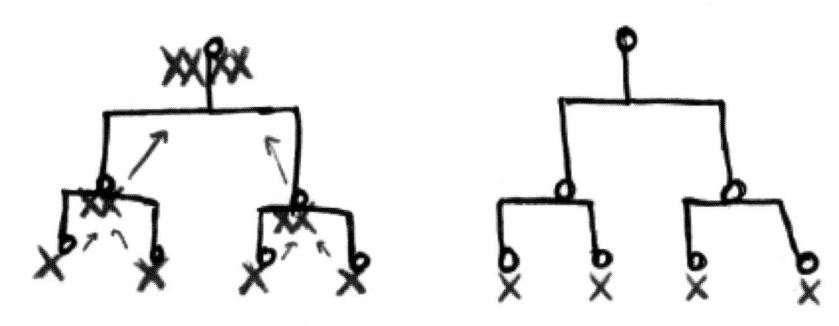

图 21.1 　下放决策，避免执行瓶颈，培养你的员工

岗位所有制是如何培养人才的？

随着员工继续保持着拥有项目和创建强迫机制的势头，他们将不断养成成功承担责任习惯。虽然有些人学得快，有些人学得慢，承担责任意味着：

·学习如何交付成果，而不是找借口。如果你是个首席执行官并且要按时给员工发工资时，你很快就会知道找借口有多么浪费精力。

·"寻求建议，而不是答案"。对自己、自己的想法、决定和主动性充满信心。要懂得犯错误（比如损失金钱或失去客户）和战胜错误都是拥有某样东西不可避免的一部分。

·作为权威做出决定，而不是听别人的。有空儿的时候留意一下自己，在做决定时，自己会不会习惯性地听从他人的意见？

·习惯坦诚和透明，即使不那么舒服。包括有问题马上处理，而不是把问题推后。团队中是否有人需要离开或改变？新产品、潜在客户开发或销售等方面是否存在问题？是否存在没有人愿意承认的问题，因为这会导致首席执行官和董事会必须尴尬痛苦地重新做预测？

·接受成功的荣誉，也要承担失败的责任，不否认也不隐瞒。还有，要诚实对待，该是谁的就是谁的——无论他是做出了贡献还是搞砸了。

·习惯不可避免的失误和失败，学习如何从这些失误和失败中取得成长和进步。如果你几乎每天都没有因为某件事而感到失败、沮丧或失落，那你就太安逸了。

> 如果你每天都没有因为某件事而感到失败、沮丧或失落，那你就太安逸了。

·这意味着要学习销售、决策和客户成功——无论是针对外部客户还是内部的——比如找出（公司）关键管理系统存在的问题，向团队说明为什么需要做出改变，并确保改变得以实现。

·这意味着培养自我意识。作为所有者，当你对某件事负起 100% 的责任、不再找借口时，剩下的就是你自己了。对有些人来说，这是一种解放；对另一些人来说，这是一种恐惧。你是唯一阻碍自己前进的人；你也是那个能在工作和生活中充分利用机会的人。你讨厌你的老板？那就改变你自己的态度，或者换一份工作——但不要去抱怨或找借口。

所有权意识的核心不在于拥有的东西有多大或多小，只要它对某人很重要，对拥有者很合适（不要太简单，也不要过于挑战）。这可能意味着拥有某个管理系统、公司博客、电话系统、团建活动、内部维基、产品发布、价值数百万美元的产品线或一场会议。

> 请访问 www.fromimpossible.com 网站了解最新案例研究和其他团队如何培养员工所有权意识。

现在这样做……

读完本节内容后，与你的员工聚在一起，讨论如何在你的团队或企业中应用这些内容。

取其精华，去其糟粕。

案例研究：计时高尔夫公司（Chronogolf）如何利用员工所有制将销售线索增长 500%

观看 www.fromimpossible.com/resources 网站上的视频，了解计时高尔夫公司如何利用这些员工所有制理念，将其营销和 SDR 团队打造成迷你首席执行官。每位 SDR 都拥有特定的指标和渠道，从而在 14 个月内将销售线索生成率提高了 500%。

案例研究：一个苦苦挣扎的团队如何实现成功的自我管理

卢·奇尼利亚（Lou Ciniglia）在梯子公司（TheLadders）管理一个13人的全国销售团队。以下案例展示了他如何在团队中创建"岗位所有制"，从而改变结果。

［卢］我是一名新任经理，我的团队正在为很多问题备感煎熬。
- 很少有人能完成指标。
- 高层和我们沟通很少——我们经常是最后知道薪酬或定价变动的人。
- 没有职业发展路径。
- 经常有人在没有提前警告的情况下被解雇。

不仅是我所在的团队，整个公司都存在沟通和信任问题。管理层非常忙碌，而且讳莫如深。销售部门和营销部门从不交流。没有人知道公司内部在发生什么。高层领导的指令经常会毫无征兆地改变。员工的不满情绪没有得到重视，且逐渐恶化。没有人信任高层领导。因此，无论公司或高层领导说了什么或下达了什么指令，由于缺乏信任，工作团队都置之不理。

我们当时还没有明确的销售流程、招聘系统，也不了解销售代表取得成功所需的条件。一切都毫无可预测性。

扭转局面的举措

首先，进行双向沟通。我们曾经采用一种自上而下、命令式的管理方法。我们做的第一件事就是开始更频繁、更迅速地与团队沟通，积极倾听他们的意见和他们想要的改变，而不是把他们的意见当成抱怨。

其次，实施岗位所有制。我把创建和管理新销售手册的任务委托给了一位希望拥有该手册的志愿者，而不是由我自己来完成。带领团队创建内容，我们共同制定格式，团队还会自己进行培训。这成为我们公司其他团队效仿的榜样。

> 我没有自己创建和管理新的销售手册，而是把这项工作交给了一位希望自己拥有它的志愿者。

再次，透明度。在需要做出决策时，我们很注重决策的透明度，注重每个参与者如何影响我们的战略，以及我们对战略的承诺，包括关于目标、业绩指标和薪酬在内的内容。透明度有助于提高团队的参与感和活力——因为他们知道正在发生什么，以及他们可以如何做出贡献。金钱、薪酬以及可能发生的变化都是敏感话题，但我们通过诚实坦率的交流，成功地解决了这个问题，并从企业的角度去解释有关进程。在任何变化发生前都要保持透明，这样才能让人们感觉更容易应对变化。没有人喜欢工作中的意外。

最后，会议。几周之内，我的团队就开始主持自己的会议。每周都有来自基层的员工主持会议、制定议程，并让团队中在销售流程某些方面表现出色的人参加。他们还让可以与我们分享知识的其他组织人员参加会议。以前的"我"在主持会议时总是一切以自我为中心："我"的议程、"我"的系统和"我"的期望。这些会议很可能让团队感觉很难受。

现在，他们制定的是对他们很重要的议程。因此，他们会投入更多精力使会议更有效，会议也会更加丰富多样。

现在，我们的团队实际上是在主持自己的会议，建立自己的销售手册，并在其中相互培训，这基本上已经是一个自我管理的团队了。

团队中的竞争

我们最初面临的另一个挑战是，很多销售代表对自己的最佳秘诀守口如瓶。我们将整个团队的态度转变为"我们同舟共济"，而不再是"你赢我输"的零和游戏。大家一直在互相帮助。

团队领导

帮助团队焕发生机的另一个变化是在组织内提拔团队领导。

我们的团队只有13人，但有好几个人说想要接受新的挑战，想鞭策、扩展一下自己，并学习一点儿领导力。我们还为大家创造了承担额外责任的机会，尤其是那些我不需要或不想再做的工作，比如对新代表的基础培训，都交给了想去承担的人。

我们曾考虑过向团队领导支付额外的报酬，但最终大家一致决定不这么做。因为自愿承担这项工作的人都不是为了获得额外的报酬，而是为了积累更多经验。他们为自己获得的商业敏感度、成熟度或积累经验感到很兴奋。

销售业绩如何？

你可能想知道：如果每个人都在做自己的事情，他们是更积极了还是更懒散了？他们会迟到或偷懒吗？太多的自由会造成混乱，这种自由和授权的实验最终对销售业绩是利是弊？

> 如果每个人都在做自己的事情，他们是否会更有动力？

我们团队取得的成果令人印象深刻。事实上，我们在上个季度里实现了一些过去个人或团队从未实现过的里程碑。我们不能透露真实的数字，但以下是两个我们看到的重要里程碑。

- 第一，我们希望快速识别、聘用和晋升新员工。我们最近聘用的 3 名新人在入职后 3 个月就大大超额完成了季度目标，这在以前从未发生过。这非常明确地传递了一个信息："嘿，我们这办法真的有效哦。"
- 第二，作为一个团队，在过去的 3 个月里，超额完成季度目标的销售代表人数打破了历史纪录。可见，团队文化和管理方法的改变对销售业绩确实产生了巨大的影响。

这件事对我的领导能力影响如何

有了更多能自我管理的团队，意味着我节省了大量的时间。首先，我可以对每个人进行更多一对一的指导和培养。即使有 13 个人，他们也不会觉得我太忙了，以至于无法给予他们足够的关注。

我不再需要关注团队的细枝末节和每周的关键绩效指标（这些工作由我的团队领导负责），而是有了更多的时间去关注我们部门的战略以及与公司其他部门的合作。

我们的成功和新方法，让我们的团队和员工得到了更多的关注。这也成功地为团队注入了许多活力。

所有全新的团队合作和岗位所有制让团队活力焕然一新。团队里一直热闹非凡，就连来访者也赞不绝口。团队的生机、活力和积极性都显而易见。

第二十二章

让所有权更上一层楼

这里有更多关于财务所有制、人员调动以及如何与不同类型的员工合作的内容。

财务所有制

财务所有制是岗位所有制的补充。我们在第三部分第十三章提到过这一点,即"给首席执行官的建议:将非销售部门的负责人也纳入浮动薪酬计划"。当然,并不是每个员工都适合财务所有制(或职能所有制)。对于那些适合的员工,有无数种方法可以让他们的薪酬与业绩挂钩。不管你怎么做,最好做到以下几点:

1. 向员工提供有足够价值的股份或获得金钱奖励的机会。不要太小,否则他们会觉得看不上。可以通过奖金、利润分享、股权、提成、可变薪酬方案或其他途径来实现。

2. 培训员工了解财务所有制的含义:股份或提成方案是如何运作的?如果一个人对财务所有权的运作方式感到困惑,那么这种所有权就起不到作用。无论是谁设计了财务结构,他都想象不出来这些结构在销售人员和员工的眼中有多复杂。对于新员工来说,获得10000股股票可能听起来很多,但他们可能不明白那些只是公司0.01%的股份,而且根据行权价和优先清算权,这些股份最终很可能一文不值。

3. 公布准确的业绩结果,以便员工清楚地知道自己的薪酬与所有权之间的关系,并能看懂这些与自己财务状况之间的因果关系。这个月的收入是多少?亏损多少?收款情况?取得了哪些成就,又有什么令人失望的地方?

4. 向员工传授商业、财务和销售方面的基本知识,以便他们更好地了解收入、利润和增长的驱动因素,并能明确他们最有可能在哪些点上发挥作用。

5. 让他们参与到财务所有制应该如何在公司发挥作用的决策当中。让他们发表意见，并尊重他们的意见，无论这些意见涉及整个公司的项目如何运作，还是具体到某个人的情况。

如果你的公司还处在早期阶段，正在快速发展或经历转型，那么薪酬和财务所有制方案可能会需要一改再改，直到你确定下来。员工越多参与转型进程，尽管可能会拖慢进程，对于公司及其所有利益相关者来说，结果就越好。

> 员工越多参与转型进程，对于公司及其所有利益相关者来说，结果就越好。

记住，不要让人感到：除非是意外的奖金，否则没人会喜欢突然被强加一个新的薪酬或利润分享方案。

让员工换换岗

你需要和你的员工一起改变现有的状态：(a)他们坐的位置要变换，(b)他们的工作内容也要改变。你的办公室经理、你的顶级销售人员、优秀的收款人员、产品经理，也许还有你自己，这一切都要变。

我们理解你为什么乍看之下会觉得这是个糟糕的主意。当一名员工在某项工作中表现出色时，你就会希望把他们稳定住。

你会在一定程度上（或者很大程度上）依赖他们，因为你就是相信他们能完成工作。你很难想象其他人能做得和他们一样好，甚至更好。你很清楚，如果换掉他们，你会失去什么。而让他们接触业务的其他部分，却很难看出会给你带来什么好处。听着，如果你正在经历激烈的增长或变革，也许在事情稳定下来之前，你不应该随意调动员工。

但悖论也在这里。让他们继续做他们眼下最擅长的工作，他们现在会在那个岗位上出类拔萃。但是，如果他们故步自封，到了一定时候，今天这个决定就会扼杀他们，你会错过他们可能成为更优秀人才的样子，他们也将无法以更大或更广泛的方式做出贡献。

如果你有办公室，一个简单的办法就是每隔三四个月就调换一下员工的座位，让他们坐到不同的同事旁边。这种调换不要过于频繁，以免人们总是感到不自在，但又要足够频繁，确保每个人都能良好地多样化体验。通过与新同桌相处，每个人的人际网络、文化和学习能力都会得到拓展和加强。这是很简单的方法。

在赛富时，亚伦非常关注座位安排，思考如何让新人坐在老员工旁边，以及让团队领导和他们的下属坐在一起。他还要确保员工们每隔两三个月就更换一次座位。

当某个行业（如金融服务）正在被攻克，那就安排同一个垂直部门（如财务服务部门）里的几个人坐在一起。一旦学习的速度放慢，那就把这个小组打散，让员工与其他行业的专家坐在一起，互相学习。

如果公司里有远程办公的员工，哪怕是一年一次，也要想办法把他们召集到一起。虽然现在视频通话的效果比以往任何时候都要好，但无论是对于同事还是对于客户，视频通话都无法取代面对面的工作和交流。

> 面对面的交流是无法取代的。

其他改变现状的方法

・在面对面的线下活动中，禁止员工与同一团队的成员一直坐在一起聊天，鼓励他们去结识新朋友。

・内部社交媒体网站和公司内部的维基网站。

・实际岗位轮换。

・开展学徒、导师指导和跟班计划实行岗位轮换。

・开展"怪诞星期五"式的高管轮换活动，例如让销售和市场营销的负责人互换几天工作。

・让非核心员工去拜访客户。

・让员工在公司内部进行调研访谈，以发现问题并提出解决方案。

让员工通过亲身体验去了解整个公司是如何运作的，而不是只看些幻灯片演示或阅读些文件。这样你的员工会对他人的职能产生共鸣，会与同事和客户进行更有影响力的对话，或者至少能明白自己在公司的整体运作中处于什么位置。

四种类型的员工

如果你对前几章的内容感到兴奋，并想着如何让每个人都接受并加入这个新想法中来，那么还请少安毋躁！不是每个人都会接受的。这很正常。

作为老板，期望每位员工都能以与你同样的方式、在同样的时间做和你同样的事情是不公平的，也是不现实的。这么做也无法让员工发挥出最大的潜能。

不是每个人都注定能成为老板或企业家；有些时候，有些人注定是来做帮手的。总得有人来录入数据、按时上下班、做体力活，或跟进提醒事项。即使在这些工作中，也有值得尊重的地方，也存在多样性，并且个人的特质和想法也有用武之地。

在你工作的地方，也会存在并且也应该有不同类型的员工。要欣赏他们并与之合作，而不是试图对抗这种多样性的存在。帮助员工找到他们自己的优势、愿望和天分，让他们作为一群有才华的个体一起工作，而不是像一群克隆人。是的，即使你可能认为某些工作本身就是重复性的工作岗位，比如数据录入、客服或呼叫中心，但定义一个人的不是工作，而是你的企业文化、管理方式和期望值。

> 帮助员工发现他们的个人优势、愿望和天分，让他们作为一群有才华的个体一起工作，而不是像一群克隆人。

我们列出了四种（+1）员工的态度类型（见图 22.1）。这些并不是一成不变的性格类型，而是员工在某些时候的思维方式和在他人眼中形象的一个写照。

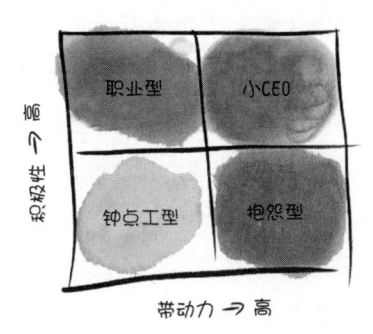

图 22.1　四种类型的员工（不包括有害型/不诚信员工）

我们不是根据员工的内心想法和感受来对他们进行分类的，而只是根据他们的行为（或缺乏行为的表现）来分类。

四种类型（+1）

Y 轴：积极性（野心 + 激情）：描述员工表现出的总能量有多少，不管这能量是来自于野心、激情还是焦虑。

X 轴：带动力（沮丧 + 沟通）：这里说的不是一个人有多么强的煽动性，而是指他们去带动有建设性的变革的主动程度。

1. **小 CEO 型**：他们是天生的内部创业者，他们不怕担负起一个项目的责任，会推动其向前发展。他们天生就会对大多数的事情感到不满，因为他们能看到事情本可以做得更好，并希望采取行动去达到这一点。这些员工管理起来可能让人头疼，但他们也能创造重大突破。他们是否能长期留任取决于他们能在你的企业中获得多少发展机会。

对这些人该怎么办：这些员工，你给他们的挑战和回旋余地越大越好。他们可能会抵制那些被他们认为是浪费时间或无意义的事情，比如向上管理、建立共识等。与其要求他们服从，还不如花时间向他们讲讲大局观，以及为什么（对他们来说）"无聊的事情"也很重要。

2. **职业型**：这些人乐于在职业生涯中不断攀升。他们有能力，善于解决问题，值得信赖与依靠，也很容易管理。可是一旦他们有了丰富的经验，或在大公司担任高级职位，他们就有可能会变成"钟点工"（见后文），除非他们不断接受新的挑战和学习方法。

对这些人该怎么办：只要你定期给他们设定目标并跟踪进展，为他们提供新的机会，并在他们需要推一把的时候向他们提出挑战，他们大多都能管理好自己。

3. **钟点工型**：这是些只为工资而工作的人。他们打卡上班，很少做额外的事情。比如那些单亲父母，他们需要支付账单，没有多余的精力。还有那些碌碌无为、默默无闻的老年人。这类人中还有一些是 20 多岁的年轻人，他们正在为了支付房租而挣扎，同时把所有多余的精力都投入瑜伽课、看 YouTube 或刷约会软件等爱好上。钟点工对于维持公司正常运行很有价值，但在他们主动向你询问该如何做出更大贡献之前，不要指望他们能做出什么额外的贡献。

对这些人该怎么办：明确界定对他们的工作期望，并做好准备就实现这些期望所需的努力与他们进行艰苦的对话。关注对话的结果，而不是面谈本身，除非他们自己认为面谈很重要。偶尔去了解一下他们的想法是否发生了变化，他们是想离开公司还是已经准备好要去解决更多问题。

4. **抱怨者型**：擅长发现问题，但不知道该如何解决问题。他们要么找借口，要么就是顺其自然。他们和 CEO 一样会感到沮丧，但 CEO 会坚持不懈地寻找改进方法，而抱怨者却不会。

对这些人该怎么办：对于真正的抱怨者，除了点头、微笑和尽力解决眼前的问题，你什么也做不了。他们口中的"我得到的线索毫无价值"，可能真的是一个问题，也可能只是一种抱怨。你必须挖掘真相才能知道。并不是他们的每一个投诉都需要解决，或者需要马上解决。

还有第五种类型：有害型。有一小部分人是反社会人格者、精神病态者、惯性说谎者，或者只是纯粹的有害。与他们共事或为他们工作都会让人感到痛苦。你无法改变他们，你要么忍气吞声，要么辞职，去找一个无害的经理或团队。如果你是他们的管理者，你要想办法让他们离开你的公司。如果你为他们工作，那就赶紧跑路吧。

这些类型本身没有什么错与对之分。分类只是有助于你更好地衡量你应该对他们抱有什么样的期望。如果期望钟点工或抱怨者表现得像个小 CEO，那只会惹恼他们，并让你自己受挫。期望有害的人开始说实话或停止找借口，只会导致持续的失望（无论是在工作中，还是在爱情中）。

应该关注谁

每个人都很重要，但如果你期望推动他人成长，请关注那些小 CEO 和职业型员工，但他们的命运最终还是要由他们自己来定义。如果他们自己想切换类别，鼓励他们，寄予希望，但不要期待过高。

将挫败感转化为动力

在这些类型中，员工的内心感受对团队来说并不重要。我们观察的只是这些内心感受如何体现在他们的行为中。

小 CEO 和创业者通常会因为自己的职业生涯、因为变化太慢或是因为没有找到棘手问题的正确解法而感到沮丧甚至愤怒。但他们会将挫折感和愤怒转化为行动，这就是小 CEO 与抱怨者之间的最大区别。

你能把挫折感和愤怒转化为改变现状的动力吗？还是任其在内心酝酿、恶化，而不采取任何行动？

你可能在工作中感到沮丧，你可能也有令人信服的想法来解决问题，但如果没有人知道，或者你无法让别人接受这些想法，那就毫无意义。世界上最伟大的想法，如果不能走出你的头脑或日记本，并打造成某种形式和行动来启迪他人，都是一文不值。

更多在线资源，请访问：www.fromimpossible.com/resources。

07 第七部分
CHAPTER
定义你的命运

令人痛苦的真相：你让挫折阻碍了你，而不是激励了你。

第二十三章

你在放弃机会吗？

嘿，打工人。当你得不到你想要的认可、激励或结果时，你总能找到些什么人或什么事去责怪：经理、工作本身、市场、同事、CEO、人力资源部门，等等。

但是你无法控制他们，你只能控制你自己。你不能坐等完美的机会降临到你的头上。不要再等着别人来解决这个问题，用你的挫折感来激励自己去定义自己的命运，而不是让别人来替你定义。

你的机会比你意识到的更大

当我们问企业高管："你希望员工明白什么？"他们的回答是："员工在企业、职业生涯和生活中拥有的机会比他们能意识到的要多得多。"

他们想对员工说："当你在等待别人告诉你该做什么，等待别人帮助或激励你的时候，你就让自己变得依赖他人，而这不会帮助你实现自己的目标。"

你经常听到自己说"但是"吗？"我想升职／得到认可／赚更多钱／成为经理，但是……"

- "但是我不知道怎么做才能出人头地。"
- "但是没人听我的想法。"
- "但是我没有大学学位／MBA／证书／奖状。"
- "但是我不像鲍勃那样是高管的宠儿，他从不会犯错。"
- "但是我没有预算／资金。"
- "但是我没有销售／营销／产品研发／演讲的天赋。"
- "但是我太忙／没时间。"
- "但是我在这里只是为了赚钱付账单，因为我真正关心的是其他事情。"

这些例子都说明，你还没有定义自己的命运，而是让别人替你来塑造你的命运。

你就是这样被这些限制束缚住的。

一种做法是面对挑战而放弃,另一种做法是利用挑战来激励自己提升创造力、推动变革、找到前进方向,二者还是有很大区别的。

永远不会有理想的时机、机会或想法,但挑战永远都会有。老板和创业者都是在挑战中取得成功的。即使只是小步前行,一步就是一步,无论这一步有多小。

梦想比行动更为容易

你做过多少白日梦,梦见自己升职、得到认可、变得更富有或启迪了他人?或者看到别人正在实现这些?

相比之下,你为实现这些"白日梦"付出了多少努力?你上班的时间可不算数。你学到了哪些对实现你的目标很重要的东西——不仅仅是通过看视频或看书,而是通过实践学习?(学习如何营销或销售的最好方法就是去做营销或销售)你是如何做出超出工作职责或客户期望的贡献的?

在任何工作或事业中,你都有一个黄金机会——没错,那就是此时此刻,用你所拥有的一切去做比你意识到的更多的事情。例如,即使你在为一个苛刻的经理工作,你也是在学习工作中什么是行不通的,或者什么是有问题的。如果你不只是一味地责怪别人,而是关注这些问题,那你未来就可以针对这些问题做很多事情。伟大的管理者之所以知道伟大是什么样子的,是因为他们见过糟糕的管理,经此一役,下一次在找工作和接受工作机会的时候,你也会更聪明。

憧憬并清楚自己成功的样子是有好处的。但是,如果你让做梦代替了行动,你就有麻烦了。

憧憬成功很有趣,实现成功并保持成功则要艰难得多,但也更有价值。

如果你想从事一份职业,就像创业一样,在你做这件事的时候,也会有地狱之年。这就是为什么很多人会太早、太频繁地放弃梦想。

> 憧憬成功很容易也很有趣。实现成功并保持成功则要艰难得多,但也更有价值。

从现在做起,从今天做起

大多数的员工都跟自己有过无意识的对话:"我要好好工作。这样,总有一天我会得到认可和支持。最终，我会成为一名高管。我将得到我应得的金钱和尊重。我会有足够的钱买房子、养家糊口、退休养老。从此，我将过上幸福的生活。"

这样的想法没有错，但却忽略了一些东西：拥有一份工作，甚至在事业的阶梯上不断攀登，似乎是一个安全的赌局。但经济总会有起伏，公司可能会裁员、重组、衰退。你不能指望工作一直陪伴着你，一直能够支付你想要或需要的报酬。

现在就在工作中表现出主人翁或企业家的风范，有助于你日后成为主人翁或企业家。通过为他人工作来创造财务自由是很难的，但如果你没有做好准备，靠自己创业来实现财务自由往往会更难。

另一种无意识的对话是，"当合适的时机到来时，我就会在这里有所作为。当我找到合适的经理时，当我看到合适的机会时，等等。"换句话说，只有当有人或有事情来拯救或帮助你时，你才会去做，而不是无论你的企业文化或管理者让你这么做有多难，你自己都会去让它实现。核心问题是你太容易放弃了。

现在就掌握并定义自己的命运——无论你身处何种环境。即使你没有时间、金钱或精力，你也总能做一些事情来前进一步。

如何在工作中拓展个人机遇

你可以利用本书中的相同课程来帮助你拓展个人机遇。因为这是你的起点，我们可以把它称为"在公司中锁定个人细分市场"，锁定你感兴趣且擅长的领域，然后为自己创造工作线索和机会，细化你的时间安排，找到办法做更少的事同时产生更大的影响，坚守足够长的时间，等等。

这里有一个快速启动的办法：

1. 列出你想做的事情或你最感兴趣的事情——无论是否与商业有关。然后在清单上添加至少三个涉及收入且你感兴趣的想法，比如"学习如何销售"或"学习文案写作"。从这个列表中，你能找到在工作中学到东西的方法吗？能不能在获得薪酬的同时，学到你想学或想做的东西？

2. 再读一遍第一部分的"20个访谈"：锚定细分市场。你可以使用同样的方法，根据需要采访你公司里的人，以及公司的合作伙伴、潜在客户或顾客。有没有什么问题跟上面你做的清单一样，需要你去学习或做些什么事情？你想解决什么问题？如果你领导不关心这个问题，你如何才能把它从"能解决最好"变成"需要去解决"？

> 你能从清单中找到一个需要你去学习或去解决的问题吗？

3. 在你的公司找到一位导师、教练或销冠，向他们寻求建议。他们会支持你，并会对你需要改进的地方坦诚相告。

4. 创建一个强迫机制，想出一些看得见的东西来交付（模型、分析、演示、博文、演讲、活动）。如果你不确定要交付什么，那就先选个日子，告诉一些人你要在这一天"做点儿什么"。即使你还不知道自己将如何去做，也没有比公开承诺在截止日期前做某件事情更好的方法来逼自己了。

5. 坚持足够长的时间，一遍又一遍地重复步骤1到4（尤其是强迫机制的步骤）。要把任何想法转化为成熟的成果所需要的时间比你想要或期望的要长很多，更不用说认可、事业和金钱了。不断更新你的"想做/想学"清单，让自己保持兴趣和热情。

请记住这里的重点是，高管们（至少那些有自信不会被他人成功威胁到的人）希望你尽快采取行动，主动出击，充分利用好一切机会。这样，他们的工作就轻松多了！前提是，只要你不捣乱……

你可以向高管们寻求指点和教导，但不是每一步都让他们手把手地教，那会给他们带来更多的工作。要让高管和其他人更容易理解你的想法或项目为何重要、要如何运作以及你自己的计划是什么。

借用"锚定细分市场"中的一个观点，你一定要不断地尝试，用他人觉得有意义的词语来进行表达。不要一切都从自己的角度出发！高管和其他人为什么要关注这件事？这对他们有什么好处？他们、企业或客户为什么会需要这么做？

拥抱挫折

大多数时候，我都会感到沮丧。这是推动变革或被推动变革的本质。如果你换个角度看你的挫折，那里有没有令人兴奋的机会？

列出一个清单：

1. 工作中最让你沮丧的是什么？
2. 列出最糟糕的部分，以及所有的痛点。
3. 你如何将它们转化为积极因素？将来回过头来看，这种情况的好处是什么？
4. 现在列出一些优点——哪些方面可以将其转化为机遇？

5. 今天你可以迈出哪一步来抓住机遇？

经常这样做，练习把对变化的抵触和挫折感转化为对机会的拥抱和兴奋。

你需要一些看似"乏味"的激情

"做你喜欢的事，钱就会随之而来"，成功人士常对未成功人士这么说。但是这根本不是真的。有数百万的人做着自己喜欢的事情却赚不到钱，又有多少人能在非营利机构工作而致富？

同样，任何版本的"永远不要为了钱而做"的建议都是荒谬的。至少也要把它改成"拥抱金钱"，比如"永远不要只为钱而做"或"为钱而做，诚实地做"，或者"做任何需要做的事，养家糊口，不以为耻（或感到自豪）"。

在你有能力的时候，不要只为了钱。百分百正确的是：发展你的个人兴趣，探索你的激情，提高你的艺术水平。它们可以平衡你的心态，增加快乐的感受以及人与人之间的联系，让你更加独特，让你接触到意想不到的人、尝试冒险和感受成功。"只要你想"，就有数不尽的理由去做事和发展你的兴趣。这就是我开始画速写和写作的原因。

但这也是人们常出错的地方，他们相信"只要我继续从事我的艺术/写作/编程工作，总有一天我会被发现，或者神奇地赚到更多的钱"。

金钱不会自动追随激情。与富有的艺术家和作家相比，饥饿的艺术家和作家不知凡几；在 YouTube 或社交渠道上，有抱负的社交媒体明星与那些真的能靠演戏养活自己的人相比，又有多少呢？

追求激情并不意味着你会赚到钱，也不意味着你赚不到钱。它们可以是不同的，也可以相辅相成。金钱和激情就像水和食物，尽管没有水（金钱）你还能活几天，没有食物（激情）你也还可以坚持几个星期，但是两者你还是都需要，缺一不可，即使不能兼得让人很不开心。

> 金钱和激情就像水和食物，尽管没有水（金钱）你还能活几天，没有食物（激情）你也还可以坚持几个星期，但是两者你还是都需要，缺一不可，即使不能兼得让人很不开心。

你需要探索自己的兴趣和激情，同时学习如何创造价值和获得金钱。

学习如何创造财富与学习弹吉他并无二致——少数人天生就是吉他手，但大多数人都是通过勤学苦练才学会的。当然也有很多人懒得学习，完全放弃了弹吉他。

坦率地说，把你的激情融入你目前的工作（无论是否无聊）往往比把金钱融入你的激情更容易。我们认为，只要去寻找，你可以在任何工作中找到激情、意义和影响力，无论是打扫房间、编写软件，还是在银行工作。

总之，无论你对自己的工作（或者你和谁在一起）有多热情，都会有些日子过得很精彩，有些日子过得很无聊，有些日子过得很糟糕，尤其是当你赚不到足够钱的时候，这种感觉尤甚。

> 无论你对自己的工作（或者你和谁在一起）有多热情，都会有些日子过得很精彩，有些日子过得很无聊，有些日子过得很糟糕。

在博客圈，"追随你的激情"通常被误解为："辞去没有灵魂的工作，在海滩上追随自由、艺术和美酒，遵循自己的想法，改变世界，去冲浪或做瑜伽。"

是啊，那些去各个国家游玩、在沙滩上悠闲地享受瑜伽生活、穿着内衣在家工作的人，他们中99%的人实际收入有多少呢？除了极少数的佼佼者，收入的数字可能比你想象的要少得多。我们并不反对海滩瑜伽，至于那些做瑜伽的人，他们做得很好！问题在于，当你读到那些性感的故事时，就会认为自己失败了，或者认为自己需要放弃正在做的事情，从头开始，或者相信一夜暴富的故事。95%的人都不应该做出如此剧烈的改变，而是需要把你已经在做的事情挖掘出来更多意义和价值，并在此基础上继续发展和扩大。

> 记住，你所追随的那些成功人士（包括我们自己）仍然有很多问题。写出生活的美好比分享糟糕的部分更有趣，尤其是在社交媒体上，因为你的朋友们都在看着呢。如果写"我在巴厘岛的海滩上做瑜伽，但几个月后就觉得没那么好了，我想回去做一份每天都能见到朋友、有稳定薪水的工作"会让人很尴尬。

重点来了：要想学会如何为自己、家庭或企业创造财富，你需要培养几种看似枯燥乏味的激情，但是它们与美食、时尚、赛车、旅行、浪漫和艺术等"性感的激情"一样，都是非常关键、光荣和重要的。

例如：
- 为你的家庭创造财务稳定和更多的选择。
- 推广和销售你的产品、你自己和你的想法。
- 对有可能压倒你的人、想法和机会说"不"。
- 发现那些有人愿意花钱去解决的问题。
- 每个月、每个星期、每天都找到在日常工作中学习的新方法，并学到新东西（要避免"这山望着那山高"的陷阱）。
- 学习如何出站拓客，以及如何招揽生意。
- 在电子邮件、演讲或信息传递的过程中进行清晰的沟通。
- 创建和维护人际关系：对他人独特的好奇心、无可挑剔的诚实、闲适的聊天、眼神交流。
- 与人保持连接，跟人闲聊几句，或是正式对话——而不仅仅是通过电子邮件、短信或社交媒体（或约会）软件。
- 通过迎接新挑战来建立自信，"勇往直前"。然后。无论成败都要学习、尝试、再尝试。
- 摆脱有"毒"的环境，无论是经理、企业还是客户。
- 与同事或客户进行一场你一直在回避的艰难对话，即使这会让你感到害怕也要去做。

这些激情并不性感，但它们是你要想赚更多钱就必须要做的事，选其中你喜欢的事去做。每天都要努力在自己的工作中寻找激情，包括让客户成功、学习如何赚钱以及管理员工。

问题清单

- 你想要或需要什么技能？
- 你现在如何做到一边获得薪资一边学习？
- 你今天可以朝这个方向迈出哪一步？

> 在你已经在做的事情中培养激情。

善于利用这些平凡的激情，它们就可以带你走向人生的任何地方，比如走向职业生涯的巅峰，或去追求那些更性感的激情，比如通过发布哥斯达黎加冲浪艺术之旅的照片和视频让你的朋友们羡慕不已。那么，现在：
- 选择一个重要的生活或工作目标。
- 为了实现这个目标，你当下需要做些什么？
- 无论你现在身在何处，如何才能在这里一边获得薪酬一边学习？
- 今天你可以迈出哪一步？

你的公司不是你的妈妈或爸爸

让员工快乐的计划初衷是好的，但它也无意中分散了人们对创造收入和持久成就感的关注。

幸福是一种有趣的东西。它是短暂的，往往来去匆匆。如果你因为今天的幸福而自鸣得意，那么明天的幸福就会与你远离。

无论研究结果如何阐述，我们都不相信有人能真正理解幸福。

公司要对员工负责，但不是什么都负责。公司可以为你获得成就感创造条件——安全的工作环境、没有混蛋、公平的薪酬、职业发展机会和诚实的文化氛围。但它不能负责让你快乐——就像它不能负责让你持续娱乐或感兴趣一样。

你的公司没法消除你所有的烦恼，没有义务让你开心。如果公司动不动就表扬你，或者避免数落你的不是，只是因为不想惹你生气而已。

你无聊吗？你有责任让自己对工作感兴趣，公司也有责任帮你找到合适的岗位。厌倦通常来自缺乏学习。不要等着公司来了解你的工作，保证在工作中学习，从而有效地一边学习一边领工资，你能做些什么？

嘿，这是你的生活，只有你自己才能解决你的问题，就像你希望有人/有东西——大交易、投资者、制片人、配偶、宇宙、大赌注或家庭——来拯救你一样，包括让你的生活匹配你的财务状况（或者倒过来让财务状况与你的生活水平相匹配），或者在你的生活和工作中找到目标和激情。以上这一切都取决于你，你自己。

你需要一个支持系统。你需要找到相信你的人。但是，依赖他们的建议与完全依靠他们的答案行事是不同的。

人们希望简单的答案和立竿见影的效果能让他们幸福，这确实能做到，但只能持续几秒钟或几分钟——来得容易去得快嘛。充实感是一种更为持久的美好感觉，它来自于发挥你的所有才能，并在挑战中成长。

> 充实感是一种更持久的美好感觉，来自于发挥你的所有才能，并在挑战中成长。

有一个悖论，幸福往往来自于不幸。公司的工作是创造一个支持性的环境。额外的假期和乒乓球桌可以创造暂时的幸福，但支持性也意味着不断挑战你、推动你提升自己的人格，更好地建立持久的幸福。这样说来，公司实在就"应该"像父母一样。

强迫机制：如何激励自己做不想做的事情

亚伦：每个人都苦于没有动力，除了像埃隆·马斯克那样 0.1% 的变种人。但我不是那样的人，我非常非常普通。和你们一样，我也有拖延症、敷衍症、困惑症、不知所措和动力不稳定。

你在说什么呢？"亚伦，你在出版好几本书的同时，家里孩子从 0 个增加到 10 个，收入增长了 11 倍，创造了数百万美元的生意，同时（通常）每周工作 20 小时。但你却说你很困惑，缺乏稳定的动力？！"

从外表上看，我可能像个变种人，但其实只是我已经学会了一些克服自身局限的窍门，而且我发现这些窍门在别人身上也能起作用。请记住，在我获得所有外部成功的同时，我和你一样身上有很多问题，而且可能更多！

通常，我热爱我的工作，热爱它为我的家庭带来的一切，但并不是每天都这样。即使你热爱自己的工作，工作有些时候也会很糟心。

我确实每周都在为了同时做父母和搞创业而煎熬，要想办法应付：

· **真实的忙碌**：我有很多孩子，我喜欢和他们一起玩耍，我的事业也在不断发展壮大，我总是很累，无论是身体上、情感上还是精神上。

· **不堪重负**：我很矛盾，不知道该把时间花在什么地方，家庭和工作上都有很多事情要处理。

· **阻力**：恐惧、怀疑、不确定、完美主义，这些我都经历过。

和你一样，我也有账单要付——而不知为什么，账单的增长速度和我的收入一样快！——也还有更大的梦想要追逐。

正如我之前提到的，如果说有一件事（虽然从来就没有一件唯一的事）推动了我的成长，让我克服了忙碌、困惑、懒惰，并很快实现了自己的梦想，那就是我为自己不断创造具有挑战性的"强迫机制"。

它们是我可预见的动力源泉。

当我疲惫、困惑或不想做时，我是如何激励自己的

你听说过创建智能目标（Smart Goals）这个流行方法吗？SMART 是 Specific（具体的）、Measurable（可衡量的）、Assignable（可分配的）、Realistic（现实的）、Time-related（时间相关的）目标的缩写。

嗯，这个缩写对我没啥用。我的大脑根本无法让我写出这些目标，然后进行追踪。而且，我越是忙碌，越是不堪重负，就越难把注意力集中在最重要的一两件优先事项之外的事情上——一旦在我的大脑中刻下具体的日期，比如这部手稿的到期日，我就永远不必再去想谁先谁后了。

对我来说，最有效的方法就是创建由字母 ASS 简单组成的"强迫机制"：

1. **A**：向他人**宣布**你将创建一个……
2. **S**：**特定**成果，由……
3. **S**：具体日期

如果你是一个追求卓越的人，你也许可以把这两种方法结合起来，形成 SMARTASS 目标，但这对我来说太难了。

是的，这是个玩笑。听着，你可以有严肃的目标，但不必总是那么严肃！如果你想要一个更适合工作中使用的缩写，就把缩写改成 SAS。

或者保持超级简单：告诉一些人你要做什么，什么时候做。

> 告诉一些人你要做什么，什么时候做。

这并不意味着去宣布"大家好，我要在本季度将指标提高 10%"这样的目标。要让你的既定目标尽可能地无法逃避，同时又是完全在你的控制范围内，这才有助于实现你想要的结果，比如："大家好，我已经安排好了 10 月 1 日和 11 月 3 日两次 CEO 集体早餐会，我将主持这两次早餐会。"

记住那个例子：一是告诉别人（或自己）你要开始加强锻炼；二是报名参加马拉松比赛并公布这个消息。原理是一样的。

这个方法对活动尤其有效，我曾经多次使用过。杰森在他的大型 SaaStr 年度

会议上也使用过。先宣布活动的确切日期——甚至在你确定活动细节或感觉准备就绪之前就宣布。

宣布活动日期会让你的大脑在你想要挑战之前就先开始工作。这会推着你往下走。

不要让恐慌阻止你。应对任何恐惧或恐慌的最好办法就是行动起来，朝着最后期限再迈出一步（见图23.1）。

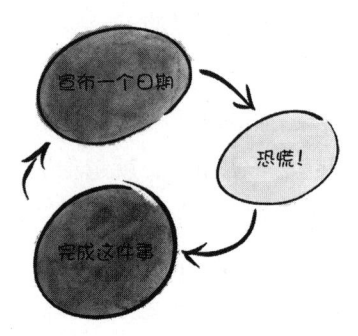

图 23.1　别让自己退缩，想尽一切办法去完成它

这些方法对任何人都有效，我已经见证了。我的妻子杰西卡说，这是她发现的推动自己完成重要但不紧急事情的最好方法，否则这些事情就会被一大家子的日常琐事给挤到一边。

不要假设动力会找到你：你必须找到它

特别是当我疲惫的时候，动力就会躲起来。它畏缩，它逃走了，它不会主动来找我。而行动可以吸引动力。在90%的情况下，我都不是在有了动力之后才开始工作的。只有在我开始做某件事情——锻炼、写作、画素描——之后，动力才会出现，并让我坚持下去。

我写到这一部分内容的时候很兴奋，但在手指动起来之前，我一直都很抗拒。因为我正在去拜访客户的飞机上，疲惫不堪，满心都是与妻子和孩子道别时的伤感。我想做的是在飞机上读读书或看看电影，但我和我的出版商还有一个无法逃避的最后期限要赶。

你能控制什么？

目标是你为之奋斗的东西："为4月20日的活动邀请100人到场"或"在8

月 1 日前减掉 10 磅"。你可以宣布这个目标，但你无法 100% 控制它。如果你是个新手，那就从设计 100% 由你控制的、你无法逃避的"强制函数"开始吧。

表 23.1 目标的"强制函数"

目标	不能 100% 由你控制的做法	能够 100% 由你控制的做法
跑得更快	三分半内跑完	报名参加马拉松比赛，并告诉你的朋友们 升级打法：聘请摄制组拍摄你的旅程
实现团队自我管理	要求所有人不征求你的意见而独立做决定	完全脱产去度假，只有一个应急电话可以联系到你
让增长率翻倍	通过购买线索生成服务，每月创建 X 条 SQL（合格销售线索）	加大对线索生成预算和相关产品的投入，并定期向董事会或执行团队报告最新情况
将公司增长最大化	让公司营收从 100 万美元增长到 1000 万美元，或从 1000 万美元增长到 1 亿美元	向专业投资者筹款
推出新的产品	让一定数量的客户购买产品	承诺参加或举办发布会，公布产品
出版书籍	图书销售	宣布出版日期
将个人收入翻倍	创造 60000 美元的月平均收入	签订月租 12000 美元的租房合同

> 同意在某个地方发表演讲——哪怕你还不知道要讲什么。

更多例子：

·同意在某个地方发表演讲——哪怕你还不知道要讲什么。

·宣布你将举办一次培训，向人们传授某个行业的知识。

·将人们的角色专业化，让出站拓客人员去开发潜在客户，让成交人员去负责成交。

·为尚未完成的活动或出版物筹集赞助资金。

·首先利用产品筹资平台（Kickstarter，海外众筹服务商）发布你的筹资页面，然后通过它筹集资金。

·要学习一门语言，先买一张去该国的单程票。

·要限制智能手机的使用，就换一部"傻瓜"/翻盖手机。

从技术上讲，强迫机制没有特定的日期——比如向投资者募集资金。但是，当你第一次让你的员工接触这个功能时，你会希望从具体的日期开始。它们很有用。

回顾一下

1. 选择一个日期（通常是两到三周后，除非是个大型事件）。
2. 选择这一天要发生的事情。
3. 把这件事和日期告诉其他人！

提示

- 当你的"强迫机制"让你在焦虑和兴奋之间转换时，你就知道自己做对了。这说明你在挑战自己。
- 尽一切可能来避免退缩。你可能会发现自己会想出一些非常有创意的借口来逃避承诺。
- 当你完成任务后，你会开始想"下一步该做什么？"然后坐下来，再想一个"强迫机制"。

愿动力与你同在！

销售是一种生活技能

听到"销售"或"销售人员"，你会想到哪些描述？大多数人会说"咄咄逼人""虚假"等，甚至我妻子还会说"油腻"。为什么我们不能开始把更多像乐于助人、真诚、专家、高尚和诚实之类的词与销售人员联系在一起？

因为不是只有销售人员才去做"销售"。要想确定自己的命运，要想在工作或生活中完成任何事情，你都需要懂得该如何进行销售。销售你自己，销售你的想法，或销售你的东西。

> 要想在工作或生活中完成任何事情，你都需要懂得该如何进行销售。

获得工作或晋升、获得同事对新项目的支持、激励人们参与志愿服务、为电影寻找发行渠道、获得媒体关注、为非营利组织筹集资金、筹集风险资本、创办公司、招募员工……这些都需要"销售"。

> 甘地、特蕾莎修女和埃隆·马斯克等人有什么共同点？他们都是典型的销售高手。

在商业领域，销售也可以是高尚的。销售技巧为公司带来资金，同时启发客户采用新的做法，激励他人做出改变。销售人员（包括企业家）每天都站在第一线，他们是公司与客户最重要的接触点！

你能想象，如果每一个人无论是对客户还是对公司内部，都能高效、诚实地进行销售，公司会是什么样子的吗？很多伟大的想法被扼杀，都是因为这些想法来自员工，可员工却不知道该怎么做。很多客户得不到他们需要的东西，因为销售、客户支持或客户成功团队的员工害怕向客户"销售"客户可能需要的东西。

对于不是销售人员的员工，让我们使用一个新的"ABC"。

> 你的首要目标不应该是达成交易，而是帮助你的客户解决问题并取得成功。

新 ABC

亚历克·鲍德温（Alec Baldwin）在电影《拜金一族》（Glengarry Glen Ross）中发表了有史以来最伟大的销售箴言。在电影中，他提醒团队"一定要成交"（ABC = Always Be Closing）。（在 YouTube 上搜索 glengarry alec 就能找到，这将是你最棒的七分钟投资）但它体现的是一种"不管别人需不需要，都把东西卖给他们"的方法。

而最好的销售是双方共赢。你赚了钱，他们解决了问题，双方都感觉良好。因此，如果你想做销售，这里有另外一个版本的 ABC：

A. **提问**：多听少说。有见地的问题能让你轻松地与客户或潜在客户进行对话，了解他们遇到的问题，并知道什么方案最能帮助他们解决问题。只有你先倾听他们的陈述之后，他们才会愿意听你讲。

B. **坦诚**：你可以坦诚地告诉对方你为什么在做这一行，你的个人经历是什么，同时对他们、他们的处境、他们关心的事情保持好奇。告诉对方你对什么东西满是热情，为什么你认为他们应该或不应该这样做。有时候也要告诉对方虽然你是新人、还不知道答案，但你知道从哪里可以找到答案。

C. **客户成功**：如果你把注意力都放在能帮助客户成功的事情上，你就不会出错。这不是让你只向他们推销他们要求的东西——要知道，人们并不总是知道自己需要什么。你要成为你所从事的工作的专家，引导人们决定什么最适合他们。

随着不断积累经验,你将学会如何挑战人们,让他们走出舒适区,做出决定并向前迈进,即使一开始他们可能并不确定或有所抵触。

保持销售真实有效的其他技巧

·**实践**:只有通过大量的实践,销售才会变得更简单,你才能销售得更好。随着经验的积累,你会很容易辨别出什么时候应该挑战别人的信念:"你应该 / 不应该这样做,原因是……"

·**愉快地坚持**:你是否发现自己在说:"我给他们发过邮件,但他们没有回复,所以他们一定是不感兴趣。"持续跟进至关重要。跟进不是可有可无,而是必需的。谁说他们已经看到或读过你的留言了?不要害怕一再跟进,只要你跟进的方式很友好就没问题。只要不是你这个人真的很烦人,你的跟进就不会被人厌烦。

·**ABT,一直在尝试**(Always Be Testing 的首字母缩写):最好的学习方法就是去试一试,看看会发生什么。你不可能从黑板上学来如何取得成功。

·**ABL,一直在学习**(Always Be Learning 的首字母缩写):如果 10 个销售机会里你 1 个都没能成交,那你就需要退后一步,想一想什么需要改变。

·**把拒绝当作信息,而不是批评**:如果人们不打算购买,那就把它看作做了个市场调查。你是否看到了正确的需求、在正确的时间、用正确的信息锁定了正确的目标人群?还有哪些需要改进的地方?

·**销售是个数字游戏**:你挥杆的次数越多,命中的机会就越多。你卖得越多,得到的练习就越多,摔倒和学习的机会就越多。

·**人们是按照他们的节奏而不是你的节奏来购买**:不要咄咄逼人,也不要可怜兮兮。

·**怎么问那些不好开口的问题?**比如想了解他们是否有钱支付,最好直接问他们,就仿佛你是在问天气怎么样一样,"你那里在下雨吗?"——"你会怎样筹集购买这个产品 / 这项服务的预算?"精心设计更好的问题并做一些角色扮演练习,这样会很有帮助。

·**销售是一个包含多个步骤的过程**:请阅读下一节!

> 不要害怕一再跟进,只要你跟进的方式很友好就没问题。

销售是一个多步骤的过程[1]

无论销售对你来说是老生常谈还是让你感到紧张，几个简单的问题就可以帮助你和你的客户了解真相，并更快地达成协议。

你有一笔交易要谈。这可能是一次销售，也可能是向高管们推销一项新计划，甚至可能是筹集资金。不管你的销售对象是谁，我们姑且称他们为潜在买家，并假定此时他们很感兴趣。但是，你不知道该如何跨越终点线，完成交易并签约。让我们来帮助你：

· 确定完成交易的步骤路线图。
· 找出会延缓或破坏交易的主要障碍和问题，同时确保交易适合。
· 教育你的潜在客户，让他们了解实现交易需要的所有步骤。
· 帮助你的潜在客户想象一下他/她采用你的理念、产品或计划之后的情景。
· 摸清潜在顾客是否真的有购买意向（他们是认真的吗？）。

怎么去摸清呢？你只需问这样一个问题："亲爱的高管/投资者/潜在客户：既然您已经知道我是做什么的，我也回答了您所有的问题，看来我们很合适。您同意吗？如果您同意的话，我们需要采取哪些行动步骤来帮助实现这一目标呢？"

然后闭嘴倾听。

如果潜在客户说："嗯，我不确定……"或者"嗯，我们不能买三年，因为我们被当前的合同锁定了……"那么，你就有麻烦了。这说明他们并不是真的在考虑购买。放弃。然后重新调整产品，或尝试不同的客户。认真的买家会跟你一起想办法绕过他们的障碍。

在所有其他情况下，你必须戴上"侦探帽"，不断追问，直到双方达成交易。

> 戴上你的"侦探帽"，不断追问，直到你们双方达成交易。

典型对话应该是这样的：
你："亲爱的潜在客户，您要怎样才能购买我们的产品/项目/理念？"
客户："嗯，我得把它给我的老板和同事看看，看看他们怎么想。"
你："很好。您一般如何获得反馈？是要跟他们开个会吗？这周还是下周开？

---

[1] 作者：斯泰利·埃夫蒂（Steli Efti），克洛兹公司（Close.io）首席执行官。

你会给他们做演示吗？或者你们一般是怎么做的？"

客户："呃，我们每周都会召开例会，到时候我会介绍一下这个。"

你："太棒了。如果你的老板和队友都很喜欢这个想法，并希望继续推进，下一步该怎么办呢？"

客户："那时，我们将安排你与我们的主要成员进行一次后续通话，以解答我们的问题。"

你："有道理。假设我们这次通话很顺利，我可以回答所有的问题并让您的团队很满意，我们都很愿意继续推进。那接下来呢？"

客户："那接下来就是要走内控流程了。"

大多数人都会在这个时候停止提问，并为自己得到的信息感到高兴。但这是错误的，你需要继续问问题，直到到达终点。

你："当然。这个您公司的内控流程是怎样的？在过去的 6 个月里，您是否购买过与我们类似的产品？您能跟我描述一下，我们需要做些什么才能让整个过程更顺利呢？"

客户："是的，我们必须经过几个高层，然后是采购部门和伦理委员会。"

你："哦，有意思。你能再描述一下这个过程吗？"

客户："嗯，采购部通常需要几周的时间来审查，如果觉得看起来不错，他们就会转到伦理委员会，伦理委员会有最终的签字权。"

你："很好。然后我们的生意就做成了，对吗？"

客户："是的！"

你："太好了。让我们开始吧。您如何判断这个项目是否成功？什么东西对您来说是最重要的？"

客户向你解释他们需要什么才能取得成功……

现在你知道要完成交易都需要什么了。有了路线图，你就可以：

· 做出相应预测

· 确认存在哪些障碍

· 决定你是否真的想做这笔交易

· 知道客户成功是什么样子的

当然，事情的真实经过不会真的像这段对话那样完美，但经过这次对话之后，你会有一个更加清晰的推进计划。

小结：初涉销售的人不知道销售究竟需要多少步骤。那就尽你所能地去了解

第二十三章　你在放弃机会吗？

买方的步骤，以及要达到买方的最终目标都需要什么——到这里其实这已经过了签署协议的阶段，并朝着"客户取得成功"的阶段迈进。

即使你觉得我们在这一节里所用的词语对你来说不合适，也不要完全丢在一边。你可以在实践中尝试一下，并在尝试的过程中找到适合自己风格的表达方式。

更多在线资源，如更多"强迫机制"示例，请访问：www.fromimpossible.com/resources。

第二十四章

金钱与意义的结合

充实感来自对"完整自我"的运用。你是不是在把工作与生活完全割裂开？还是生活干扰了你的工作？把它们结合起来，让两者都能发挥最大的作用。工作可以提升生活，生活也可以提升工作。

意 义 错 位

当今时代的人们期望自己的工作是有目的、有意义的。这很酷，也是理所应当的。那些意义至上主义者总是喋喋不休地谈论着意义如何比金钱更重要，或者他们的工作多么有影响力……这也很好。

但事实是，无论是把意义放在第一、第二还是第三位，都不会让你赚钱。对于阿瓦诺公司的丹尼尔·雅各布来说，只有当他把金钱放在首位时，他建立的有意义的企业才会起飞，因为他意识到，如果不能创造可预测的收入或资金，他所创造的一切无论是多么鼓舞人心还是意义重大，都不会持久。

> 无论是把"意义"放在第一、第二还是第三位，都不会让你赚钱。

幸运的是，有很多方法可以让金钱变得有意义。没有什么比看到自己的孩子挨饿引发的恐惧——或者即将到来的发薪日、探望急需帮助的人们、为非营利项目筹款时的窘境——更能让你克服对新销售方式的犹豫，并看到金钱的新意义。

你可以做一个测试，看看某人是否把"意义"当作安于现状、逃避成长的借口。

举个例子，想象一下你的一个朋友，他的本意是好的，想要帮助别人，但他整天只是分享励志名言，或者发布关于自己的精神收获或焦躁状态的照片。当然，也许他每周或每月也都会做志愿者。现在想象一下，这位朋友说："我要创建一个价值 100 万美元的组织来帮助 / 解决 / 处理某个问题。"

你能看到那个人（也许这个人就是你）真的在推进吗？你能看到他们身体力行，投身其中，接受"把钱作为头等大事、这是支持使命的必需品"的理念吗？（假设职业操守是已具备的条件）

躲起来，假装钱的问题（或其他任何你需要改变的问题）并不重要会更容易。没有勇气，没有荣耀，也没有失败的风险。突破往往需要你放下自我，而自我比坏习惯更难打破。傲慢往往会阻碍你飞跃成长。

> 突破往往需要你放下自我，而自我可能比坏习惯更难打破。

这正是我们抗拒改变的一个例子：改变会迫使我们承认自己可能错了，或者让我们觉得自己没有想象中那么好或知道的没有想象中那么多。我们更容易选择逃避这些事实，包括不敢对自己和他人说钱是好东西。记住，安逸是成长的敌人。

那你会因为什么而抗拒改变呢？你对自己说"你只能从事一份有意义的工作"，或许只是相信你需要坚持纯粹地做软件，而避免创造专业服务；或许是你害怕提高价格，或许是你无法接受他人的帮助，也可能是你认为不可能实现标准化；但是你确定自己是团队中的必需品吗？会不会你没想到你其实是个可替代品？你可能认为自己是被困在经理级岗位上的副总裁级人才；或者你可能认为你的水平高于平均水平（这在统计学上是不可能的），你的特殊让你有休息的权利；或者你认为你会神奇地被世人发现……

这就是成功的企业家更关心残酷的事实，而不关心是否正确或好看的原因。他们对结果负责，而不对意图负责。这可以归结为："这样做有用吗？如果答案是肯定的，那就做得更多。答案是否定的呢？那就不要责怪别人，而是问问自己能做些什么、需要做些什么来解决这个问题。"

利用危机来激励自己拥抱变化而不是逃避它，尽管承受危机可能很痛苦。如果你没有危机，那就创造性地制造一个"强迫机制"，无论如何它都能促使你成长。

如果你就是找不到能驱动你的东西，或者找不到继续创造具有挑战性的"强迫机制"的勇气，或者花不起数年的时间苦苦奋斗，也许你应该放弃当前的目标，去寻找一些更小的目标。

试着从你已经在做的事情开始。不要以为只有辞掉工作，找一份充满异国情调的新工作才有意义。也许，当你帮助无家可归的人，在非洲做志愿者，或者激

励了 × 万人时，你就会觉得自己是有意义的。

> 不要以为只有辞掉工作，找一份充满异国情调的新工作才有意义。

这些目标并没有错，但首先要从你每天都在做的小事中找到更多意义：与客户交谈、给别人出主意、写写东西（不管别人是否关心）。你可以从同事那里得到反馈。与同事一起喝个咖啡，修复一个错误，给一个新功能写代码。学习如何更好地组织你的工作空间。与愤怒的客户交谈，争取挽救关系。突破创意障碍，或者只是打破点儿什么。让你的报告和仪表盘最终正常工作。从一次重大失败中吸取教训。完成每日销售或活动目标。

你的独特天赋是什么？

你怎样才能为业务和团队做出独特贡献？（见图 24.1）怎样才能让你的工作更有意义？你如何才能从人群中脱颖而出？

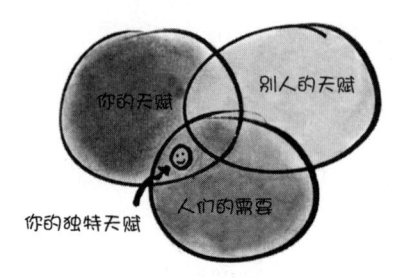

图 24.1 你拥有独特的天赋，即使你还没有意识到或理解它

独特就是好生意

对于那些听起来与同行业其他企业一模一样的公司来说，要脱颖而出是很难的。对于人来说也是一样：要想在事业上取得成功，就必须脱颖而出。发现自己的与众不同之处，学习如何表达（营销）它，并将它应用于解决他人（无论是同事还是客户）的问题。

> 发现你的与众不同之处，学习如何表达（推销）它，并将它应用于解决他人的问题。

你的简历是否涵盖了100种你能做的事情？在别人看来，你的简历很可能是泛泛而谈、含糊其辞，因此他们无法理解为什么要雇用、晋升或招聘你。你的高管如何看待你，是把你视作值得关注的人，还是只是人群中的一张普通面孔？

标新立异、独一无二，才能引起轰动。

与众不同、独一无二，则需要勇气。

一个优秀的品牌（个人品牌或企业品牌）有多吸引人就能有多令人厌恶。因为它代表着某种东西。而当你代表着某种东西时，无论它是什么，很多人都会不同意。

不要再去考虑你可以做什么或你应该做什么，想一想你到底想要做什么？列出你所有的兴趣（不需要写得多漂亮）（见图24.2）。

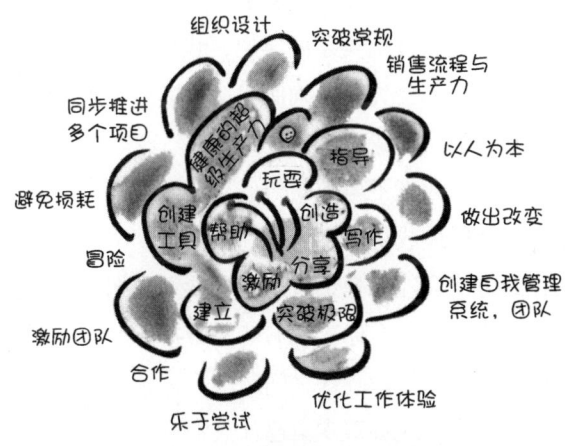

图 24.2 列出你所有的兴趣

与其去考虑你拥有的许多天赋和技能，不如想一想你到底想把它们用于解决什么问题或实现什么目标？你想创造什么让你引以为豪的东西？

> 不要再去考虑你可以做什么或你应该做什么，想一想你到底想要做什么？

发掘你的独特天赋

一旦你提出"我的独特天赋是什么"这个问题，你的大脑就会开始尝试回答这个问题。这里有一些问题可以帮助你找出如何更好地将金钱与意义结合起来。

> 一旦你提出"我的独特天赋是什么"这个问题，你的大脑就会开始尝试回答这个问题。

·如果你可以学习任何东西，你想学习什么？列出至少 10 件事，然后选出排名靠前的几件。

·想象一下，你有花不完的钱，不需要工作。你用几年时间躺在沙滩上，已经开始感到无聊。如果你可以做任何事情，你想做什么？（通常是帮助他人或改变世界的事情）

·问同事或客户一个问题："你雇用我是为了做哪件事？或为了哪件事你会愿意雇用我去做？"

·把下面这句话补充完整："如果我能帮助任何人/任何类型的人，我会帮助……"或者"如果我能拥有任何类型的客户，我会拥有……"

·如果你可以启动一个不会失败、确保成功的项目，它会是什么项目？它能帮助谁？你会因为什么对它感到自豪？

·你嫉妒谁，为什么？为了不再嫉妒他们，你要学什么、做什么或拥有什么？

·到目前为止，你做得最成功的事情是什么？

·哪些令你沮丧的事情会让你想亲自解决？特别是你个人或每天都要面对的。

·你最喜欢工作的哪些部分？你喜欢做哪些日常活动？

·经常有人向你求助，向你请教什么问题？

·私下里你喜欢做什么，或者喜欢自己什么？

·如果你在书店，你会先去哪个区域？你最想读（或写）什么书？如果你只去商业图书区呢？

·怎样才能让你的工作如此愉快，以至于你愿意免费去做？

·你的朋友认为你的长处是什么？

将这些问题应用到你今天的工作中：

·对于今天的工作/你的公司，你喜欢什么？不喜欢什么？如何增加你喜欢的东西，减少你不喜欢的东西？

·你的经理或工作环境是否不可救药地"有毒"？如果不是，那需要如何改善？你怎样才能启动这一进程？

·你想学什么，如何让它与你的工作相关？例如，如果你想通过演讲获得报酬，或者通过演讲启发人们，你怎样才能为了你的工作而开始演讲呢？

·如果你想帮助孩子们，也可以试着把这些孩子想象成你今天跟你共事过的成年人。作为成年人，你会如何帮助他们？

·如果你想改变世界或改变人们，你怎样才能让你的团队、企业或市场发生同样的改变呢？

你可以在 www.fromimpossible.com/resources 网站上找到可下载的"独一无二的天赋"工作表和其他免费资源。

忽视现实生活并不能让它消失

2015 年，《纽约时报》的一篇文章让亚马逊在公众面前非常难堪。文章称亚马逊的工作方式包括"85 小时工作制、年度裁员、高管鼓励下属相互拆台、员工在办公桌前哭泣"，还讲到遭遇流产、生育或生病的女员工如果不能保持工作效率，就受到惩罚。

现在，我们必须谨慎对待上面提到的这一切。就像所有的媒体企业一样，《纽约时报》和它的作者们很自然地会把他们能找到的丑陋故事，在忠于事实的前提下尽可能地加以润色，因为这样才能吸引读者。在任何一家像亚马逊这样雇用了十多万人的公司里，你都几乎可以找到任何你想找的故事。就新闻而言，戏剧性的新闻所吸引的读者远远多于快乐的新闻所吸引的。人们喜欢阅读别人的问题，却从不发表自己的问题，而是分享些照片，展示自己的生活有多么美好。

比如假装你或你的团队没有孩子、没有筋疲力尽、没有生病，或假装"一切都很好"，而并不能让这一切都变成真的。

> 每个人都会在生活中的某些时刻遇到挑战，而这些挑战是无法被简单掩盖的。

每个人都会在生活中的某些时刻遇到挑战，而这些挑战是无法被简单掩盖的，也会影响他 / 她的工作。

婴儿	学校
青少年	严重焦虑
死亡	成瘾
生病的家庭成员	离婚

抑郁症　　　　　　　　　　　　崩溃

多动症　　　　　　　　　　　　虐待

癌症　　　　　　　　　　　　　睡眠不足

讨债者　　　　　　　　　　　　诉讼

所有这些都是生活的一部分。生活就是这样。所以，如果你拿到了一手烂牌，那如何才能把生活和工作融为一体，打出一手好牌？

你可以把工作和生活融为一体

如何才能做到呢？从树立榜样开始。不要不好意思承认自己有问题。简单明了，不必小题大做，也不必哗众取宠。"分享"是告知，而不是抱怨。

如果在别人面前你能坦诚地讲出你正面临的个人挑战，而又不觉得应该受到评判或惩罚，那么情况就会变得轻松很多。这也能让其他人不再疑惑："为什么鲍勃最近总是心不在焉？"这样他们也能集中精力并适应。这么做还有助于防止日后出现不愉快的意外。当人们彼此坦诚相待时，总能找到解决办法，帮助每个人取得成功。

> 如果在别人面前你能坦诚地讲出你正面临的个人挑战，而又不觉得应该受到评判或惩罚，那么情况就会变得轻松很多。

黄金法则永远适用

最后，你不会也不应该分享所有的事情。有些事应该保持私密。如果你和你的另一半之间出了问题，在未经对方允许的情况下，不要将私事公之于众。请尊重对方，想一想你希望对方如何对待你的隐私？

> 你不会，也不应该分享所有的事情。有些事应该保持私密。

你可以什么都不说，或者含糊其辞："对不起，我最近一直心不在焉。我遇到了一些个人问题，让我非常疲惫，我不知道这些问题会持续多久。"

如果你正在努力挣扎

拥有大量的时间和资金可以让企业发展变得更容易，但不要因为缺少时间和金钱就无所作为。确实，即使迈出的步子小也比什么都不做要强，但你的步子不能太小了。如果你把缺钱或缺时间看成是一种挑战，那么它就会迫使你在现有的条件下发挥更大的创造力。这也是我限制自己（通常）每周只工作20小时，每次创业只用不到100美元起步的原因之一。

遇到艰难或可怕的挑战并不意味着你必须放弃目标

即使你只能投入部分时间和部分精力工作——你仍然可以取得进展，只要你想方设法每天、每周，甚至每年留出一些时间来集中精力处理。不断设定或重新设定目标。当你偏离轨道时，想办法重新回到轨道上来。

与能够全职工作或能筹集到额外资金的人相比，你可能需要多花上3倍或10倍的时间，但你也一定能达成你的目标。

亚伦，你到底是如何兼顾10个孩子和工作的？

保罗·希尔（Paul Heill）写道："我看到你已经有10个孩子了！天哪！！！你到底是怎么做到的？我有两个孩子，还有一个即将出生，我的压力大得不得了。"

我们有10个孩子，小到婴儿大到超过21岁（我们还领养了几个孩子），他们的种族和国籍各不相同。当爸爸最耗费体力和时间的部分就是新添一个婴儿。因此，虽然听起来孩子很多，我们还是"作弊"跳过了一些尿布阶段：

- 3个孩子是我和我妻子生的。
- 2个孩子来自我妻子的第一次婚姻。
- 我们从中国领养了2个孩子（一个十几岁，一个4岁），在美国本土领养了3个孩子（2个婴儿，另一个十几岁）。

相信我，当我听说一个双亲家庭在没有额外帮助的情况下生了五六个甚至更多孩子时，我会想："他们到底是怎么做到的！"而如果是单亲家庭，无论你有多少孩子，那都是世界上最难的工作。

需求平衡

> 先一头扎进去，然后再想办法。

- 先一头扎进去，然后再想办法。再收养一个？我们需要两倍的房间，还要付更多的房租？就这么办吧，以后再想办法支付或解决。这种方法有时会遇到痛苦的挫折（比如花光积蓄或增加短期债务），但总是值得的。

- 家庭规模越来越大，日子时而简单，时而艰难。孩子们有更多的人可以一起玩耍和工作（简单了），然后我们又有了一个宝宝（又难了），然后孩子一点点长大（又简单了）。

- 我们雇人帮忙。一个互惠生[1]、一个保姆（周一到周五）、一个清洁工。孩子爷爷和我们一起住了一年。用优步作为大孩子们的备用交通工具。这些确实帮助到了我们。

- 我们要求大一些的孩子要帮家里忙。每个大孩子每周 6 天必须做 1.5 个小时的家务，以赚取"基本生活费"，如食物、电话和无线网络费。他们每月有 100 美元用来买衣服（他们所有的衣服都得自己买）和跟朋友出去玩。除此之外，他们可以通过做额外的家务赚取额外的钱。

- 我把重要的事情都列在日历上：如果不在日历上，什么事都干不成。周一晚上是我和妻子的约会之夜。周六和周日晚上是和孩子们的游戏之夜（没有履行得足够好）。周四用于内容创作。早上送完孩子后锻炼身体。周二、周四和周五打电话。这些日程表每隔几个月就会更新一次。

- 我坚持每周工作 20 小时，但不死板。通常在需要接送孩子的日子里，我每天实际工作只有 4～5 个小时，从上午 10 点到下午两三点。如果我要出差或有重要的截稿日期，工作时间就会更长。如果家里有重要的事情，比如开学或学年结束，工作时间就会减少。

- 我的另一份工作（每周工作 168 小时）：不"工作"的时候，我是个全职爸爸。我依稀记得放松的滋味，那是一段模糊的记忆。

- 信任我的妻子。我们有一套系统来安排我们的家庭日程表和大孩子的家务系统，同时对其他需要做的事情进行分工和管理。她每周也要工作 20 个小时左右，编写音乐剧和戏剧。

- 我停止锻炼已有多年。大约有 4 年的时间，我只做爸爸健美操。我的运动包括蹦床跳跃、婴儿压腿、枕头大战、搬运杂物和家具移动。所以我每天还是在不停地走来走去！

---

[1] 也叫换工，通常是一个年轻的外国人，为一家人照顾孩子并做家务，以换取住宿和膳食的机会，并学习这个国家的语言。

- 我们的孩子们每周参加 0～2 次活动。大多数活动都在很近的距离之内，比如在家里上音乐课，或者在附近上舞蹈课。即便如此，我们还是觉得自己奔波得太多了。
- 活在当下。我工作时，我就在工作。我在家时，我就在家。吃饭时，我吃饭。我很少在（和别人一起）吃饭时看书或看手机。当我和家人在一起时，我会尽力做到对他们全神贯注——尽管我做的并不完美。晚上休息时，我会快速查看电子邮件或短信。如果我能醒着，我可能会在晚上写写东西，但这永远不会发生。
- 我在工作中通常会有多种主要的强迫机制。我会在知道如何才能完成之前就先承诺要做的事情：写一本新书、合并我的公司、承诺要做一个付费的主题演讲，在演讲中我必须发表一个尚未写好的讲话。有了明确的截止日期，我就不会再忙得焦头烂额。

金钱

- 我想让钱更快变多的动力（有时是走投无路），来自家庭规模的扩大。这一直是我的终极"强迫机制"，我从未感到过舒适，但总是很充实。
- 我总是有十倍的事情在开发中，比如出书、公司合并或生产。它们可能需要数月到数年的时间。我总是做长期投资。
- 我努力在项目中寻找值得信赖的合作伙伴，这样我就不会独自做每一件事。

> 如果说有一个东西对我在事业和生活中创造成功最有帮助，那就是"强迫机制"。

关于孩子们

- 每个孩子都是"我的孩子"——我的儿子、我的女儿。我从不说"继父"或"养子/养女"。
- 我经常和孩子们一起玩。我和他们一起玩，而不是看着他们玩。我带着他们骑摩托车，不管他们是能骑自己的摩托车，还是需要我在自己的摩托车前边加个小座位。我和大家一起跳蹦床、玩纸牌和棋盘游戏，一起玩堡垒游戏、乐高积木、一起做饭，或者玩枕头大战、捉迷藏，我们一起玩"我的世界"，并和他们一起制作有趣的视频。

- 我们所有的孩子都在不同的学校上学。我们的孩子很少在同一所学校上学，这听起来可能有点儿疯狂——因为在过去的大部分时间里，他们分散在洛杉矶西区的各个学校。但比起孩子不适应学校的情况，额外的车程更容易处理。

- 我对电子产品很警惕。如今的电子产品让我们比以往任何时候都更容易创造出令人惊叹的东西。独自坐在一旁观看视频或社交网站，而生活却从你身边流逝。我们会让年幼的孩子尽量少用电子产品。我们不确定该如何帮助大一点儿的孩子利用电子产品来学习和创造，而不仅仅是消费。这是一个不断变化的挑战，尤其是对青少年而言。

- 孩子们经常一起玩耍。他们也会打架，但不管怎样，他们都在互相交流，而不是一直需要父母。

- 旅行。带一个大一点儿的孩子一起去演讲旅行真的很有趣。我女儿奥罗拉10岁的时候，还帮我上台在第一届销售黑客大会上做主题演讲。

挑战

- 家长的内疚。每个家长都会有这种感觉，我也不例外。仅举一例：虽然我花了很多时间陪伴家人，但还会经常因为不能陪伴家人而感到内疚。特别是当我出差的时候。但是，当我（或你）需要工作来支付账单或为家庭创造经济稳定时，工作就是家庭时间。你得为生活买单。

- 我与你或任何人一样面临着许多挑战和挫折，但这些挑战比我年轻时遇到的要好得多了。

- 我远不完美。我妻子说我是她见过的最冷静的人。我很难被激怒，但我也会发火。比如我10岁的孩子趁我在家处理重要事情时，悄悄走到我身后，把一个沉重的枕头猛地砸向我的头顶，砸得我脖子差点儿受伤。那次我对着孩子们一通大吼，还对他们做出不公平的评价。

- 定期与每个孩子一对一交流。这样的机会太少了，即使只是独自散步或骑车，或者出去吃早餐。每个孩子都需要与父母一方或双方独处的时间。

- 避免"室友病"。即使我家总是很开心和热闹，我和妻子的生活也会慢慢变得按部就班，或者只是忙忙碌碌，而忘记停下来彼此交流。当我们开始觉得俩人变得像室友时，我们开始提高各自独处时间的效率（以减少需要独自工作的时间），或者做一些小事，比如给对方留纸条、抚摸、聊天和外出约会。我们一整周都在期待周一的晚上，我们定期的、令人嫉妒的"魔力周一"约会之夜。

・疲劳。我总是很累——身体上，情绪上，精神上。讽刺的是，想放松是一件多么费力的事情！不过，累也是值得的。

核心

2007年，我花了很多时间来设想我想要创造的生活。那时我还是单身，根本没想过要孩子，也从未想过自己会有或想要一个大家庭。

我以为我想要的是充实的工作，想赚多少钱就赚多少钱，做自己喜欢的事情。

十多年过去了，我看到不可能变成了不可避免。我只是没想到，家庭会成为成功和赚钱的无穷动力。（我没有选择！）

即使有了长足的发展，我也看不到工作和家庭会在短期内放慢脚步。这里还没有舒适。除了其他目标，我和妻子还希望鼓励更多家庭收养和帮助世界上孤独的孩子。我说不清有多少人曾说过"我一直想收养孩子，但是……（加上一大堆没去做的理由）"。

要说干就干。

当你追求任何对你至关重要的东西时，你都能想出办法来。只要你坚持下去，尤其是当你感觉失败的时候。即使花费的时间比你希望的要长上数年，即使达到目标的方式完全在你意料之外，你都要坚持下去。

> 当你追求任何对你至关重要的事情时，只要你迎接挑战和不确定性，不逃避，你就能找到答案。

更多资源，如"亚伦的日常一天"以及其他精彩的视频或工作表，请浏览 www.fromimpossible.com/resources。

致　谢

感谢所有特邀作者、审稿人和读者，包括科林·斯图尔特（Collin Stewart）、米娜·桑杜（Meena Sandhu）、拉里·希科克（Larry Hicock，付出了严谨的编辑工作）、约瑟夫·托斯特（Joseph Toste）、毛里西奥·安德拉德（Mauricio Andrade）、肯尼·麦肯齐（Kenny Mackenzie）、格雷格·拉格兰（Greg Ragland）、科尔·库博塞克（Cole Kubossek）、肖恩·斯泰尔斯（Shaun Styles）、阿尼娅·布雷亚琴科（Ania Bureacenco）、理查德·纳拉莫尔（Richard Narramore）和整个威立（Wiley）出版团队，以及所有帮助我们创作和更新本书的朋友们。